대동아공영권의
허상과 **모순**

일러두기

1. 원문에서 기밀상 ○○으로 표기한 부분은 그대로 ○○로 옮겼다.
2. 주석은 모두 각주 처리하였으며, 해설자가 넣은 주석에는 (해설자 주), 옮긴이가 넣은 주석에는 (역주), 편집자가 넣은 주석에는 (편집자 주)를 각각 붙였다.

寫眞週報

『사진주보』로 보는 일본의 동남아시아 침략

대동아공영권의 허상과 모순

김영숙 엮음·해설

동북아역사재단
NORTHEAST ASIAN HISTORY FOUNDATION

책머리에

1937년 7월에 국지전으로 시작된 중일전쟁은 아시아태평양전쟁으로 이어져 1945년까지 계속되었다. 1940년 독일, 이탈리아와 삼국동맹을 체결한 일본은 추축국으로서 미국, 영국, 중국, 프랑스 등과 싸우게 되었다.

일본은 전쟁의 장기화에 따라 징병의 대상을 확대하고, 총동원 체제를 통해 국민들의 생활 전반을 통제하게 되었다. 전쟁을 위해 국민들의 일상생활에 많은 희생을 강요하게 됨에 따라 전쟁의 명분을 정당화하고 국민들의 전의를 고양시킬 필요성이 대두되었다. 따라서 언론과 다양한 매체를 활용한 프로파간다가 일본 대내외적으로 이루어지게 되었다.

이 책에서는 일본이 중일전쟁 발발 6개월 후에 창간한 『사진주보(寫眞週報)』라는 잡지를 텍스트로 하여 일본의 동남아시아 침략을 살펴보고자 한다. 일본은 청일전쟁 이래 많은 대내외 선전 잡지를 발간했는데 『사진주보』도 그중 하나이다. 회화, 만화, 사진 등 시각 자료 이용이 두드러진 아시아태평양전쟁기 대중 선전 잡지의 특성이 고스란히 드러나는 이 잡지는 『사진주보』라는 이름에서 알 수 있듯이 일본 국민을 대상으로 발행된 사진 중심 잡지이다. 당시 일본은 국민들의 애국심을 고취시키는 데 중점을 두는 국내용 선전 잡지와 국외용 프로파간다를 수행하는 잡지를 발행했는데, 영어 외에 동남아시아 각 지역의 언어로도 발행되었다. 일본 정부는 기존의 민간 미디어와 더불어 『사진주보』와 같은 정부 발행 미디어를 적극 활용했다.

『사진주보』를 읽을 때 가장 명심해야 할 점은 이 책이 전시기에 일본 국민을 동원하고 전의를 고양시키기 위해 발행한 프로파간다 잡지라는 사실이다. 그러므로 국민들에게 무엇을 보여 주고 무엇을 감출 것인가 하는 기본 방침에 따라서 선전하려는 내용은 과장하였고 국민들의 전의를 고양시키는 데 도움이 안 되는 사실은 감추었다. 따라서 『사진주보』를 통해 당시 일본 정부와 일본군이 국민들에게 '무엇을 말하고자 하였는가?'를 파악하는 일 못지않게 '무엇을 말하지 않았는가?'를 알아차리는 일 역시 중요하다. 왜냐하면 『사진주보』는 사실을 전하는 저널이 아니라 일본 국민들을 대상으로 하는 선전 잡지이기 때문이다.

이 책에서는 『사진주보』를 통해 첫째, 일본의 동남아시아 침략에 관해 살펴볼 것이다. 일본은 청일전쟁의 결과 타이완을 할양받았고 러일전쟁의 결과 한국을 식민지화하였으며, 만주사변을 일으켜 괴뢰 국가인 만주국을 건국했다. 그 밖에도 일본의 동북아시아 침략사는 일반적으로 널리 알려져 있다. 그러나 일본의 동남아시아 침략에 관해서는 잘 알려지지 않은 경우가 많다. 하지만 일본의 동북아시아 침략과 동남아시아 침략은 따로 떼어서 생각할 수 없다. 식민지 징병제의 실시로 조선과 타이완의 청년들도 아시아태평양전쟁의 전장으로 끌려갔고, 군속으로 동원된 청년들은 동남아시아의 포로 감시원이 되었다가 B·C급 전범이 되었다. 한편, '위안부'로 끌려간 여성들은 중국과 동남아시아의 위안소는 물론, 태평양의 섬에까지 끌려갔다가 그곳에서 종전을 맞았다. 따라서 일본의 침략상을 전체적으로 살펴보고 일제침탈사의 전모를 이해하기 위해서는 일본의 동남아시아 침략사를 구체적으로 파악하지 않으면 안 된다. 이러한 작업은 타이완, 중국과의 연대를 넘어 동남아시아 국가들과도 일제 침략의 역사를 공유하고, 강제동원과 '위안부' 문제에 공동으로 대응하는 등 향후 국제정치의 기반을 다지기 위해서도 매우 중요하다.

두 번째로는 중일전쟁 이후 일본의 '대동아공영권' 구상을 살펴보고자 한다. 일본의 대동아공영권 구상은 1940년 7월 22일에 발족한 제2차 고노에 후미마로(近衛文麿) 내각이 결정한 '기본국책요강'에 잘 드러나 있다. 처음에는 일본, 만주국, 중국을 일환으로 구상되었으나 점차 동남아시아를 포함하였고 1943년 11월에 열린 대동아회의에서는 동남아시아의 비중이 확대되었음을 알 수 있다. 『사진주보』에서는 처음에 '동아공영권'이라는 표현이 쓰였으나, 점차 '대동아공영권'으로 변화해 갔다. 일본은 동남아시아 지역에 대해 동맹관계(태국), 구 종주국과의 공동 지배(프랑스령 인도차이나, 동티모르), 직접 군정 등 각각 다른 정책을 실시했으며, 군정지역에 대해서도 독립 부여(필리핀, 버마—지금의 미얀마), 독립 약속(인도네시아), 계속 지배(영국령 말레이, 싱가포르) 등 다르게 대응했다. 이른바 '독립'이라 해도 일본의 필요에 따라 상황이 달라졌다. 각 점령지의 민심이나 구 종주국과의 관계, 전쟁의 상황에 따라 일본에 유리하도록 동남아시아 각국에 대한 방침이 변화했던 것이다.

『사진주보』의 기사 내용과 표지 사진을 통해서 일본의 대동아공영권 구상을 살펴보면 식민지인 조선과 타이완의 비중이 적고, 만주국이나 왕징웨이(汪精衛)의 난징(南京) 정권이 부각되고, 특히 동남아시아에 대한 내용이 많다는 것을 알 수 있다. 따라서 동남아시아 침략을 통해 일본의 대동아공영권의 모순을 살펴보는 것은 매우 의의 있는 작업이 될 것이다.

이 책의 내용은 크게 5장으로 나누어 꾸렸다. 제1장에서는 1941년 12월 이전의 일본과 동남아시아의 관계를 살펴볼 것이며, 제2장에서는 동남아시아에서의 아시아태평양전쟁의 전개 과정을 고찰하고, 제3장에서는 일본의 동남아시아 지배에 관해 살펴볼 것이다. 제4장에서는 일본의 대동아공영권 구상, 제5장에서는 일본 패전과 대동아공영권의 몰락 과정을 분석할 것이다. 책에는 『사진주보』의 주요 사진들과 관련 기사를 번역하여 실었으며, 각 장과 절에는 전체적인 해설을 실었다. 해설을 먼저 읽고 나서 『사진주보』 기사를 읽으면 당시 일본이 국민들에게 무엇을 강조하고 무엇을 덮으려 했는지, 그 실체가 보일 것이다.

『사진주보』 원문 번역에 참여하신 김영미(강원대), 김현아(한림대), 류미나(국민대), 안재익(서울대), 윤현명(원광대), 최종길(진실·화해를위한과거사정리위원회) 및 유찬경 선생님께 감사드리며, 편집자 및 출판관계자 분들에게도 깊은 감사를 드린다.

김영숙

차례

책머리에   4
자료 소개-『사진주보』란?   10

제1장
'남방'에 대한 일본의 관심

1   일본군의 프랑스령 인도차이나 북부 주둔   15
2   일본군의 프랑스령 인도차이나 남부 진주와 국제관계   32
3   동남아시아의 영국 식민지와 일본   42
4   네덜란드령 동인도에 대한 정보   56
5   일본의 태국·프랑스령 인도차이나 영토 분쟁 중재   64
6   동남아시아 유일의 독립국 태국   73

제2장
아시아태평양전쟁과 일본의 동남아시아 침략

1   아시아태평양전쟁 발발과 일본의 동남아시아 침략   81
2   동남아시아의 동맹국, 태국   119
3   일본군 및 일본인들이 포로를 바라보는 시각   134

제3장
일본의 동남아시아 지배와 '아시아 민족 해방'

1	동남아시아 지배의 정당화	149
2	동남아시아에 대한 교육·기술 전수·훈련	184
3	동남아시아의 농업	202
4	동남아시아의 자원	215

제4장
'대동아공영권'의 이상과 동남아시아

1	도조 히데키 수상의 동남아시아 시찰	231
2	버마 독립	242
3	필리핀 독립	262
4	자유인도 임시정부 수립	273
5	대동아회의	294

제5장
일본의 패전과 대동아공영권의 붕괴

1	동남아시아의 결전 태세	305
2	인도네시아 독립 구상	322
3	대동아선언 1주년 기념식과 대동아 대사회의	335
4	임팔 작전	340
5	필리핀 참전	352
6	특별공격대	361

『사진주보』란?

『사진주보(寫眞週報)』는 일본 정부의 계몽 선전 기관으로 1937년 9월에 발족한 내각 정보부가 1938년 2월 16일에 창간하여, 1940년 12월에 승격 개조된 정보국에서 패전에 이르기까지 총 375호를 발간한 프로파간다 잡지이다. 본래 『관보(官報)』의 '잡보'란을 발전·독립시켜서 1936년 11월부터 『주보』를 발간했지만 문자 정보 중심인 데다가 내용도 『관보』의 연장선상에서 벗어나지 못한 정부 기관지 성격이 강하여 국민들에게 흥미를 주지 못했다. 정보국은 중일전쟁이 장기화되면서 국가총동원의 필요성이 대두되자 일본 국민을 대상으로 한 국책 홍보·선전 효과를 높이기 위한 잡지를 기획했다. 국민들에게 보다 쉽게 정보를 전달하기 위해서는 '한 장의 사진이 천 마디 말보다 더 효과적'이라는 생각으로 종래에 발행하던 『주보(週報)』를 대체할 매체로 기획한 것이 바로 『사진주보』이다.

『사진주보』는 20페이지 전후로 편집되었고, 일본 정부가 발행했기 때문에 가격도 대중이 쉽게 구매할 수 있는 10전이라는 파격적 정가로 결정되었다. 1940년 당시 소바 한 그릇 가격이 15전이었음을 감안할 때 서민들도 쉽사리 구입할 수 있는 가격을 책정한 것이다. 책 한 권을 10명 정도가 돌려 읽었다고 상정할 때 각 호를 20~40만 부 발행했으므로 독자는 200~300만 명으로 추산된다. 아시아태평양전쟁기에는 용지 부족 때문에 잡지 폐간이 줄을 이었지만 『사진주보』는 오히려 1941년 3월 20만 부 발행에서 1942년 4월에는 30만 부 이상을 발행하여 '동아시아 최고' 부수를 찍었다. 또한 1941년 7월의 독자 조사에서는 남성 대 여성의 비율이 62% 대 38%, 연령별로는 25세까지 독자가 65.6%를 차지하여 남성과 청소년층에게 영향력이 강한 저널이었음을 알 수 있다.

사진을 매체로 하는 선전 잡지이므로 당대 최고의 사진가인 기무라 이헤이(木村伊兵衛), 고이시 기요시(小石淸), 도몬 겐(土門拳) 등이 맡았고, 창간호 표지는 기무라의 사진이 장식했다. 일반 독자의 사진도 게재되었으며, 본문 내용을 설명하는 그림이나 일러스트 등도 사용되었다. 내용은 일본 국민을 대상으로 하는 선전 잡지의 특성상 중일전쟁의 전황에서 시작하여 동남아시아, 태평양 전선과 현지 주민들의 생활상 등을 소개하는 한편, 동맹국인 독일과 이탈리아에 대한 우호적 기사, 적에 해당하는 미국과 영국에 대한 비판 기사 등으로 구성되었다. 이와 더불어 전시 일본인들의 교육, 위생, 저축, 생산 장려 등 다양한 모습들을 소개하고 식민지인 조선과 타이완 관련 기사도 실었다. 사진을 통해 국책을 국민들에게 알기 쉽게 전달하는 것이 목적이기 때문에 전체 페이지는 사진과 사진 설명이 중심이며, 해설기사나 분석 글 등 사진이 실리지 않는 페이지는 두세 페이지에 불과했다.

이 책에서는 '일본의 동남아시아 침략'이라는 관점에서 『사진주보』의 기사들을 분석하려고 하므로 전체 내용 중에서 동남아시아 관련 내용에 한정하여 소개한다. 동남아시아는 본래 아시아의 남동부, 인도차이나반도와 그 부근 섬들을 지칭하나, 이 책에서는 인도부터 대륙부의 태국, 라오스, 캄보디아, 베트남, 버마와 해협부의 필리핀, 말레이시아, 싱가포르, 인도네시아 등을 중심으로 살펴볼 것이다.

眞週報

제1장

'남방'에 대한 일본의 관심

일본군의
프랑스령 인도차이나 북부 주둔

　베트남의 마지막 왕조인 응우옌왕조(阮朝, Nguyễn triều)는 1802년부터 베트남을 독립적으로 통치하면서 영토를 현재의 베트남 남부, 라오스, 캄보디아까지 확장했지만, 응우옌왕조 내부의 혼란을 틈타 군대를 파견한 프랑스에게 점차 그 영토를 잠식당했다. 1862년 6월 5일 사이공조약(Treaty of Saigon)으로 가장 먼저 프랑스령이 된 코친차이나(Cochinchina)는 프랑스 총독의 직접 통치를 받는 식민지였으며, 통킹(Tonkin)·안남(安南)·캄보디아(Cambodia)·라오스(Laos)는 권한이 축소된 군주가 관할하는 보호령이었다. 1863년의 후에조약(Treaty of Huế)으로 프랑스는 베트남의 항구와 외교권을 빼앗았으며, 1887년에 코친차이나, 안남, 통킹, 프랑스령 캄보디아를 하나로 묶어 프랑스령 인도차이나로 지배하게 되었다.
　프랑스령 인도차이나 총독부는 식민지에 무거운 세금과 부역을 부과했을 뿐만 아니라 소금, 알코올, 아편을 전매했다. 또한 전통문화를 파괴하고 프랑스 문화를 강요했다.
　제2차 세계대전이 발발하여 1940년 7월에 영국과 독일 사이에 항공전이 시작되자 일본 참모본부는 열강이 중국에 무기와 물자를 지원했던 일명 '장제스 원조 루트'와 연결되는 프랑스령 인도차이나와 홍콩(香港)에 무력행사를 시도했다. 영국의 패배를 예상한 일본이 기회를 틈타 장제스(蔣介石) 정권을 압박하고자 했던 것이다. 또한 일본군은 프랑스령 인도차이나 정부에게 중국에 대한 수출 금지와 국경선 봉쇄, 감시 기관 파견을 요구했다가 거절당하자 1939년 11월 24일, 프랑스령 인도차이나와 중국 국경에 가까운 난닝(南寧)을 공격하며 국경 봉쇄와 일본군에 대한 보급을 요구했다. 프랑스령 인도차이나 정부가 이를 거절하자 이번에는 뎬웨철도(滇越鐵道)[1]를 집중 폭격하여 많은 사상자를 냈다.

1940년 6월 독일이 파리를 점령한 후, 7월에 온천 휴양지 비시(Vichy)에 수도를 둔 비시 정권이 수립되는 과정에서 일본은 6월 19일 프랑스령 인도차이나 정부에 대해 중국 충칭(重慶)으로 물자가 반입되는 통로인 프랑스령 인도차이나 루트의 통관을 차단하고 그곳을 감시할 군사감시단 입국을 허가할 것을 24시간 이내에 답변하라고 요구했다. 총독은 주일 프랑스 대사 샤를 앙리(Charles A. Henry)의 조언에 따라 독단으로 루트 봉쇄와 일본 측 군사고문단을 받아들이기로 했지만 비시 정권은 이를 이유로 자유프랑스와 가까운 조르주 카트루(Georges Catroux) 총독을 해임했다. 그런데 카트루 총독이 시작한 일본과의 교섭은 도쿄(東京)에서 앙리 대사와 마쓰오카 요스케(松岡洋右) 외무대신의 협의로 결실을 맺어 8월 말 마쓰오카·앙리 협정이 체결되었다.

대본영은 프랑스령 인도차이나 감시단장 니시하라 잇사쿠(西原一策)에게 절충과 조정을 일임하고 현지에서 참모본부 제1부장 도미나가 교지(富永恭次)가 입회하도록 했다. 프랑스령 인도차이나 정부는 프랑스 정부의 승인이 없었다는 이유 등으로 교섭에 임하지

---

[1] (해설자주) 중국 윈난성(雲南省) 쿤밍(昆明)과 베트남 국경에 있는 허커우(河口)를 잇는 철도. 길이 465km이며 홍허강(紅河)의 철교를 거쳐 베트남 영내로 들어가 하노이와 직결된다. 1899년 청·프랑스 조약으로 프랑스가 윈난성의 철도 부설권을 획득하여 1901~1910년까지 하이퐁(Haiphong)-하노이, 하노이-라오카이, 라오카이-쿤밍까지 순차적으로 설치했다. 제2차 세계대전 중 일본군이 프랑스령 인도차이나로 진주하면서 중국 정부가 비써(碧色)-허커우 간 선로를 철거하여 사용이 중단되었다.

않다가 9월 3일 일본군의 최후통첩을 받자 9월 4일 현지 사령관 모리스-피에르 마르탱(Maurice-Pierre A. Martin)과 니시하라 사이에서 니시하라·마르탱 협정을 조인했다. 그런데 이후의 교섭이 지연되자 도미나가는 9월 17일 마르탱과 면담하여 진주 인원과 사용 가능한 비행장의 증가를 요구했다. 결국 니시하라·마르탱 협정이 재체결되었지만 도미나가의 요청으로 병력이 증강된 제5사단은 9월 23일 동당(Dong Dang) 요새를 침략했다. 총독의 명령으로 9월 25일에 정전이 이뤄졌으나 일본군은 하노이(Hanoi) 등 중요 거점에 진주하여 비행장과 항만 이용권을 획득했다. 일본은 인도차이나에서 프랑스 식민 지배를 대체할 인력이 부족했고 동맹국인 독일이 프랑스와 체결한 정전협정도 존중해야 했기 때문에 1945년 3월 초까지 프랑스 식민 정부를 그대로 존속시켰다.

1940년 9월 23일, 미국 국무장관 헐(Cordell Hull)은 일본군의 프랑스령 인도차이나 진주에 대해 현상 유지를 위반한 것이므로 미국은 승인하지 않는다는 성명을 발표했다. 그 직후인 27일 일본이 독일, 이탈리아와 삼국동맹을 체결하자 미국은 그 대응으로 10월 16일 설철(屑鐵)의 일본 수출을 금지했다. 또한 영국령 버마의 버마 공로(公路) 등을 이용하여 장제스 정권에 대한 원조를 계속했다. 이 경제제재는 프랑스령 인도차이나에도 해당되어 미국은 프랑스령 인도차이나 정부가 요청해 온 무기 지원을 거절했으며, 이듬해인 1941년에는 동(銅) 등 제한 품목을 늘렸다.

122호(1940년 6월 26일)

프랑스령 인도차이나 장제스 원조 루트를 끊다.

'프랑스령 인도차이나를 어떻게 볼 것인가'—지금 유럽에 '신질서'를 가져올 독일, 프랑스, 네덜란드의 질서를 둘러싸고 동양의 눈, 아니 세계의 눈이 이곳 프랑스령 인도차이나에 쏠려 있다. 일본으로서도 최대의 관심사다.

왜냐하면 남중국에서 장제스 원조 루트를 차단하기 위해 전투를 하고 있는 일본에게 프랑스령 인도차이나는 지리적으로도 이웃나라이며, 여기서 주석, 철, 쌀

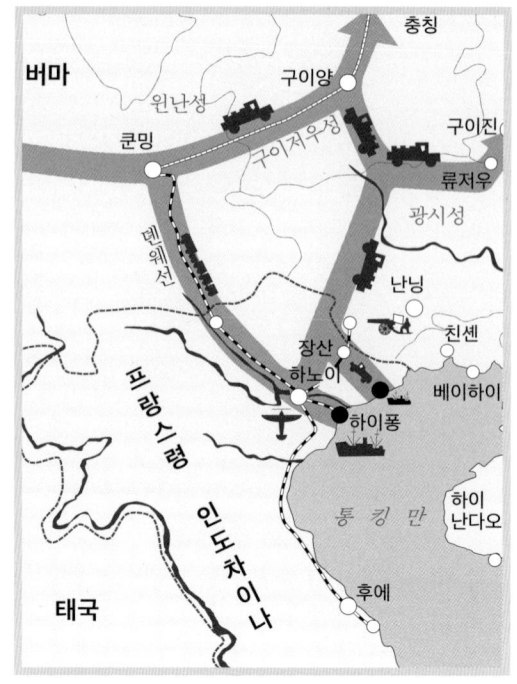

등의 물자를 충당하다 보면 경제적으로도 이곳 동향의 영향을 받기 때문이다. 더 나아가 이곳이 우리의 최대 관심사인 이유는 바로 '프랑스령 인도차이나 최후의 수혈로(輸血路)'이기 때문이다. 즉, 적국 프랑스령 인도차이나가 이제 어떤 심판을 받을 것이며, 우리는 여기에 어떻게 대응할 것인지가 관건이다.

제3국이 장제스에게 보내는 군수품의 70~80%가 현재 프랑스령 인도차이나를 통해 충칭으로 수송된다는 말이 있을 정도로 프랑스령 인도차이나의 장제스 원조는 두드러진다. 그 경로는 이렇다. 충칭으로 가는 군수품들은 영국과 프랑스, 그 밖의 선박들이 일반 화물로 당당하게 싣고 와서 하이퐁(Haiphong) 및 하롱(Halong)에서 육지에 내린다. 물자는 그 즉시 군수품화되어 일부는 뎬웨철도로, 또 일부는 최근 완성된 신국방 노선을 통해 속속 충칭으로 운반된다. 이 국방 자동차 노선을 통해 매일 약 100대 정도의 자동차가 프랑스령과 중국 국경을 넘어 오지로 나아가고 있다.

아스팔트의 국방 노선은 한월선(漢越線)과 병행해서 하이퐁에서 하노이를 달린다.

라오까이 부근 국경 가까이의 한월선 교량.

덴웨철도 쪽도 동일한 능률로 수송을 해내고 있으며, 이와 병행할 자동차도로가 지금 프랑스의 원조로 만들어지고 있다고 한다.

물론 우리 쪽도 이를 묵시하고 있을 리 없어서 공중폭격 또는 육로에서 더위와 적과 싸워 가면서 군수품 보급로 차단에 애쓰기를 1년여, 동시에 프랑스령 인도차이나 당국에게도 주의를 촉구하고 있지만 조금도 나아지지 않고 있다. 도리어 점점 우리 군의 눈앞에서 노골적으로 행해져 우리 비행기가 국경선 부근에서 자동차를 발견해 폭격하려 하자 즉시 프랑스 대국기를 내걸고 폭격을 피했다. 우리 비행기를 발견하면 프랑스 당국이 운반차를 국경 안에 엄호하며 보호하는 등의 사례도 있다고 한다.

우리 남지나방면군(南支那方面軍)[2]은 이런 사실을 들어 '지금이야말로 프랑스령 인도차이나를 재인식하자'라고 국민에게 촉구하고 있으며, 제국 정부는 모든 경우에 대비하여 만전을 기하고 있다.

---

2 (역주) 1940년 2월 9일에 편성된 일본 육군. 이름처럼 중국 전투를 위해 편성되었으나 1940년 9월 5일 북부 프랑스령 인도차이나로 진주했으며, 1940년 9월 휘하에 인도차이나 파견군을 임시 편성했다.

126호(1940년 7월 24일)

프랑스령 인도차이나 감시원 수행 제1보

우리 감시원 파견단 본부.

이전에는 프랑스령 인도차이나 적성(敵性)의 총본산, 현재는 장제스 원조 행위를 중단하고 친일 우호에 각성하고 있는 프랑스령 인도차이나 총독부.

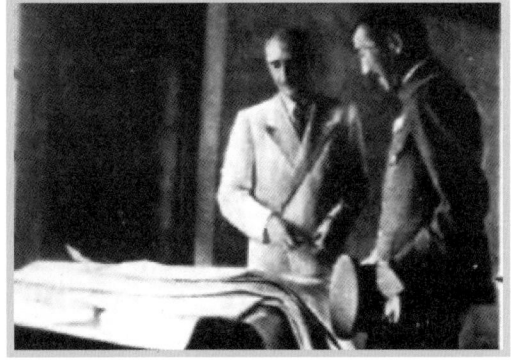

어찌 보면 적이 아니다. 서로의 입장을 이야기하면 의외로 쉽게 이해할 수 있다. 지도를 보며 카트루 총독(왼쪽)과 협의 중인 니시하라 소장(少將).

프랑스령 인도차이나 착륙 제1보

우치야마 린노스케(內山林之助) 수기

(전략)

하노이에 도착한 이후 여러 감시대원의 눈물겨운 활약상에 대해서는 이미 국내 신문지상에 게재되었으리라 생각하므로 여기서는 하노이의 인상에 대해 간단하게 쓰고자 한다.

먼저 첫 번째로 놀란 것은 하노이의 더위다. 이건 도저히 일본에서는 상상도 할 수 없는 더위다. 태양이 밝게 빛나며 모든 경치가 흰색으로 빛난다. 직사광선은 뼈를 뚫을 정도로 따갑다. 나는 여기서 처음으로 헬멧의 효과를 알게 되었다. 헬멧이 없으면 도저히 낮에는 길거리를 걸어 다닐 수가 없다. 땀이 별로 흐르지 않는 이유는 이미 흘릴 만큼 다 흘린 후에, 일본에서처럼 물을 보충해 마실 수가 없기 때문이다. 수질이 나쁘다. 안남인들이 그렇게 생기 없이 처질 만도 하다.

다음으로 놀란 것은 오전 11시부터 오후 3시까지 관청과 상점은 물론 거리의 모든 기능이 멈춰 버린다는 점이다. 상점은 가게 문을, 가정은 창문을 단단히 닫고 일제히 낮잠을 자느라 바쁘다.

하노이에 도착한 지 2, 3일째에는 이런 것을 모르고 카메라를 들고 혼자서 들뜬 마음으로 거리를 활보했는데 낮 시간이 지나자 사람들의 모습이 사라졌다. 우체국에 전보를 치러 갔지만 문이 닫혀 있어서 불가능했으며, 물건을 살 수도 없었고 오직 열려 있는 것은 레스토랑뿐이었다. 이상하게 생각되어 호텔의 보이에게 물어보니 돌아온 답이 낮잠이었다. 들어 보니 낮잠이라고 해도 일본의 그것과는 달라서, 옷을 갈아입고 본격적으로 수면을 취하는 모양이다.

하노이에 머무른 지 어느덧 열흘 남짓이 되니 이제 나도 낮잠을 안 자면 허전하다고 느끼는 정도를 넘어, 이곳에서는 낮잠이 생리적으로 반드시 필요한 일이란 걸 절감하게 되었다. 신기한 일이다.

다음으로 놀란 것은 안남인의 얼굴이 일본인과 매우 닮았다는 것이다. 쌀밥을 안남어로 '코무(com, 일본에서 쌀은 코메)'라고 말하는 모양인데 이런 것에서도 뭔가 먼 옛날의 피가

우리 감시원 파견에 호응하여 하노이 총영사관은 용감하게 장제스 원조 행위의 감시를 시작. 너무 바쁘다.

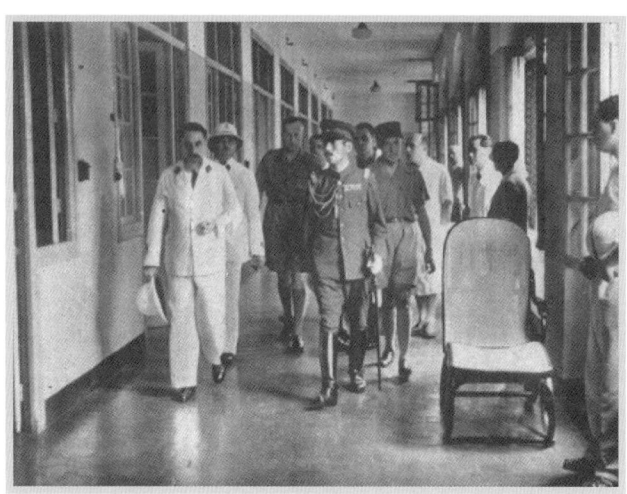

감시원이라고 해도 늘 매의 눈으로 프랑스령 인도차이나를 수색, 감시하는 것은 아니다. 우리 감시원의 육군 측 위원장 니시하라 소장은 프랑스령 인도차이나 당국자의 안내로 하노이 육군병원을 견학했다.

동양 제일의 화려함을 자랑하는 흰색 벽의 하노이 오페라극장은 작열하는 태양을 반사하여, 건물 밖 더위는 우리의 상상을 초월한다.

작은 호수(Petit lac) 연못 부근의 꽃 판매점. 매일 아침 일찍부터 귀여운 소녀가 길 가는 사람들에게 아침 안개에 젖은 아름다운 연꽃을 판매한다.

이어진다는 느낌이 들고, 별것 아닌데도 일본인을 보면 그리운 듯 다가오는 안남 시민에게 우리들은 왠지 친밀감을 느낀다.

프랑스령 인도차이나 문제 발발, 당초 현지의 한 기관신문이 '일본의 침략적 야심' 등의 기사를 게재하여 대대적으로 안남인의 반일적 분위기를 선동하려고 하였으나 결과는 예상과 반대로 오히려 안남인의 격분을 사서 당초의 계획을 중지할 수밖에 없었다고 한다.

안남인들이 일본에 거는 희망은 이처럼 커서, 이제는 일본인에 대한 동경이 전 민족적인 감정으로까지 커지고 있다고 한다. 동아 신질서의 여명이 적도 부근의 프랑스령 인도차이나에까지 그 광망(光芒)을 비추고 있는 지금, 이 감정이 머지않아 큰 결실을 맺을 시기가 올 것임을, 동양 평화를 기원하는 첫 번째 믿음으로 삼는다.

127호(1940년 7월 31일)

프랑스령 인도차이나 감시원 수행 제2보

라오까이(Lao Cai)[3] 철로는 제거되었다.

프랑스령 인도차이나 측이 자발적으로 3m가량 제거한 덴웨교를 감시하는 니시하라 육군 소장 (오른쪽에서 두 번째).

감시소에서 라오까이 역을 내려다 보는 감시원 일행.

남티다리에서 중국령을 바라본다. 경비를 서는 현지 병사 바로 앞이 프랑스령 인도차이나.

랑선(諒山)의 수송로는 끊어졌다

완전히 차단된 국경에서 악수하는 모리모토(森本) 쩐남관(鎭南關) 수비대장과 프랑스령 인도차이나 연락장교.

국경에서 프랑스령 인도차이나를 바라보는 우리 남지나 제1선 부대의 경비병.

3 (역주) 중국 윈난성과 국경을 접하고 있는 베트남 북부 지역의 도시. 한월어로 '노개(老開)'라고 표기하는데 '오래전부터 개방된 곳'이라는 의미이다. 프랑스 침입 때는 중국의 주요 관문이기 때문에 점령되었고, 중일전쟁 중에는 장제스 원조 루트의 거점이었다. 하노이와 윈난성 쿤밍을 잇는 뎬웨철도가 지나는 교통의 요지로, 군사적으로도 중요하다.

프랑스령 인도차이나 국경을 가다.

우치야마 린노스케 수기

7월 12일 니시하라 위원장이 유유히 첫 국경 시찰에 나서게 되었다. 일행은 위원장 이하 7명, 프랑스령 인도차이나 측에서는 티보(Thibault) 소좌 외에 경찰관 수 명이 동행하여 오후 8시 반, 점차 석양이 가까워 오는 하노이를 뒤로하고 라오까이를 향해서 출발. 하이퐁, 하노이, 라오까이를 연결하는 이른바 덴웨철도는 중일전쟁 이전에는 기관차도 화물차도 소형이어서 수송력이 약했지만 중일전쟁 발발 이래 미국에서 대형 물품을 수입하여 수송력이 확충되었다.

기차는 송코이 강(紅江, Song Coi)을 따라 넓디넓은 무논 사이를 달리고 달린다. 창밖 어둠 속에서는 반딧불이가 아름답게 날아다니고, 창밖에서 불어오는 청풍이 무척 상쾌하다.

기차는 다음 날인 13일 오전 6시 반, 라오까이를 2km 앞에 둔 포모이(Phố Mới)에 도착했다. 흰 양복에 헬멧을 착용한 니시하라 위원장은 환영 나온 라오까이 시장, 수비대장, 경찰서장과 악수한 이후 곧바로 자동차에 올라타 라오까이 감시소로 출발했다.

감시소는 라오까이역을 내려다보고 기차의 출입을 충분히 감시할 수 있는 지점에 있다. 건물은 시장의 별장으로 주위에는 철조망이 둘러져 있고, 기관총 거치대까지 있다. 입구 외 네 곳에는 보초가 서 있고, 현지인 병사 1개 중대가 엄중하게 경계를 서고 있다. 돌아보던 니시하라 장군이 '마치 감옥 같군'이란 말은 내뱉은 것처럼, 정말 말 그대로 프랑스령 인도차이나 당국도 또한 우리를 엄중하게 감시하고 있었다.

라오까이는 인구 4천 명 중 프랑스인은 30명 정도인 작은 마을인데 멀리 기괴한 능선을 그리며 늘어선 산들을 바라보자니 풍경은 상당히 아름다웠다.

11시, 유유히 국경선 남티 다리(Cầu Nậm Thi) 검문에 나선다. 남티 다리는 폭 4-5m, 길이 약 150m, 다리 옆에는 프랑스령 인도차이나 측의 세관 출장소와 군 경계초소가 있으며 현지인 병사가 경계를 서고 있다.

앞쪽 중국 측을 보니, 아, 역시 있군. 중국 병사가 청천백일기를 휘날리며 마찬가지로 다리 옆에 완강하게 서 있었다.

다리 옆으로 30m 떨어진 지점에 레일이 3m 정도 제거되어 있다. 이것은 지난 3일 우리 감시단 도착과 함께 제거된 것으로, 사변 발발 이래 장제스 원조 루트로 적성을 발휘했던 국경은 이제 완전히 차단되었다.

우리의 기척을 느낀 중국의 병사와 주민들이 다리의 중간까지 넘어오고 있다. 중국 저격병이 총의 거치대에서 이쪽을 노려보고 있다. 꺼림칙한 순간이었다.

곧바로 카메라를 들이대자 '잘못하면 중국 병사가 발포합니다'라고 프랑스령 인도차이나 장교가 주의를 주어서 물러났다.

다시 자동차에 나누어 올라탄 우리 일행은 남티 강(Sông Nậm Thi)을 따라 자동차도로를 타고 라오까이로 돌아왔다. 7월 15일, 쩐남관에 가야만 한다. 오후 1시경에 감시대원 본부에서 식량과 그 밖의 것들을 받아서 국경으로 향하는 5대의 트럭 가운데 하나에 편승하여 출발, 뎬웨철도를 따라 북진한다. 하노이에서 랑선(Lạng Sơn), 쩐남관에 이르는 150km의 자동차도로는 폭 5m 정도, 콘크리트 혹은 아스팔트 포장의 당당한 근대적인 도로다.

이 지방은 랑선에 가까워질수록 집도 사람의 복장도 눈에 띄게 중국식으로 바뀐다. 농가의 여자들은 일본 부인들처럼 허리띠를 두르고, 머리에도 일본 동북 지방에서 본 고조두건(高祖頭巾)[4] 풍의 모자를 쓴다. 요즘은 한창 모내기 시기여서, 밀짚모자를 쓴 주민들의 모습도 일본과 크게 다르지 않다. 이러한 풍경을 바라보면서 봉우리를 넘으면 바로 랑선에 도착한다. 하노이에서 여기까지 트럭으로 4시간이다.

랑선은 인구 4천 명으로 산으로 둘러싸인 천연의 요새이다. 해발 300m에 위치해 기후도 하노이보다는 훨씬 시원하다.

16일 오전 7시 랑선을 출발, 수십 km를 가면 국경 제1관문이 나온다. 여기서 엄중한 통행 검사를 받으면 마침내 국경에 들어간다. 몇 분 만에 지난 6월 30일 우리 군이 엄연히 일장기를 게양한 천연 협곡 쩐남관이 눈앞에 나타난다. 아아, 보인다. 프랑스령 인도차이나

---

4   (편집자 주) 가마쿠라 시대의 조상이자 니치렌종의 창시자 니치렌(日蓮) 스님이 쓴 두건과 닮았다고 하여 고조두건이라고 부른다. 4척(120cm) 길이의 비단 천을 머리 위에 각이 잡히게 둘러 착용했으며, 주로 여성들이 입과 코를 가리는 용도 등으로 사용했다.

국경에서 약 100m 너머에 우리 군의 일장기가 선명하게 보이는 것이 아닌가. 우리의 트럭은 멈추라는 명을 받았다. 오른쪽의 산 정상에는 프랑스령 인도차이나의 감시초소가 있었다. 이 감시초소에 명함을 보여 주자 프랑스령 인도차이나 연락장교는 웃으며 크게 고개를 끄덕이고는 초소에서 프랑스 국기를 흔들어 우리가 온 것을 일본군에게 알렸다.

우리 군과 감격적인 연락이 이루어졌다. 그리고 쩐남관의 성벽 위에는 지금 일장기가 펄럭펄럭 휘날리고 있다.

136호 (1940년 10월 2일)

이미 프랑스령 인도차이나에 일본인 무덤이 있다.

이전부터 교섭 중이던 일본과 프랑스령 인도차이나 사이의 협정이 9월 22일 오후 2시 30분에 성립되어, 그날 밤 황군은 프랑스령 인도차이나 북부로 평화적으로 진주하였다.

이 협정의 성립에 대해서는 프랑스 본국과 프랑스령 인도차이나의 연락이 불충분하였고, 일본과 프랑스령 인도차이나 사이의 친교를 달가워하지 않는 제3국의 방해도 있었기 때문에 큰 난관을 예상했으나, 프랑스 본국 및 프랑스령 인도차이나 당국이 동아의 새로운 사태를 올바르게 인식하고 적극적으로 협력적인 태도를 보였기 때문에 마침내 타결을 보게 되었다.

프랑스령 인도차이나 지방은 제국이 종종 성명(聲明)한 것처럼 대동아공영권 속에 포함되어야만 한다. 따라서 이번 협정으로 프랑스령 인도차이나가 적극적으로 중일전쟁 처리에 협력하게 된 것은 장제스 정권에게 최후의 철퇴를 먹이고 중일전쟁 완수를 최고 목표로 하는 대동아공영권 건설의 구체적인 첫걸음이 분명하게 시작된 셈이니 참으로 의의가 깊은 일이다.

사진은 우리 남진정책의 선구자로서 남방에 웅비(雄飛)하다가 큰 포부를 이루지 못하고 프랑스령 인도차이나 땅에 뼈를 묻은 선각자의 무덤이다. 이번에 황군의 프랑스령 인도차이나 진주로 멀리서 들려오는 황군 용사들의 군화 소리를 지하의 영령은 어떻게 듣고 있을까.

신동아 건설의 새로운 세대를 앞두고 젊은 안남 병사도 한없이 겸허한 정을 보여 주고 있는 듯이 보인다.

프랑스령 인도차이나 진주의 의의 －동아 신질서의 전진－

지난 9월 23일 우리 정예부대는 작열하는 남중국 국경을 넘어서 프랑스령 인도차이나 북부로 진주하기 시작하여 나아가 26일에는 하이퐁에서 해로로 진주하여, 여기서 남방 만리를 사이에 둔 프랑스령 인도차이나 땅에 처음으로 일장기를 휘날리게 되었다. 지도를 펴 볼 것도 없이 중국 400여 주의 동쪽 반 이상에 우리의 충성스럽고 용감한 대장부들을 배치하여 당당하게 동아 안정을 지속적으로 지켜 온 일본이 지금 다시 새로운 지점에 그 위용을 나타내었으니 정말 든든하기 그지없다.

그렇다면 황군의 프랑스령 인도차이나 진주는 어떠한 의의를 가지고 있을까?

진주와 민족 공영

틈새로 창을 들이미는 비겁한 무사처럼 정정당당히 일본에 맞서지 못하고 질리거나 뉘우치는 일도 없이 슬쩍슬쩍 장제스를 원조하는 행위를 지속하는 적국들은 이번에 우리의 프랑스령 인도차이나 진주를 보고도 여전히 부적절한 행동을 멈추지 않는다. 예를 들면 영국계 신문인 상하이 데일리 뉴스가 '일본이 프랑스령 인도차이나에 침입해서 동아시아를 파탄시키려고 하지만, 영원히 이익을 볼 수는 없을 것이라'고 호언하고 있는 것 등이 그것이다.

몇 년이 지나도, 사태가 어떻게 변해도 음습하게 방해하며 즐거워하는 나라들의 어리석음은 오히려 불쌍할 지경이다. 지금 동아시아는 물론 유럽에서도 구세계를 탈피하는 것이 감출 수 없는 명명백백한 사실이건만, 이를 외면하고 낡은 틀 속에서 게으르게 잠이나 자는 나라들은 전진하는 세계 정세에서 뒤처지고 말 것이다.

우리의 프랑스령 인도차이나 주둔은 결코 파괴가 아니며, 침략도 아니다. 지난 6월 2~9일 프랑스령 인도차이나의 장제스 원조 루트 감시위원장 니시하라 소장 일행이 하노이에 도착한 이래 약 3개월에 걸쳐 때로는 현지 교섭으로, 때로는 도쿄에서 우리 외무대신과 프랑스 주일 대사가 협의를 해 가며 평화적으로 진척시킨 것이다. 더욱이 우리가 더 은인자중하는 태도로 마침내 성립시킨 협정에 기초한 행동임을 이해한다면 어떤 외국에서도 불평이 없을 터이다.

프랑스령 인도차이나 진주는 동아 민족의 공영을 약속하며, 일국의 일방적인 이해에 좌지우지되는 행동이 결코 아니다. 이는 우리 나라가 프랑스령 인도차이나에 대해 이루어 낸 성과로, 프랑스령 인도차이나의 직접적인 주권과는 조금도 관련이 없는 일이다.

진주 이후에 오는 것

프랑스령 인도차이나 진주가 가진 매우 중대한 의의는 뭐니 뭐니 해도 그로 인해 중일전쟁 처리의 마무리가 빨라진 것이다. 따라서 동아공영권의 확립을 서두를 수 있게 되었다.

우선 지금까지 별 볼 일 없던 장제스 정권이 목숨을 부지하도록 수혈해 준 길의 하나인 프랑스령 인도차이나 루트는 이번에야말로 뿌리까지 잘려나가 이용 불가능해졌다. 그뿐만 아니라 우리 군이 프랑스령 인도차이나의 북쪽에 주둔하는 것 자체가 프랑스령 인도차이나에 인접한 버마에 대한 무언의 위협이 된다. 버마-윈난 루트 역시 매우 중요한 장제스 정권의 수혈로인데 이제부터는 엄중한 우리 군의 감시 앞에 반드시 그 준동을 저지해야만 할 것이다. 충칭 정부가 생명선으로 의지하는 이들 두 루트의 단절은 중일전쟁 처리에 필수 불가결하다. 더욱이 지금 중요한 의의는 프랑스 측이 뒤늦게나마 잘못을 깨닫고 신동아 건설 노선을 따르겠다는 의향을 보이게 된 것이다. 이 역시 반드시 중요하게 논하지 않으면 안 된다.

본래 우리와 같은 동양인종이 대부분인 프랑스령 인도차이나의 주민이 대동아의 일부를 형성하면서 우리들과 함께 새로운 질서에 협력하지 않았던 것은 매우 부자연스러운 일이었다. 어쩌다가 불행히도 프랑스의 식민지가 되어 우리와 공영하는 숭고한 이상을 누리지 못했던 프랑스령 인도차이나의 민중은 아직 자신들의 자유로운 생존권을 확립하지는 못했지만, 적어도 오늘부터는 동아 공동체의 운명을 견지할 수 있는 행복의 문이 열린 것이다.

이리하여 대동아공영권 내의 어둠 하나가 이제 걷혀 가니, 그만큼 동아의 광망은 점차 더 강해질 것이다. 황군의 프랑스령 인도차이나 진주의 중요성은 이 심원한 민족적 의의를 이해하는 것만으로도 충분히 알 수 있을 것이다.

진주가 불러온 파문

충칭 정부의 발악은 어느 정도 예상했다. 외신이 전하는 바에 따르면 우습게도 주프랑스 대사 구웨이쥔(顧維鈞)이 프랑스 정부에 항의를 했다는 것이다. 그리고 늘 하던 대로 악질적인 선전과 애원을 섞어서 영국과 미국에게 호소했고, 특히 영미 해군 협정을 이용하여 미국 함대의 극동 진출을 요청하여 일본을 견제하려고 획책하고 있다.

이러한 책동은 물론 장제스 정부의 필사의 몸부림도 우리는 더 이상 의식하지는 않는다. 그러나 지금까지 음험한 수단을 써서 동아 신질서 건설에 어떻게든 걸림돌이 되어 온 미국이나 영국이 어떻게 나올지에 대해서는 충분히 주의해야 할 것이다. 설령 이들 나라들이 더욱 본성을 드러내고 우리를 압박해 온다면 단호하게 일축하겠다는 각오를 다질 따름이다.

일본군의 프랑스령 인도차이나 남부 진주와 국제관계

　육해군 수뇌부는 자원 획득을 위해 프랑스령 인도차이나 남부로 진주할 것을 주장했다. 이곳은 경제적인 효과 외에도 태국, 영국령 식민지, 네덜란드령 동인도에 군사적 압박을 가할 수 있는 요지인 동시에 장제스 원조 루트 차단의 효과도 있었다. 프랑스령 인도차이나 북부 진주에 대한 강대국의 반발을 대수롭지 않게 평가했던 육해군이 남부 프랑스령 인도차이나 진주 역시 큰 문제가 되지 않을 것으로 보았던 것이다. 수뇌부는 1941년 6월 25일에 대본영 정부 연락회의에서 프랑스령 인도차이나 남부 진주를 결정했으며, 7월 2일 어전회의에서 프랑스령 인도차이나 남부 진주를 정식으로 허가했다. 이에 따라 7월 14일 비시정부에 허가를 요청했는데, 비시정부는 독일과 협의하지 못한 채 일본의 요구를 받아들였다. 당시 프랑스령 인도차이나는 군사적으로 일본에 열세였으며, 프랑스 식민지가 연이어 연합국에 점령당하는 상황에서 비시정부 또한 일본군과 타협하지 않을 수 없는 상황이었다.

　일본군은 마침내 7월 28일에 프랑스령 인도차이나 남부로 진주했다. 이미 영국과 미국은 일본이 프랑스령 인도차이나 남부로 진주할 경우 공동으로 경제제재를 단행하기로 합의했기 때문에 미국은 8월 1일 '모든 침략국에 대한 석유 수출 금지'를 발표했으며, 영국 역시 경제제재를 발동했다. 이를 예상하지 못했던 일본 육해군은 당시 석유가 1년 반 정도 사용할 만큼 비축되어 있던 상태에서 미국과 전쟁하게 될 것을 우려했으며, 해군 수뇌부는 오히려 조기 개전론을 주장했다.

일본군의 프랑스령 인도차이나 남부 진주는 삼국동맹 체결과 마찬가지로 미국과의 관계에 악재로 작용했다. 미국은 일본에 프랑스령 인도차이나에 대한 영국, 중국, 미국, 네덜란드, 일본에 의한 중립화안을 제안했기 때문에 그 답변을 요구했고, 일본은 프랑스령 인도차이나 남부 진주는 평화적이고 자위적인 조치이므로 중일전쟁 종결 후에 철수하겠다고 답변했다. 헐 국무장관은 일본이 무력행사를 중단해야 외교교섭을 계속하겠다고 하였고, 이후에도 프랑스령 인도차이나 북부에 대한 일본군의 증파(增派)를 문제 삼았다. 따라서 이는 미국과의 교섭에 걸림돌이 되었고, 마침내 12월 8일 개전에 이르게 되었다.

프랑스는 이미 독일에 패배했기 때문에 식민지를 유지하기 힘들었고, 때문에 많은 식민지가 비시정부보다 자유프랑스를 지지했다. 때문에 비시정부와 식민지 정부는 일본과 협력하는 길을 택했다. 일본 역시 종래의 비시정부를 통한 식민지 통치를 인정하여 군사적으로 공동 경비 형식을 취했으며, 프랑스령 인도차이나 정부는 일본군의 주둔 비용을 지불했다. 그러나 수출입 대부분을 프랑스 본국에 의존했던 프랑스령 인도차이나는 제2차 세계대전 발발 이후 프랑스와의 연락이 두절되고, 영국이 자국 식민지와 프랑스령 인도차이나 간의 무역을 금지하자 경제적인 위기에 봉착했다. 전쟁 중 일본이 수입액의 50~60%를 프랑스령 인도차이나에서 충당하였기 때문에 프랑스령 인도차이나는 무역에서 흑자를 기록했지만, 미국의 통상 공격이 격화되자 인도차이나에서 일본으로 물자를 운반하는 것이 어려워졌다.

180호(1941년 8월 6일)

프랑스령 인도차이나에 우리 육해군 부대 증파—대본영 육해군부 발표(7월 29일)

이번에 제국과 프랑스 사이에 성립된 프랑스령 인도차이나에 관한 공동방위 결정에 기초하여 7월 29일 우리 육해군 부대를 프랑스령 인도차이나에 증파했다. 사진은 남중국해에서 활약하는 우리 해군 부대.

황군 프랑스령 인도차이나에 증파, 공동방위를 담당하다.

지난 7월 21일 일본과 프랑스 양국 사이에 대동아공영권의 일부인 **프랑스령 인도차이나와의 공동방위 결정**이 성립되었는데, 그 후 모든 수속이 완료되어 7월 29일 프랑스 비시에서 우리 주프랑스 대사와 다를랑(François Darlan) 프랑스 외상 사이에 정식 의정서 조인이 행해져 즉시 효력이 발생하였다.

이 **의정서 내용**을 요약해 보면 다음과 같다. 즉 일본도 프랑스도 현재의 국제 정세를 고려해 본 결과 만일 프랑스령 인도차이나의 안전이 위협받는다면 일본이 뜻하는 동아의 평화는 물론 일본의 안전마저 위험에 처한다고 볼 수 있다. 그래서 일본은 이 기회에 동아시아에 있는 프랑스의 권리, 이익, 특히 프랑스령 인도차이나의 영토 보전과 프랑스령 인도

차이나에 대한 프랑스의 주권을 존중할 것을 약속한다. 이에 대해 일본에 대하여 제3국과 정치상, 경제상, 군사상으로 대항하는 협정 및 인도차이나에 관한 협정을 체결하지 않을 것을 약속한다. 이러한 쌍방의 서약을 교환한 후 양국 정부는 프랑스령 인도차이나의 공동방위를 위해 서로 군사적으로 협력하고자 한다.

그리하여 이 약속에 의거하여 우리 육해군 부대는 **7월 29일** 프랑스령 인도차이나에 증파되어 중일전쟁을 완수하고 새로운 단계를 맞이하게 될 것이다.

원래 프랑스령 인도차이나는 중일전쟁이 시작된 이래 이른바 프랑스령 인도차이나 루트를 통해 장제스 정권을 원조하는 적성 행위를 보였으나, 작년 8월 우리 마쓰오카 외상과 앙리 주일 프랑스 대사 사이에 협정이 체결된 결과로 황군이 프랑스령 인도차이나에 진주하며 장제스 원조 행위를 철저히 근절시켜 왔다. 그 이후로 프랑스령 인도차이나 당국은 점점 우리 성전(聖戰)의 진의를 이해하게 되었는데, 특히 올 1월 20일 일본이 태국·프랑스령 인도차이나의 국경분쟁 조정에 나서서 참으로 공평무사, 평화애호의 정신을 보인 후에 종래의 일본에 대한 관념을 근본적으로 시정하였다. 따라서 우리 나라의 성의가 훌륭하게 결실을 맺어 지난 5월 6일에는 일본·프랑스령 인도차이나 경제협정이, 이어서 5월 9일에는 태국·프랑스령 인도차이나 평화조약이 정식으로 조인되었다는 소식이 아직 여러분 귀에는 낯설 것이다.

이처럼 일본은 모든 노력을 기울여 대동아의 일익을 담당할 동남아시아의 평화 안정을 위해 최선을 다하며 프랑스령 인도차이나와 태국 국민들에게 감사를 받아 왔다. 그러나 최근 프랑스령 인도차이나를 둘러싼 정세는 제3국의 암약, 드골(Charles de Gaulle)의 프랑스령 인도차이나 교란공작 등이 전해지면서 이대로 방임하면 프랑스령 인도차이나의 안전조차 위협당할 분위기가 점점 짙어지고 있다. 만일 이 정세가 발전하여 프랑스령 인도차이나가 혼란에 빠진다면 프랑스는 물론 우리 나라도 **자위상 가만히 있을 수 없다**. 과거에 러시아가 조선에 침입하여 우리 나라의 존립을 위협했던 때와 똑같이 말이다.

따라서 프랑스령 인도차이나의 안전을 위하여 일본과 프랑스 사이에 우호적인 교류가 진행되면서 프랑스도 우리 진의를 충분히 이해하였고, 그 결과 매우 짧은 기간에 중요한 협정이 이루어진 것은 일본과 프랑스 양 국민은 물론 동아시아 여러 민족에게도 커다란 기쁨이 아닐 수 없다.

　여기서 새삼스레 이야기할 것도 없이 황군의 이번 프랑스령 인도차이나 증파는 평화를 목적으로 하는 것이다. 적성 국가 무리가 여러 가지 억측을 하듯이 일본이 점차 남방을 침략해 갈 것이라는 말은 털끝만큼도 사실이 아니다. 우리 나라의 목적은 시종 대동아의 평화 실현에 있으므로 그것을 교란시키는 자가 있다면 단연코 실력으로 일축할 따름이나, 그럼에도 결코 그 이상으로는 나서지 않을 것이다. 그 점은 특히 동아시아 여러 민족이 마음에 확실하게 담아 두었으면 한다.

　프랑스령 인도차이나에서 온 신문전보를 종합해 보면 황군의 증파가 결정되자 갑자기 프랑스령 인도차이나가 명랑해졌다고 한다. 지금까지 반일 분위기가 강했던 프랑스령 인도차이나의 남부 지방에서도 날로 일본에 대한 태도가 변하고 있다고 한다. 이는 실로 응당한 일이다. 아마도 지금까지 프랑스령 인도차이나 당국의 눈을 피해 불순한 책동을 계속해 온 불온분자들은 앞으로 철저하게 내몰리게 될 것이다. 그리고 동시에 항상 기회를 노리던 제3국 및 충칭 정부의 마수도 이를 계기로 완전히 일본의 실력 앞에 굴복하지 않을 수 없게 되리라.

　그리하여 우리 신동아의 건설은 착실히 장애물을 평화적으로 소탕해 가며 오로지 앞으로 나아갈 것이다.

181호(1941년 8월 13일)

일본·프랑스령 인도차이나 공동방위와 ABCD 포위선

　이른바 'ABCD 포위선' 또는 'ABCD 포위망'이란 1930년대 후반부터 해외에 진출한 일본에 대항하여 행해진 경제제재를 가리키는 말이다. 석유와 설철 등 전략물자의 수출규제 및 수출 금지를 통해 일본을 압박했던 방식으로, 일본 측에서는 이를 일본에 대한 포위망으로 인식했다. 무역 제한 정책을 시행했던 미국(America), 영국(Britain), 중국(China), 네덜란드(Dutch)의 머리

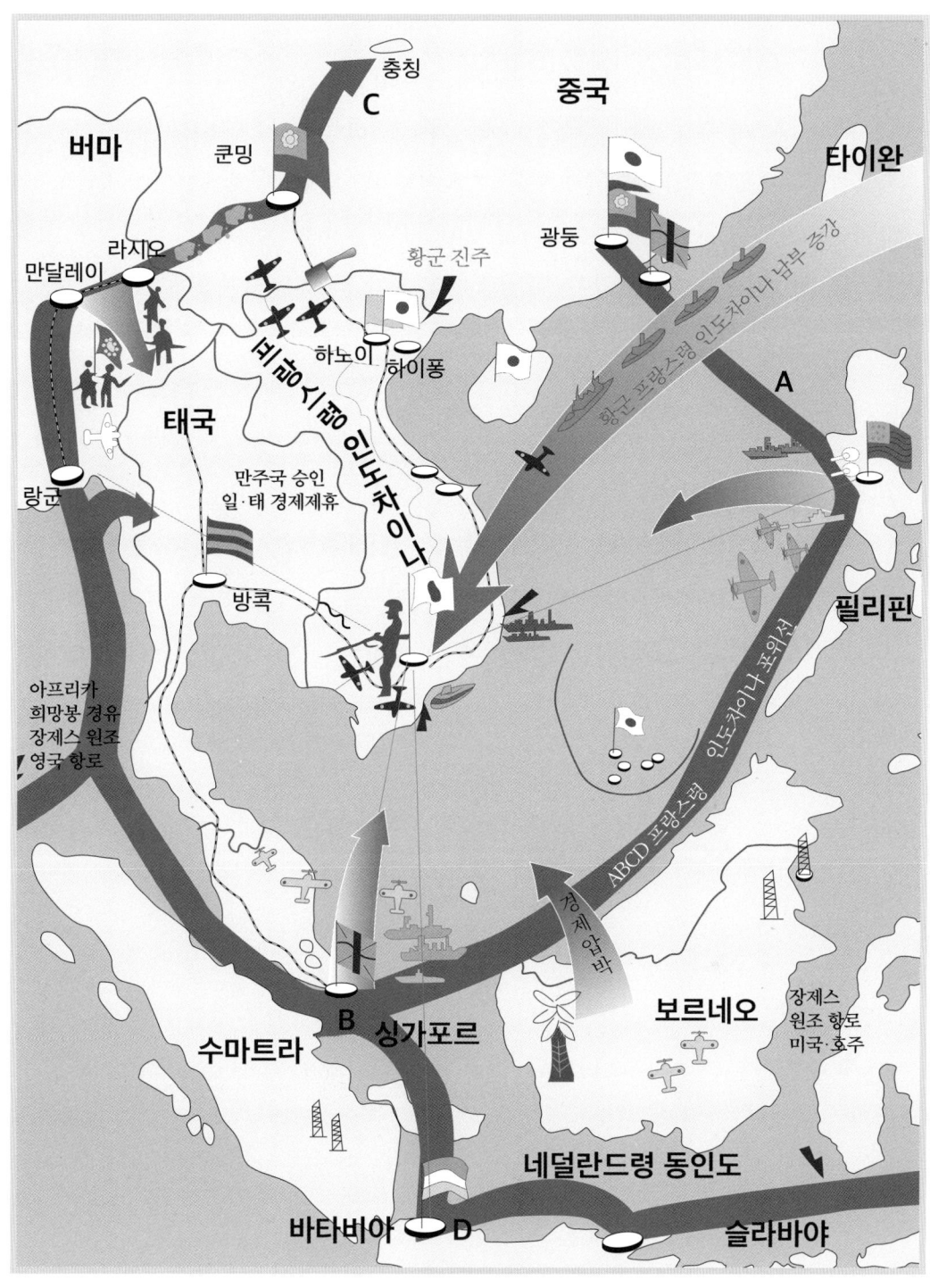

일본·프랑스령 인도차이나 공동방위와 ABCD 포위선

글자를 딴 용어이다.

중일전쟁 이후 추축국(일본, 독일, 이탈리아), 자유 진영(영국, 미국, 프랑스), 공산 진영(소련)이 각각 대립하는 가운데 1939년 미국이 일본에 대해 통상항해조약 폐기를 통고하여 이듬해 1월에 조약은 효력을 잃었으며, 미국의 수출제한 조치로 일본은 전쟁에 필요한 항공기 연료와 설철 등의 자원 입수에 곤란을 겪게 되었다.

더욱이 일본이 1940년 9월에 프랑스령 인도차이나 주둔과 삼국동맹 체결을 강행하자 미국은 설철과 강철의 일본 수출을 전면 금지했다. 이어서 일본이 1941년 7월 남부 프랑스령 인도차이나로 진격하자 미국은 대일 자산동결과 석유 수출 전면 금지를 단행했고, 영국도 대일 자산을 동결하고 일본과의 통상항해조약을 폐기했다. 네덜란드령 동인도도 대일 자산동결과 일본과의 민간 석유 협정의 정지를 결정했다.

일본은 석유의 약 80%를 미국에서 수입하고 있었기 때문에 미국의 석유 수출 전면 금지에 큰 타격을 입었으며, 당시 일본 국내의 석유 비축량은 평시에 약 3년, 전시에 약 1년 반 정도의 분량에 불과했다. 이 결과 일본은 한편으로 외교교섭으로 경제제재 해제를 촉구하면서 다른 한편으로 전쟁 준비를 해 나갔다. 일본은 기습 공격을 통해 미국, 영국, 네덜란드와의 전쟁을 시작하게 되었다.

프랑스령 인도차이나 증파 제1보

일본·프랑스령 인도차이나 공동방위 결정에 따라 프랑스령 인도차이나에 파견된 우리 육해군 부대는 7월 28일 프랑스령 인도차이나 남부에 상륙을 시작한 이래 사이공(Saigon, 지금의 호찌민)과 냐짱(Nha Trang) 부근 지구에 주둔하였다가, 8월 4일에 프랑스령 인도차이나의 우호적 태도에 따라 평화리에 각지로 배치를 완료하였다고 같은 날 프랑스령 인도차이나가 발표했다.

이리하여 동아시아 장래의 신기원을 열기 위해 이루어진 황군의 프랑스령 인도차이나 평화 진주는 세계 구질서 국가들이 일본·프랑스령 인도차이나를 막기 위해 뻗쳐 두었던 포위진을 당황케 하며 당당히 마무리되었다.

남국의 태양에 은색 바퀴를 빛내면서 당당하게 사이공 시내를 행진하는 황군 용사들.

182호(1941년 8월 20일)

프랑스령 인도차이나 남부에 파견된 고바야시(小林) 부대

프랑스령 인도차이나 남부에 상륙을 완료한 우리의 프랑스령 인도차이나 파견 부대는 제각각 대오를 정비하고 재류 일본인, 프랑스령 인도차이나 당국, 일반 프랑스인, 베트남인 등의 열렬한 환송을 받으며 소정(所定)의 지구(地區)를 향한 전진을 개시했다. 트럭에 나누어 탑승하고 땡볕 더위 아래 구불구불한 국도를 전진하는 우리 고바야시 부대의 정예병들.

189호(1941년 10월 8일)

진중(陣中) 보고 — 프랑스령 인도차이나 남부와 화교

근면 민감한 화교

(전략)

현재 프랑스령 인도차이나 전 국토에 화교는 45만이라고 하는데, 그중 20만은 사이공, 쩔런(Cholon)을 중심으로 하는 교지차이나(交趾支那, Cochin China)[5]에 살고 있다. 이들 화교의 가장 큰 특기는 경제적 활동으로, 프랑스령 인도차이나 남부의 각 경제 부분에서 빠지지 않는 확고부동한 지반을 갖추고 있다.

베트남인이 무지하고 게으르며 선량한 데 비해 중국인은 근면하고 경제적으로 민감하게 반응하며 모두가 타지에 돈을 벌러 온 사람의 마음가짐으로 일하므로 점점 경제 방면의 실권이 화교의 수중에서 좌지우지되기에 이른 것은 당연한 일이라고 말하지 않을 수 없다.

왕성해진 항일

장제스 정권이 이를 주목한 것은 당연하다. 그러므로 국민당 지부를 설치해 보조금을 지원하며 항일 신문을 발행하고 각종 항일 구국 단체를 결성하여 화교의 경제력을 장악, 끝없이 항전비를 쓸어 모으려고 애쓰는 것이다.

화교일보, 안남민보, 공론보, 중화일보, 진보(眞報) 등의 항일 신문과 안남화교 구국회, 사제동지 구국회, 동자군(童子軍), 부녀구국회 등 그 외 다수의 구국 항일 단체가 이곳에서 비약적인 활동을 이어 가고 있다. 이를 앞장서서 지도하는 것은 사이공 및 쩔런의 영사(領事)로, 바로 국민당 지부장 인펑자오(尹鳳藻)다. 그러나 그 효과가 표면적으로는 예상 이하

---

5 (역주) 일본이 프랑스 통치 시절의 베트남 남부를 가리켜 이르던 이름. 베트남 북부에 세워진 여조(黎朝) 왕조를 가리킬 때는 교지국(交趾國)이라고 불렀다.

인 듯한 것도 사실이다. 그 배경에는 화교 자체가 타지에 돈을 벌러 온 사람이라는 본질적인 이유와 구국 단체의 수뇌부가 거두어들인 헌금으로 사심을 채우는 지나인다운 수법 때문에 단체가 점차 일반 화교들의 신용을 잃게 된 점, 또 프랑스령 인도차이나 정청(政廳)의 억압주의적인 화교 정책 등이 있었다. 이 정책은 대일본적 관계에 따른 것은 아니다. 예전에 쑨원(孫文)이 프랑스령 인도차이나에서 혁명의 깃발을 들었을 때, 프랑스령 인도차이나는 당시 대중국 관계에 따라 있는 힘껏 이를 원조하여 화교의 혁명운동 참가를 허용하였는데, 이는 결과적으로 베트남인들의 독립운동 의지를 자극하고 말았다. 이 경험으로 미루어 이번 사변에서는 오로지 자기 보전의 목적을 가지고 화교들의 애국적 활동을 탄압하고 있는 것이다. 이와 같은 이유로 예컨대 올해 7.7 기념일 구국 헌금은 겨우 3만 엔 정도가 모이는 데 그쳤다. 그러나 잠행적으로는 모략, 선전, 협박 등의 수단을 동원해 일본 제품에 대한 보이콧 및 반(反)난징정부적 책동을 집요하게 계속하고 있는 것이다.

(중략)

일본군의 프랑스령 인도차이나 남부 진주와 함께 남양(南洋) 화교 문제가 과제로 부상했다. 화교의 추이가 중일전쟁 해결에 다분히 영향을 끼치고 있고, 또한 이곳이 일본 상품의 해외 판로라는 점에서도 큰 관계가 있다는 점을 고려하면 프랑스령 인도차이나 화교의 동향은 단순한 프랑스령 인도차이나의 문제에 그치지 않고 나아가 싱가포르, 네덜란드령 동인도를 비롯한 각지의 화교 사정을 이해하는 시금석이 되므로 긴요히 여겨야 한다.

또 다른 문제로 중국인 대(對) 베트남인의 관계가 있다. 종래 화교가 취해 온 악랄한 이익 추구 수단은 무지하고 선량한 베트남인들의 생활을 희생시키는 것들이 극히 많았기 때문에 베트남인들은 일반적으로 화교에 대한 반감을 품고 있다. 종래에도 각종 충돌 사건이 발생한 바 있어 현지에 있는 우리도 때때로 느끼는 사실이다. 동아공영권의 이념은 중국인과 베트남인을 두 개의 중요한 분자로 삼아, 같은 이념 아래 두 민족이 평화롭고 희망적으로 어우러져 살 수 있게 만들기를 요한다. 이 두 민족에 대한 적절한 지도가 또한 우리에게 부여된 새로운 책무일 것이다.

동남아시아의
영국 식민지와 일본

    1600년 동인도회사를 설립하여 본격적으로 아시아 지역으로 진출한 영국은 칠년전쟁 중인 1756년에 프랑스 세력을 내몰고 벵골(Bengal) 지역 패권을 차지했으며, 1858년 세포이의 항쟁을 진압하면서 무굴제국을 무너뜨리고 1877년에 영국령 인도제국을 완성했다. 또한 이어서 인도와 접경인 버마로 세력을 뻗어 1886년 버마를 영국령 인도에 편입시켰다.

    그보다 앞선 1786년부터 말레이(Malay)의 페낭(Penang, 지금의 조지타운)을 지배했으며 나폴레옹전쟁(1803-1815)에서 나폴레옹에게 정복당한 네덜란드는 아시아 지역의 식민지 지배권을 영국에 위임했고, 영국은 이 틈에 적극적인 식민지 경영에 착수했다. 나폴레옹전쟁 종결 후 영국은 자바섬(Java), 수마트라섬(Sumatra)과 믈라카(Melaka)를 포함한 동남아시아의 네덜란드령 식민지를 돌려주었지만 페낭을 거점으로 1819년에 싱가포르(Singapore)를 건설하면서 말레이반도(Malay Peninsula)에서의 영향력을 키워 갔다. 그리고 1824년 네덜란드와 조약을 체결하여 수마트라섬, 자바섬 등은 네덜란드가, 말레이반도 지역은 영국이 관할하기로 하여 믈라카를 차지했다. 1826년 영국은 말레이반도에 보유한 페낭, 믈라카, 싱가포르를 묶어 '해협식민지'를 창설했다.

1869년 수에즈운하(Suez Canal)의 개통으로 싱가포르는 중계무역의 거점으로 성장했고, 동남아시아의 해운·무역·금융 중심지로 입지를 구축했다. 한편, 영국령 말레이는 전 세계 주석 생산량의 절반가량을 차지했고 고무 역시 1930년대에는 전 세계 고무 농장 면적의 절반을 차지했으며, 서구 제국주의의 상품시장과 투자 대상이 되었다. 그리고 북보르네오(North Borneo)의 목재 역시 주요 수출품으로 성장했다.

일본은 중일전쟁 이후 장제스를 원조하는 연합군의 물자 수송 루트 차단에 적극적으로 나서게 되는데, 라시오(Lashio)에서 중국 쿤밍을 연결하는 버마루트는 마지막까지 남은 장제스 원조 루트였다. 한편, 미국과 영국, 네덜란드 등의 경제제재 때문에 자원 조달에 어려움을 겪던 일본은 동남아시아 지역 영국 식민지의 풍부한 자원에도 관심을 돌리게 되었다.

일본은 특히 1940년 이후 영국 식민지인 홍콩, 말레이, 싱가포르를 적으로 인식하였고 『사진주보』 지면을 통해서도 그러한 내용을 자주 게재하였다.

128호(1940년 8월 7일)

단절된 남방의 장제스 원조 루트

영국령 중국 국경에 일장기

중일전쟁 발발 이래 장제스 정권의 새로운 거점이 되어 전력 보충의 최대 거점이 되었던 홍콩. 프랑스령 인도차이나 장제스 원조 루트 차단을 직전에 둔 지난 6월 하순부터 홍콩을 중심으로 영국령 중국 국경에서 항전 물자를 내지로 수송하는 일이 급격히 활발해졌다. 이에 홍콩 북방 지구에서 작전행동을 개시한 우리 남지나방면군은 같은 달 29일에는 다롄만(大連灣) 서북 귀퉁이에 남아 있던 유일한 장제스 원조 보급점인 샤터우자오(沙頭角)를 점령하고, 이어서 영지 국경 전체를 봉쇄하여 영국령에서 진행된 장제스 보급 루트의 각 요충지를 완전히 우리 손으로 장악하였다.

이렇게 하여 장제스를 지원하는 행위를 홀로 떠맡고 번영을 자랑하던 홍콩에서도 장제스 원조 루트가 마침내 단절되기에 이르렀다.

나비 한 마리 날아들 틈도 없도록 영국령 중국의 국경을 매섭게 노려보는 감시병. 펄럭이는 일장기가 힘차게 신흥 아시아의 의의를 상징하고 있다.

작년 8월 황군이 점령한 이래 만10개월, 우리의 철퇴와 함께 선전(深圳)은[6] 다시 항일의 거점이 되었다. ○○부대는 극심한 무더위를 이겨 내고 국경 봉쇄를 목표로 선전으로 나아간다.

6 (역주) 중국 광둥성(廣東省) 중부에 위치한 도시.

영국령 중국 국경 코앞에서 전개될 우리 작전을 앞두고 영국 병사들이 직접 영국령 중국 국경의 교량을 차례차례로 파괴하고 있다.

중국 측의 악질적인 선전에 유혹당해 영국 측으로 도망갔던 주민들도 황군의 선전 점령과 동시에 점차 그 휘하로 돌아온다.

지금은 한산해진 윈난 버마루트

단말마의 궁지에 몰린 충칭 장제스 정권에 대한 무기 등 일반 항전 물자의 수혈로로써 오래 기능한 프랑스령 인도차이나와 함께 적성을 발휘해 온 윈난 버마루트에 관해서는 우리 측의 정당한 항의에 따라 영국도 마침내 지난 7월 18일부터 3개월간 장제스 원조 군수품 수송 금지를 수락하였다. 윈난 버마루트의 단절은 프랑스령 인도차이나 루트의 수송 정지 직후 장제스 정권에 심각한 타격을 주어, 그 몰락에 한층 더 박차를 가하게 될 전망이다.

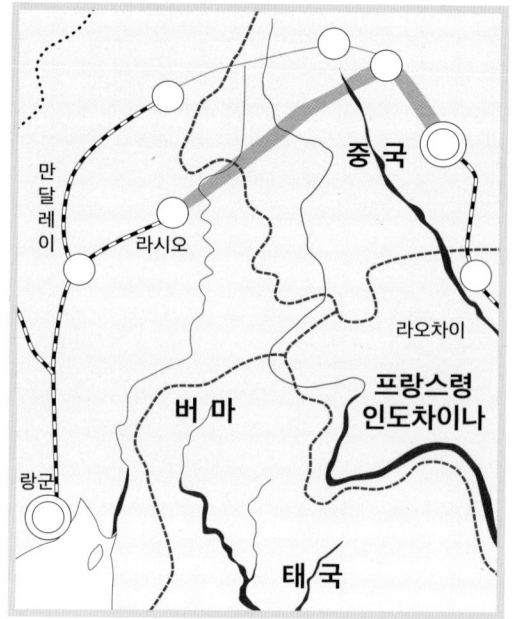

버마-윈난, 구체적으로 버마-쿤밍 간에는 예전부터 나귀나 그 밖의 원시적인 교통기관을 통한 교역이 있었지만, 1902년 쌍방이 도로를 닦고 은밀하게 연락하여 교역을 증가시키는 협정을 체결해 현재 윈난 버마루트의 요소가 만들어졌으며, 중일전쟁 발생 당시에 이미 쿤밍과 다리(大理)를 잇는 자동차도로가 완성되어 있었다.

중일전쟁의 발발과 함께 중국 측은 이미 오늘을 예상하고 완성을 서둘러 1938년부터 10만여 명의 쿨리(苦力, Coolie)[7]를 동원해 밤낮으로 공사를 강행하여 쿤밍에서 윈난 국경 킨얀을 연결하는 자동차도로 이른바 윈난 버마루트를 건설하고, 건너편 기슭 버마령 완딩(畹町)에서 버마 철도의 종착역 라시오와 연결하였다.

이 새로운 도로를 통하면 라시오-킨얀 사이는 116리, 완텐-쿤밍 간 거리는 116리(약 45.5km), 완딩-쿤밍 간 거리는 850리(약 334km)다. 무기와 그 밖의 항전 물자는 우선 랑군

---

7   (역주) 서양인들이 비정규 하층 노동직에 종사하는 아시아 노동자(주로 중국이나 인도 출신)를 가리켜 부르던 단어.

에서 라시오까지는 버마 철도로, 라시오부터는 트럭으로 이 새로운 도로를 통해 윈난까지 운반한다.

그리고 라시오에서는 일정한 거리마다 집결점을 두는 릴레이식으로 수송한다.

새로운 도로는 물론 포장되어 있지 않으며 비가 많은 버마 지방에서는 흐르는 물 때문에 암벽 붕괴나 파손이 되기 때문에 프랑스령 인도차이나 루트에 비하여 수송력은 매우 열등하다. 최근에는 중일전쟁 발생 당시보다 약 5배 강화되어 연간 약 5만 톤의 장제스 원조 물자가 수송되고 있다. 금지 기간은 마침 우기에 해당하여 수송력이 저하되는 시기이지만, 프랑스령 인도차이나 루트의 수송 정지에 당황한 충칭 측이 대대적인 수송을 감행하기 직전에 이 금지 협정을 체결한 것이다.

버마인은 매우 친일적이어서 국경을 통과하는 영국의 장제스 원조 행위를 싫어하고 있다. 더욱이 일본과 버마 간 무역 규모는 연 약 14만 엔 이상이며, 일본 상품이 서구 물품에 비해 매우 호평을 받고 있다.

우리는 단순히 버마에서 영국의 장제스 원조 행위를 감시하는 데 그치지 말고, 버마를 정확하게 인식하고 우호와 쌍방의 복리를 증진시키기 위해 노력해야 할 것이다.

라시오역에서 66리(약 26km) 북쪽에 있는 국경의 남카이(Namkhai) 다리.

버마 철도의 종착역 라시오. 여기서부터 군수품은 트럭에 옮겨져 국경 너머 중국 측으로 수입된다.

140호(1940년 10월 30일)

무엇 때문에 무덤을 파는가―적성 홍콩·싱가포르

세계평화 확립이 목적인 일·독·이 삼국조약의 진의를 이해하지 못한 미국은 오히려 그 보복적 수단으로 중국과 새로운 차관을 체결하고, 영국은 버마루트를 재개하여 충칭 쪽의 항전을 조장해 우리의 신동아 건설을 저지하려고 한다. 더구나 영미 양국은 우리 프랑스령 인도차이나 진주 작전의 대항 수단으로 남태평양 방어라는 명목 아래 홍콩, 말레이, 네덜란드령 동인도, 호주, 뉴질랜드를 연결하는 해공군 기지의 공동사용 문제를 협의하였다고 보도되고 있다. 이를 연결하는 선은 우리 나라를 포위하는 형태가 되며, 또한 우리 남진선(南進線)과는 정확히 남방 해상에서 교차하게 된다. 더욱이 미국은 굳이 영국에 편승하여 호주, 싱가포르를 지배하에 두고 태평양에서 전략적 지위의 강화를 꾀하는 한편, 우리 제국이 구상하는 대동아공영권 확립 저지 공작을 행하고 동아시아까지도 자신들이 제패하려고 하고 있다.

이리하여 영미 극동정책의 근거지인 싱가포르, 홍콩은 우리 앞에 본색을 드러내었으므로 이를 검토할 필요가 있다.

영국과 미국의 군항을 연결하는 선은 아시아를 포괄하는 형태가 된다. 싱가포르는 영국 극동 정책의 정치적, 군사적 일대 거점으로 홍콩과 다윈항(Port Darwin)의 요새화로 철벽의 삼각형을 형성하고 남중국해로 통하는 통로를 폐쇄하고 있다. 싱가포르는 요코하마(橫浜)에서 거의 5,000km, 홍콩은 대략 그 중간에 있다.

홍콩

홍콩섬은 1842년 아편전쟁 결과 영국의 직할 식민지가 된 후, 영국이 동방 경로의 책원지(策源地)로써 항만에 상당한 설비를 하여 근대도시로 건설되었다.

이전에 장제스 원조 루트의 기점이었던 홍콩은 영국 극동 함대의 근거지였으며, 중국

최고 상류의 중국인 거리. 홍콩의 중국인들은 부유층과 하층민의 두 계급밖에 없다. 그들은 영미의 앞잡이로 사는 것이 만족스러울까?

리펄스베이(Repulse Bay)의 주택지. 착취와 압정으로 지어 올린 호화로운 저택들. 뒤쪽에는 무시무시한 거포(巨砲)도 숨겨져 있다.

홍콩 빅토리아 거리의 인도인 순사.

풍요로운 산천을 한 걸음 올라가면, 전쟁 대비와 훈련에 광분하는 영국의 모습이 펼쳐진다. 새로 도착한 거포를 설치하기 위해 교통로를 파는 영군 주둔군.

주둔 영국군의 참모본영 소재지였다. 영국은 워싱턴해군조약 때문에 홍콩의 무장을 완성시키기를 단념했지만, 해당 조약의 실효 이후 극동 정세의 전개에 대응하여 건너편 주룽(九龍)과 동시에 무장 공사를 강화, 보루, 비행장, 군용도로, 고사포, 포대, 지하 탄약창 등을 완성하여, 두 지역은 강력한 군항 요새지이자 싱가포르의 전초 지대가 되었다.

버마루트 재개에 이어서 홍콩 루트 부활 분위기는 홍콩의 정세를 극도로 긴장시켰다. 지난 7월 영국 부녀자들이 귀환한 데 이어서 미국인 귀환 권고령도 발표되었다. 백만 명에 달하는 중국인들은 홍콩의 위기에 직면하여 혼란에 빠져 있는데, 그들은 그 위기의 척도로 재류 일본인들의 동정을 살피고 있다. 이 황망한 분위기 속에서 2천여 명의 일본인들은 국책이 명하는 바 어떠한 방책에라도 나설 결의를 굳히고 착실하게 업무를 보고 있다.

싱가포르

근대 건축물이 쭉 늘어서 있는 싱가포르항. 풍운의 을씨년스러움에 하늘도 응답한 것일까. 비가 내릴 듯한 오늘의 이 구름.

싱가포르의 인도인 교통순경. 화려한 터번, 등 뒤의 방향지시기, 어수선한 거리의 신사. 무궤도전차가 달리고 있다.

쭉 뻗은 안벽, 그 위에 긴 창고, 운송선. 싱가포르의 물결이 크게 일렁인다.

분열행진하는 영군 주둔군.

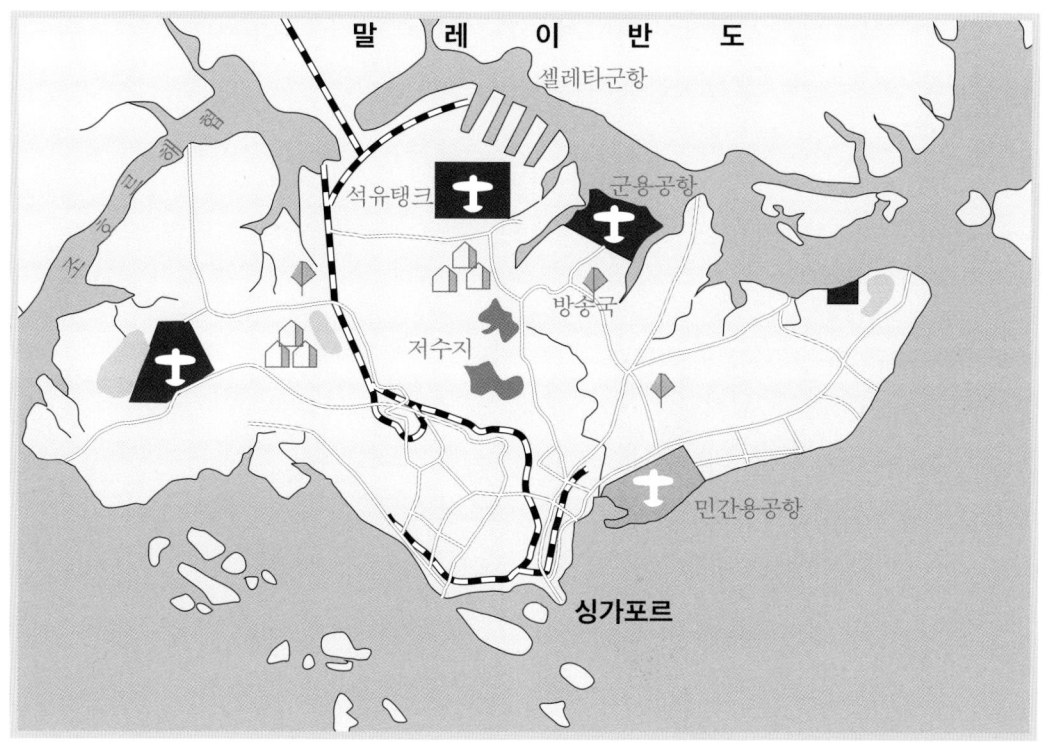

1819년 토머스 스탬퍼드 래플스 경(Sir Thomas Stamford Raffles)이 조호르(Johor)의 왕에게서 감언이설로 매수한 싱가포르는 말레이반도 최남단의 작은 섬으로 동양, 서양, 남양 교통의 교차점에 해당하며, 태평양으로 가는 교통의 80%가 이곳을 통과한다고 한다.

싱가포르를 손에 넣은 이후 영국은 이곳을 동방을 다스리는 거점으로 삼아 상업 항구 도시 건설에 힘쓰는 동시에, 막대한 군비를 투자해 모든 섬을 요새화하여 강력한 해군 근거지로 만들었다. 독일의 군사평론가 웰트 바르의 말을 빌리자면 싱가포르는 '극동에서 영국을 무장시키는 주먹'이자 '일본을 위협하는 영국의 권총' 같은 존재다.

대함대 근거지는 조호르 해협(The Johor Strait)의 우빈섬(Pulau Ubin)과 육교 사이에 있으며, 여기에는 바다에 연한 선거(船渠, Dock)와 건조 선거인 '조지 6세 선거(King George VI Dock)'가 있어서 총 5만 5천 톤까지 선박을 수용할 수 있다. 육교 위에는 복선 철도가 달리고, 조호르 해협 방향은 도개교로 되어 있다. 그 밖에 석유탱크, 탄약고, 무기고, 조병창 등 요새 도시로서 완전한 기능을 갖추고 있다. 홍콩을 전진 근거지로 삼은 싱가포르의 역할은 크다. 이처럼 세계의 구질서를 고집하는 나라가 이곳을 근거지 삼아 일본을 견제하고 무장한 주먹을 휘둘러 공세를 펼치려 하는 것이다.

142호 (1940년 11월 13일)

폭연(爆煙)에 사라진 장제스 원조 버마루트

라시오가 멀지 않은 협곡을 건너는 랑군-라시오 철도의 고틱 대철교(Goteik Viaduct). 장제스 원조 물자도 이 다리를 건너간다.

우리 해군의 좋은 먹잇감이 되는 줄도 모르고 뜨거운 날씨에 국경의 모 지점에 집결하는 운송 트럭 부대.

산에 산을 넘어 행진하는 가솔린 수송부대. 엔진은 타들어 가고 낮은 기어 소리의 메아리가 을씨년스럽게 울려 퍼진다.

윈난 고원을 계속 달리는 수송부대. 이것도 어제의 무상한 꿈으로 바뀌었다.

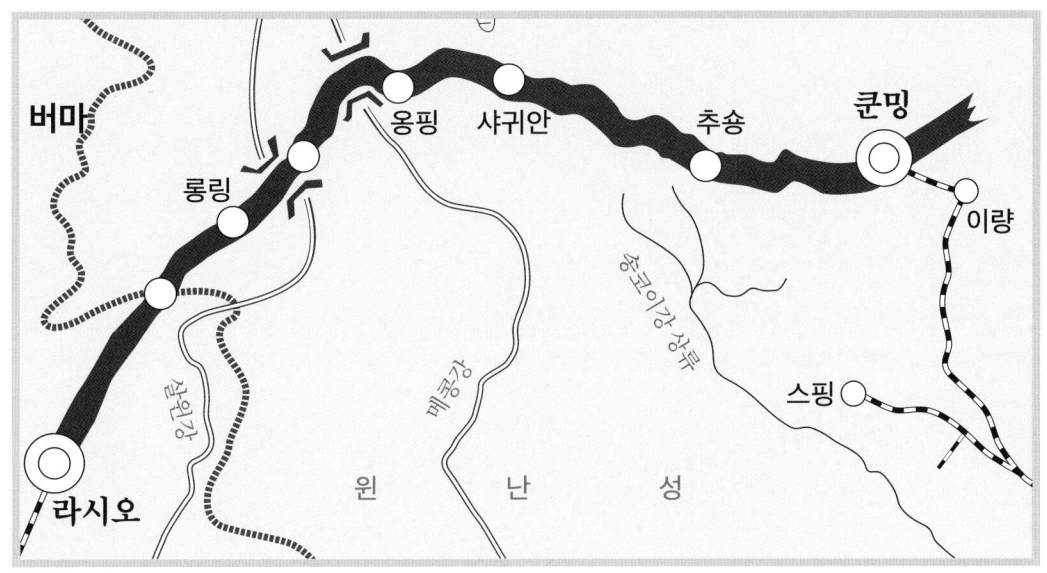

동아신질서 건설, 대동아공영권 확립의 대사업을 수행하기 위해서는 뭐니 뭐니 해도 중일전쟁 처리가 선결문제임은 말할 것도 없다. 이를 방해하는 것이 영미의 노골적인 장제스 원조 정책이다.

삼국동맹에 대한 견제로 10월 18일 개시된 버마루트는 그 적성 행위의 수단 중 하나이며, 영미 양국은 대량의 장제스 원조 물자를 해당 루트를 통해서 충칭 방면으로 수송하려고 했다.

충칭 최후의 수혈로인 버마루트 개시는 장제스 정권에 링거주사 같은 역할을 하는 데는 도움이 될 것이다. 이 광적인 모습은 장제스로 하여금 '일본의 공습은 아무것도 아니'라고 호언케 했는데, 이는 재개 직전 국경 라시오에서 영국 세관과 장제스 정권의 서남 운송공사가 화려한 축하연까지 개최한 사실로도 알 수 있다.

외신에 따르면 재개 직전의 장제스 원조 물자는 랑군(Rangoon, 지금의 양곤)에 다수의 무기 외에도 건축재료, 루트 수리용 기자재, 그 밖의 군수품 약 5만 톤이, 라시오에는 대기 중인 트럭 5,000대, 가솔린 등 약 10만 톤 이상의 물자가 산처럼 쌓여 있었다고 한다.

한편 그들은 이 루트를 확보하기 위해 군수품 창고와 수송로의 방호시설을 강화시키고 연도(沿道)에는 고사포 다수를 배치하는 등 만전을 기하였으나, 이전부터 프랑스령 인도차이나 기지에서 실력을 발휘해 온 우리 해군 비행기 정예부대는 온갖 악조건을 극복하고 평소의 훈련 성과를 훌륭하게 발휘하였다. 10월 25일에는 해발 1,200m의 메콩강(Mekong River) 협곡 궁궈 다리(功果橋)를, 28일과 29일에는 해발 750m의 살윈강(Salween River) 협곡 후이퉁 다리(惠通橋)에 직격탄을 날려 완전히 파괴하고 우리 후방 국민들에게 쾌재를 부르게 하고, 장제스 정권에 절망의 쓰라림을 맛보게 하였다.

이른바 버마루트란 랑군-라시오 철도의 종착점인 라시오에서 중국 국경의 완딩을 거쳐서 쿤밍에 이르는 총길이 1,168km의 자동차도로이며, 장제스 정권 군사 정비국의 서남 운송공사가 장제스 원조 물자 수송을 오롯이 담당하고 있다.

모든 코스를 크게 다음 세 구간으로 나누어 볼 수 있다.

라오스-완딩 간 192km

완딩-샤귀안(下關) 간 560km

샤귀안-쿤밍 간 416km

이 가운데 샤귀안-쿤밍 구간은 중일전쟁 전에 건설되었으며 완딩-샤귀안 구간은 전쟁 발발 이후에 급하게 공사를 한 것이다. 평균 폭의 넓이는 8m, 전체 구간이 모래 도로 내지는 토사도로이며, 라시오-샤귀안 구간은 산악 도로, 샤귀안-쿤밍 구간은 고원도로이다.

샤귀안까지의 산악 도로는 글자 그대로 산을 넘고 계곡을 내려가는 난코스로 우기에는 도로 붕괴, 토사유출은 물론이며, 우리 공군의 포격에 덧없이 괴멸된 살윈강 하구에 걸쳐진 후이퉁 다리 부근은 해발 2,400m의 높은 곳이라 750m 급경사를 내려가야 하고, 또한 타쿠안제를 향해서 다시 2,100m까지 올라가야 하므로 트럭 운송도 그리 용이하지 않다.

라시오-쿤밍 간은 보통 승용차로 달려 4일 내지 5일이 걸리는 코스라고 한다. 전 구간인 1,168km를 4일간 이동하려면 하루 평균 292km를 달려야 하니, 하루에 10시간을 달린다면 평균 시속 29km이다. 5일간 달린다고 치면 하루 주파 거리는 234km, 평균 시속 23.4km의 느린 속력이다.

이상은 승용차의 경우이므로 트럭이라면 하루이틀의 기간을 더 요한다. 주파에 필요한 가솔린 소비량은 2톤 트럭 한 대의 적재량에 가까운 양이기 때문에 가솔린 보급소의 배치에 만전을 기하여도 실제 수송력은 충칭 측에서 선전하는 정도에 미치지 못한다. 하물며

도로의 급경사나 도로의 악조건도 최악이다.

완딩-샤귀안 간 560km의 건설 기록에 따르면 공비 1,200만 위안, 노동력 25만 명, 이 가운데 이번에 폭격당한 2개의 교량 공사비 320만 위안을 빼면 도로 폭 평균 8m로 1㎡당 도로 건설비는 2위안밖에 들지 않았다. 보통의 포장도로 공사비가 1㎡에 약 30위안이라는 점을 고려하면, 도로의 악조건도 어렵지 않게 상상할 수 있다. 전 공사비의 1/4을 들여서 건설한 2대 댜오톄 다리(吊鐵橋)는 중국 측이 가장 고심한 것으로, 양 철교 모두 총 길이 860m에, 10톤의 하중(1㎡에 10톤의 하중이 가능)을 견디는 견고한 다리다. 그런 만큼 이번 폭격이 가한 충격이 실로 커서 재건이 쉽지 않다. 이에 더하여 이 지점은 1,000m 내지 2,000m 높이의 산악 협곡으로, 배로 건널 수도 없는 곳이기 때문에 복구에는 이후 수개월이 걸릴 것으로 예상되나, 만약 복구하더라도 다시 우리 해군 독수리의 좋은 먹잇감만 될 것이다.

네덜란드령 동인도에 대한 정보

1602년 설립된 네덜란드의 동인도회사는 아시아에 진출하여 바타비아(Batavia, 지금의 자카르타)를 중심으로 활동했다. 동아시아의 향신료 시장을 독점하기 위해 영국, 스페인, 포르투갈과 경쟁하면서 상관(商館)들을 차지하고 교류망 건설을 이루었다. 17세기에 네덜란드는 동인도회사를 앞세워서 말레이반도, 술라웨시섬(Sulawesi), 말루쿠제도(Maluku Islands)에서 세력을 확장하고 자바섬과 수마트라섬, 보르네오섬(Borneo)에서 세력을 확장했다. 1799년 네덜란드 동인도회사가 재정 위기 속에 몰락하고 프랑스와 영국이 자바섬을 점령했지만 1816년 네덜란드는 자바섬을 다시 손에 넣었다. 네덜란드는 자바섬에서 강제로 재배하게 한 차, 커피, 담배, 사탕수수 등을 유럽에 판매하여 재정을 회복했고, 수마트라섬 서부와 북부, 보르네오섬 남부, 술라웨시섬 남부, 소순다열도(Lesser Sunda Islands), 뉴기니(New Guinea) 섬 등으로 지배 영역을 확장했다.

네덜란드령 동인도의 정치를 주도한 것은 혼혈 동인도인과 유럽계 동인도인이었지만 점차 근대적 교육을 받은 토착민 엘리트들이 두각을 나타내게 되었다. 1927년 수카르노

(Sukarno)와 사르토노(Sartono) 등 소장파 독립운동가들이 결성한 정당은 1936년에 네덜란드에 대해 자치권을 주장했다.

일본의 동남아시아 침략을 '자원전쟁'이라고 부르는 경우가 많은데, 주요 목표는 네덜란드령 동인도의 석유 지대 점령이었다고 해도 과언이 아니다. 일본 기업들도 석탄, 석유, 고무 등 자원이 풍부한 네덜란드령 동인도를 매우 중시했다. 제1차 세계대전 이후 일본은 네덜란드령 동인도에 대해 수출을 확대하여, 1933년 네덜란드령 동인도의 총수입액 중 일본의 비율은 33%까지 확대되었다. 이에 대해 네덜란드령 동인도 정부가 보호정책을 실시하자 일본은 1934년 6월부터 11월에 걸쳐 네덜란드령 동인도와 제1차 무역 협상을 벌였지만 결렬되고 말았다.

미국이 1939년 7월 통상조약 파기를 통고하자 석유의 3분의 2를 미국에서 수입하고 있던 일본은 큰 타격을 입었다. 그래서 1940년 9월에 석유가 풍부한 네덜란드령 동인도와 바타비아에서 제2차 무역협정을 시작했다. 상공대신 고바야시 이치조(小林一三)가 협상 사절로 선정되었고, 전반적 제한 철폐 교섭에 앞서 상공성 연료국이 주장하던 민간인의 석유 이권 획득 교섭이 가능하도록 추인되었다. 당시 네덜란드는 본토를 나치 독일에 점령당하고 런던에 망명정부를 두고 있었는데, 네덜란드령 동인도 식민지 기관도 반일 성격이 강하여 일본의 요구에 쉽게 응하지 않았다. 9개월에 걸친 제2차 무역협상은 1941년 6월에 결렬되기까지 일본의 시간 벌기와 현지 정보 수집에 더 중점을 두었다.

아시아태평양전쟁 개전 이전의 네덜란드령 동인도 관련 『사진주보』 기사는 자원을 중점적으로 소개하는 글이 주를 이룬다.

129호(1940년 8월 14일)

남방의 공영권, 네덜란드령 동인도

정부는 지난 8월 1일 중요 정책의 하나로 동아공영권 확립을 내외에 명확히 했는데 제일 먼저 네덜란드령 동인도에 특파전권대사를 파견하여 우리 나라와 네덜란드령 동인도와의 경제 제휴, 공존공영의 구체적 교섭을 시작하게 되었다.

우리 나라와 네덜란드령 동인도는 이미 300년 이상에 걸쳐 우호관계를 지속해 왔으니 지금처럼 세계에 신질서 건설의 기운이 돌 때 신동아의 공영권은 당연히 남방의 프랑스령 인도차이나, 네덜란드령 동인도까지 포함하여 확립해야만 할 것이다.

그 네덜란드령 동인도가 어떤 곳인지 여기서 새롭게 권내의 보고(寶庫)에 대한 인식을 넓혀 보자.

수마트라

록세우마웨시(Lhokseumawe)의 중심지. 백인 거주자들이 타고 있는 자동차에 일본제라고 적혀 있는 것도 뿌듯하다. 네덜란드령 동인도는 일본의 주요 고객으로 일본은 잡화, 완구, 면포, 시멘트, 도자기, 메리야스, 자동차 등을 수출하고 있다.

수마트라 동해안 주 메단(Medan)시의 정거장. 메단시는 동해안 주의 수도로 담배 농사로 성장한 도시. 담배는 네덜란드령 동인도의 주요 농산물 중 하나이다.

수마트라 서해안 파당(Padang)시 엠마하벤(Emmahaven) 항 바깥쪽의 아름다운 해안.

수마트라섬 동남부의 팔렘방(Palembang) 시는 인구 100만으로 커피, 고무, 석유, 석탄 등의 집산지이다. 시를 횡단하는 무시강(Musi River)에서는 큰 배도 운항이 가능해서 팔렘방은 무역이 매우 활발하다.

수마트라 동해안의 템베시 강(Tembesi River) 하구에 쌓여 있는 젖은 고무 더미. 고무는 네덜란드령 동인도의 중요한 농산물 중 하나로 영국령 말레이 다음으로 생산량이 세계 2위이다. 네덜란드령 동인도 총수출액의 약 30%를 고무가 차지하며, 우리 나라에도 네덜란드령 동인도 석유와 함께 많이 수입된다.

파당 시의 엠마하벤항은 석탄의 선적항으로 알려져 있다. 석탄은 네덜란드령 동인도의 중요한 자원 중 하나로, 여기에서 실리는 석탄은 파당 고원의 옴빌린(Ombilin) 탄광에서 산출되며, 이 탄광의 산출량은 네덜란드 인도차이나 제1이다.

(전략)

일본·만주국·중국 블록을 확립하면 물자 수급에는 지장이 없지만 그럼에도 빠트릴 수 없는 중요한 자원이 많이 있다. 예를 들면 한 나라 문화 수준의 척도라고도 일컬어지는 고무나, 평시·전시를 막론하고 늘 아주 중요한 석유처럼 말이다. 또한 군·민 양 산업에 중요한 희귀금속인 주석, 텅스텐, 안티몬, 알루미늄, 보크사이트, 아연, 망간 등은 열대지방에서밖에 못 구한다. 설탕도 일본 국내 생산량만으로는 충분하지 않다.

이렇게 생각해 보면, 일본의 자급자족을 위해서, 더욱이 미래의 영미 의존 경제에서 탈각하여 자주 자립이라는 매우 중요한 동아의 안정 세력이 되기 위해서는 반드시 남방과의 밀접한 관계가 필요하다. 네덜란드령 동인도는 남방 지역 중에서도 그 자원의 풍부함 측면에서나 지리적인 측면에서나 가장 중요한 곳이다.

(후략)

보르네오

남부 보르네오는 비교적 미개한 곳으로 철도는 없으며 자동차도 손에 꼽을 정도밖에 없다. 섬의 교통은 오로지 수량이 풍부한 강을 통한 이동로뿐, 사진은 라플라타강의 도선장 풍경. 이곳에서 풍부한 물자를 수송한다.

보르네오의 산림지대는 높이 자란 나무들이 가득한 원시림이다. 이 정글에서 도끼를 휘두르는 일본인의 활약은 실로 사나이답고, 벌채된 목재는 묶어서 하구의 제재 공장으로 운반된다.

여러 곳에서 석유를 캐내는 보르네오 안에서도 동해안의 타라칸섬(Tarakan)은 그 채굴 중심지로, 섬 전체의 채굴 철탑이 특히 빼어나다. 보르네오, 수마트라의 석유 생산고는 약 천만 톤으로 세계 5위, 동양에서 이루어지는 생산고의 82%를 점한다.

미국은 네덜란드령 동인도를 미국의 생명선이라고 생각하는 이유 중 하나로 네덜란드령 동인도의 고무를 꼽는다.
우리 나라에서도 고무의 자급자족을 꾀하기 위하여 네덜란드령 동인도의 고무 재배에 약 1,280만 길더(Gulden)를 투자하고 있다. 사진은 보르네오에 있는 일본인 고무농장 중 한 곳.

일본인 개척자

네덜란드령 동인도의 재류 일본인은 약 7,000명, 상업을 주로 하고 농업, 공업, 어업 등에 종사하고 있다.

농업으로는 고무, 기름야자[8], 커피, 차, 키니네, 코프라(Copra, 말린 코코넛), 담배, 사탕수수, 마, 면화, 그 밖에 개간(開墾) 재배를 하는데, 백인들은 작열하는 태양과 싸우며 개간에 종사하는 능력이 없다. 먼 고향을 뒤로하고 높은 파도를 넘어와 적도 바로 아래에서 묵묵히 개척의 삽질을 하며 네덜란드령 동인도의 자원 개발에 힘쓰는 일본인의 사나이다운 모습은 남방으로 뻗어 나가려는 일본의 내일의 표상이다.

---

8 (역주) 나이지리아, 인도네시아, 말레이시아 등지에 주로 분포하는 야자과 나무로, 과피와 씨에서 추출한 팜유와 커널유는 마가린, 윤활유, 비누 등의 원료로 쓰인다.

수마트라 아체 주(Aceh)의 록세우마웨시에도 다섯 명의 재류 일본인이 우리 남진 정책의 선구자로서 호텔, 잡화상, 사진업을 운영하며 적도 아래 수마트라에서 일본인의 의지를 보여 주고 있다.

바타비아 주는 남쪽에 중앙 산맥이 있어서 남쪽으로 갈수록 고도가 높아진다. 중부는 평야로 쌀을 재배하는데 1년에 3번 수확한다. 여기에도 일본인의 진출이 보이는데 우리 다카하라(高原) 정미소 등은 생산된 쌀의 정미를 대량으로 수용한다.

132호(1940년 9월 4일)

네덜란드령 동인도에 사절로 가는 고바야시 상공대신

정부는 제국과 네덜란드령 동인도의 관계를 견고히 하기 위해 8월 31일 특파 사절로 고바야시 상공대신을 네덜란드령 동인도로 파견했다.

이미 아리타(有田) 전 외무대신 시절부터 네덜란드령 동인도에서 우리 나라로의 고무, 석유 등 중요 물자 공급은 교섭이 이루어졌지만, 유럽 대전이 확대됨에 따라 네덜란드령 동인도의 대유럽 무역은 거의 괴멸 상태에 빠졌고 그 활로는 우리 나라와의 무역에서 찾는 것 말고는 방도가 없는 상태이다.

따라서 이 시기에 상호 경제 관계를 한층 더 긴밀히 다지고, 나아가 네덜란드령 동인도가 동아공영권의 일원으로 스스로 협력하도록 다양하고 중요한 절충을 꾀하기 위하여 고바야시 상공대신을 파견하게 된 것이다.

일본의 태국·프랑스령 인도차이나 영토 분쟁 중재

　이웃인 태국과 프랑스령 인도차이나 사이에는 역사적으로 국경분쟁이 잦았다. 제2차 세계대전 직전인 1938년 8월, 프랑스는 프랑스령 인도차이나의 안전을 도모하기 위해 태국에 불가침조약 체결을 요청했다. 태국은 1940년 6월 12일 방콕에서 프랑스와의 불가침조약에 조인했지만 프랑스는 불가침조약을 비준하기 전인 6월 17일에 독일에 점령당했다. 태국은 그 기회를 틈타 옛 영토를 회복하려고 프랑스 비시 정권에 1893년 전쟁에서 태국이 할양한 메콩강 서안까지의 프랑스 보호령 라오스 영토와 주권, 프랑스 보호령 캄보디아 바탐방(Battambang)과 시엠레아프(Siem Reap)의 반환을 요구했다. 프랑스가 거절하자 9월경부터 태국과 프랑스령 인도차이나가 무력 충돌했으며, 태국의 승리로 프랑스령 인도차이나는 영토 반환을 인정했다. 그런데 프랑스가 나중에 이를 번복하면서 1940년 11월 28일의 국경 충돌부터 이듬해 2월 11일의 정전에 이르기까지 분쟁이 이어졌다. 양국의 무력 충돌 결과, 육상 전투는 태국이 우세했고 해상 전투는 프랑스가 승리했기 때문에 제3국에 중재를 요청하게 되었다. 미국과 독일이 이에 응하지 않자 일본이 중재역을 맡아

1941년 5월 9일에 도쿄조약이 체결된다. 프랑스령 인도차이나에서 캄보디아와 라오스 일부를 태국에 할양하도록 하는 조약 내용은 영토와 권익의 보전을 정한 마쓰오카·앙리 협정에 반하는 내용이었지만 프랑스는 이를 받아들이지 않을 수 없었다.

도쿄조약 후 태국 왕족인 완 와이타야콘(Wan Waithayakon)이 야스쿠니신사에 참배하는 등 태국은 일본과 우호적인 관계를 유지했다.

『사진주보』 지면을 통해 일본은 태국과 프랑스령 인도차이나 분쟁을 해결하는 모습을 국민들에게 선전하면서 '대동아의 지도국가'로서의 위상을 확립하고자 했다. 이 시기에는 '동아공영권'이라는 용어가 자주 등장한다. 이 시기 기사에서는 일본이 분쟁의 종식을 통해 공영권을 확립하고 그 안에서 서열을 만들어 가는 과정을 볼 수 있다.

155호(1941년 2월 11일)

태국·프랑스령 인도차이나

배 안에서 이루어진 정전회의.   사이공 바다 위 태국·프랑스령 인도차이나 정전회의가 이루어진 일본 군함.

오랫동안 국경분쟁을 계속해 온 태국·프랑스령 인도차이나 양국은 제국 정부의 우호적인 거중조정으로 당사자 양국의 의견이 완벽하게 일치하게 되어 1월 31일 오후 8시(일본 시간) 사이공 바다 위의 제국 군함 안에서 제국 대표 스미다(澄田) 육군 소장 이하 각원, 사스트라콤(P.S. Sastrakom) 태국 대표, 고티에(G. Gautier) 프랑스령 인도차이나 대표가 만나 정전협정에 관한 정식 조인을 완료했다. 양국 국경분쟁의 근본적 해결은 도쿄에서 열리는 회의에서 논의될 예정이나, 그 전제가 될 정전협정이 회의 개최 불과 사흘 만에 성립된 것은 당사자 양국의 동아공영권 확립에 대한 이해에 따른 것이다. 또한 양국 분쟁을 둘러싸고 암약한 영국과 미국의 책모를 배제하여 제3국에 대한 거중조정을 성공시킨 것은 동아공영권 확립의 지도국으로서 우리의 책임과 입장을 중외에 명시한 것이라고 할 수 있다.

156호(1941년 2월 19일)

태국·프랑스령 인도차이나 조정회의 진행되다 — 도쿄 수상 관사

팔굉일우(八紘一宇)의 큰 이상 아래 동아공영권 확립의 지도적 지위를 중외에 선포, 세계사에 빛나는 한 페이지를 더한 태국·프랑스령 인도차이나 국경분쟁 조정 회의가 열렸다. 앞서 사이공 바다 위에서 이루어진 역사적인 조정 회의를 이어받아 2월 7일 수상 관사에서 일본·프랑스·태국 삼국 위원 수행원이 전원 출석한 가운데 첫 회의가 개최된 것이다. 마쓰오카 외무대신이 조정을 맡은 제국 정부의 책임과 결의를 피력하자 완 와이타야콘 보라완(Vorawan, Wan Waithayakon) 태국 전권, 앙리 프랑스 전권으로부터 각각 깊은 감사를 담은 답사가 있었다. 매우 우호적인 분위기 속에서 제1차 공식 회의를 마쳤다.

이 조정 회의는 수상 관사를 회의장으로 하여 계속 행해졌으며, 그 빛나는 성과는 반드시 동아공영권 확립을 확고하고 군건히 다질 것이다.

2월 7일 수상 관사에서 열린 제1차 공식 회의 석상. 태국·프랑스령 인도차이나 양 대표 앞에서 마쓰오카 외무대신 인사.

태국·프랑스령 인도차이나 분쟁조정 —대동아공영권 확립으로—

작년 11월 말 이래 2개월에 걸쳐서 계속 싸워 온 태국과 프랑스령 인도차이나 사이의 국경분쟁이 우리 나라의 중재로 종지부를 찍어, 이 나라들도 손을 잡고 대동아 공영으로 나아가게 되었다.

태국과 프랑스령 인도차이나 사이 국경분쟁의 기원은 매우 오래되고 복잡하다. 프랑스가 안남국에서 교지차이나를 할양시킨 것은 1862년이며, 이듬해에는 캄보디아를 그 보호령에 두었다. 1884년에는 통킹 지방에 대한 보호권을 안남이 인정하도록 함과 동시에 안남국 그 자체도 프랑스의 보호국으로 삼았다.

이에 대해 태국(당시의 시암)도 안남을 배제할 태세를 취했다고 하지만, 프랑스는 1893년 메콩강 동쪽 연안의 태국을 점령하고 라오스 지방의 보호권을 태국에서 획득했다. 그 이후 1904년에는 메콩강 서쪽 연안의 루앙프라방(Luang Prabang) 지방을 프랑스령으로 하고, 나아가 1907년에는 캄보디아의 비옥한 평야를 완전히 프랑스의 판도 안에 귀속시켰다.

이처럼 프랑스 세력의 압박으로 어쩔 수 없이 양보하지 않을 수 없었던 태국은 항상 잃어버린 영토를 회복하겠다는 열의에 불탔다. 특히 1932년 이래 국치 개혁을 주창하며 피분(Plaek Phibunsongkhram) 수상 아래서 국력 신장의 기회를 기다리며 견디던 중에 이번 유럽 전쟁이 발발하여 프랑스 본국이 패퇴하자 태국은 이 호기를 놓치지 않고 일어섰다.

이보다 앞서 작년 6월 태국과 프랑스 사이에 불가침조약이 조인되었지만 태국 측은 쉽게 추인하지 않았고 프랑스 정부는 종종 그 비준을 재촉했다. 그런데 9월 13일에 태국 측은 그 비준의 조건으로 이전부터 양국 사이 불화의 원인이었던 메콩강 중앙에 있는 섬에 대한 소속 결정과 라오스 방면 국경선을 메콩강의 하류(河流)로 변경할 것을 프랑스 측에 요구했다고 발표했다.

태국의 이러한 옛 영토 반환 요구에 대하여 프랑스 정부는 거절의 회답을 보내면서 양국 관계는 점차 악화되어 마침내 11월 23일 이래 캄보디아, 라오스 양 지방의 국경 수십 곳에서 양국 군대의 작은 충돌이 일어났고, 이어서 양군의 정면충돌, 공습에 대한 응징이 일어나며 사태가 심각해졌다.

그 전에 여러 차례 외교교섭을 통해 평화적 해결의 서광이 비치기를 기대했지만 구체적인 절충은 좀처럼 시작되지 않았다. 이는 모(某) 나라가 태국의 뒤를 밀어주고 있기 때문이라고 하는데, 서남태평양 정세와 관련하여 태국과 프랑스령 인도차이나의 국경분쟁을 중재하는 모 나라의 암약이 점차 활발해지고 있다.

그러나 태국과 프랑스령 인도차이나 양국은 모두 동아공영권의 구성원이다. 이 양국이 서로 싸우고 있는 것을 동아의 지도자인 우리 나라가 도저히 무심히 간과할 수 없다. 이에 1월 20일 마쓰오카 외무대신이 프랑스와 태국 양국에 대해서 전투행위의 즉시 중지와 거중조정에 관한 제국 정부의 제안을 정식으로 신청한 바, 양국 정부는 모두 흔쾌히 이를 수락했다. 그래서 1월 29일 오후 5시부터 사이공 바다 위의 제국 군함 위에서 정전 교섭을 시작하였고, 30일에 빠르고 완전한 의견 일치를 보아 31일 정전협정 조인으로 이어졌다. 이어서 2월 7일부터 도쿄에서 태국과 프랑스령 인도차이나 분쟁조정 회의가 개최되었다.

잘 알려져 있듯이 태국은 프랑스와 영국의 압력에 저항하며 독립을 지속해 온 남방 유일의 독립국이다. 1933년의 만주사변에 관한 국제연맹총회 때 회의장에 머물면서 홀로 감연(敢然)히 기권을 표명한 것이 바로 이 나라다. 작년 6월 우리 나라와 태국 사이에는 우호중립 조약이 조인되어 12월 23일 방콕에서 비준교환을 마쳤으며, 양국의 친선 관계는 점점 더 긴밀해지고 있다.

한편 프랑스는 유럽의 정세 급변과 함께 중일전쟁 발발 이래 가장 중요한 장제스 원조 루트였던 프랑스령 인도차이나의 중국 국경을 폐쇄하고 황군의 프랑스령 인도차이나 진주를 허락하면서, 현재 우리 나라와는 극히 우호적인 전개 속에 도쿄에서 이른바 일·프 회담을 진행하고 있다. 이것은 프랑스가 세계의 새로운 정세와 동아의 새로운 사태를 인식했기 때문이라고 생각한다.

동아공영권의 구성원인 이 양국이 우리 나라의 정전 신청을 수락하고 평화적인 해결을 진행한 것은 대동아공영권에 있어 일본의 지도적 지위를 여실히 보여 주는 것으로, 동아의 영원한 평화, 나아가 세계평화에 기여하는 참으로 의미 깊은 일이다.

대동아공영권의 확립은 우리 나라의 근본 방침이지만, 이것은 단순히 동아시아만의 일이 아니다. 유럽에서는 독일과 이탈리아, 북방에서는 소련, 서반구에서는 미국, 그리고 동아시아에서는 일본처럼 안정적인 세력을 중심으로 각자 자급자족의 생활권을 만들어 가는 경향이 바야흐로 세계사의 역사적 필연이라 할 수 있다.

이번 조정에 있어 일본 외교의 방침은 대동아공영권 내의 여러 나라가 각자 그 위치를 획득할 수 있도록 하여 공존공영의 결실을 만드는 것으로, 우리 나라가 여기에 기초하고 있다. 여러 나라가 각자 그 위치를 획득할 수 있다는 것은 우리 제국의 커다란 이상이며, 대동아 질서의 건설을 지향하는 중일전쟁도 사실은 이 큰 이상을 목표로 싸우고 있는 것이다.

우리 나라의 이러한 진의가 남방의 양국에 분명히 인식되어 이 나라들이 대동아공영권의 구성원으로 참가하고 서로 연대하여 대동아 신질서 건설, 대동아공영권 확립에 매진하게 된 것은 동양의 평화, 나아가 세계평화를 위해 정말로 기뻐해야 할 일이다. 동시에 또한 우리 일본 국민들은 지도 국가로서의 책임이 더욱더 막중해졌음을 단단히 깨달아야 한다.

160호(1941년 3월 19일)

동아 공영으로 맺어지는 결실—태국·프랑스령 인도차이나 조정(調停)의 서명을 매듭짓다.

분쟁조정에 확실히 종지부를 찍는 조정 조항 확인 서명.

태국·프랑스령 인도차이나 국경 분쟁 조정 회의는 3월 10일에 이르러 일본·태국·프랑스령 인도차이나 삼국 간의 완전한 이해가 성립하여, 3월 10일 오후 4시 수상 관사에서 일본·태국·프랑스 삼국 대표의 공식 최종 회의를 개최하여 삼국 간의 중요 공문을 교환하고, 우리의 조정 조항 확인 서명을 완료함으로써 원만한 분위기로 이 역사적 회의의 종지부를 찍었다.

2월 7일 도쿄에서 제1회 공식 조정 회의를 개최한 이래 바야흐로 33일 만에 단기적으로 이처럼 어려운 사업을 성공한 것은 실로 제국 외교의 획기적 승리로 특별히 기록되어야만 할 것이다.

더욱이 이 조정 회의의 원만한 성립으로 대동아의 안정이 확보되어 공영국 수립에 빛나는 전진으로 각인된 것은 일억 동포가 축하해 마지 않는 일이지만, 대동아 지도국가로서 제국의 책무가 늘어난 것도 더불어 통감하지 않으면 안 된다.

169호(1941년 5월 21일)

일본·프랑스령 인도차이나·태국이 마주 잡은 세 개의 손

일본과 프랑스령 인도차이나의 경제 관계를 새로운 기초 위에 세우기 위해, 작년 12월부터 도쿄에서 일본·프랑스령 인도차이나 경제 회담을 진행하였다. 마침내 5월 6일이 되어 거주 조약 및 관세 무역 지불협정이 성립, 양국 대표가 조인을 마쳤다.

이와 같은 시기인 지난 3월 11일 축하할 만한 분쟁 조정이 성립했다. 태국·프랑스령 인도차이나 양국의 조정 조항 조약문 작성에 관한 토의가 2개월에 걸쳐 삼국 간에 이루어졌는데, 이것도 5월 9일, 프랑스, 태국 양국의 평화조약 정식 조인으로 끝났다.

동남아시아 평화 확립을 위해 이러한 두 가지 중요한 약정이 생긴 것은 태국이나 프랑스령 인도차이나는 물론, 동아공영권을 쌓아 올리며 결사적으로 노력한 우리 나라에도 큰 기쁨이 될 것이다.

일본·프랑스령 인도차이나 경제협정 조인
5월 6일―외무대신 관사
조인을 마치고 한숨을 돌린 양국 대표. 오른쪽부터 마쓰미야(松宮) 대사, 마쓰오카 외무대신, 앙리 프랑스 대사, 로뱅(Eugène J.I.R. Robin) 프랑스 전권.

태국·프랑스령 인도차이나 조약 조인
5월 9일―수상 관사
신질서 건설의 일익(一翼)으로 동남아시아 평화를 확립하는 역사적 조인식. 왼쪽부터 로뱅 프랑스 전권, 앙리 프랑스 대사, 마쓰오카 외무대신, 완 와이타야콘 태국 전권, 세나 태국 공사.

동남아시아 유일의 독립국 태국

　동남아시아 여러 나라들이 서구 제국주의 국가의 식민지 지배를 받은 데 비해 태국은 독립을 유지했지만 19세기 중엽부터 20세기 초까지 서구 제국의 압박으로 여러 번의 위기를 겪었다. 첫째, 문호개방에 대한 압박으로 1855년 영국과 보링조약(Bowring Treaty)을 체결했다. 이 조약으로 시암 왕이 해외무역에 부과했던 많은 제재 조치가 취소되어 영국은 시암의 모든 항구에서 자유롭게 무역을 할 수 있게 되었고, 방콕 근처에 토지를 소유할 수 있는 권리와 시암 전역을 여행할 수 있는 권리를 얻었다. 둘째, 인도차이나에서 팽창을 꾀하던 프랑스와 충돌하여 1880년대 초부터 1907년 사이에 자국의 영향력 아래 지배하고 있던 캄보디아와 라오스를 프랑스에 이양했다. 셋째, 1909년 영국과의 협정으로 크다(Kedah), 프를리스(Perlis), 클란탄(Kelantan), 트릉가누(Terengganu) 등 말레이반도의 속령을 영국에 양도했다.

　45만 6,000km²의 영토를 유럽의 열강에게 할양하고도 주권을 지켜 낸 태국은 정치, 경제, 사회적으로 근대화되었고 민주주의를 발전시켜 근대 태국의 기틀을 만들었다. 즉, 국가의 위기가 태국 엘리트층에게 위기의식을 심어 주었고, 서양 사상과 문물의 도입, 서양식 교육을 통한 지식 증대, 절대군주제에 대한 문제의식 대두 등이 정치개혁을 가능하게 했던 것이다.

태국과 프랑스령 인도차이나 국경 분쟁 기사를 통해서도 알 수 있듯이 일본은 중립적이기보다는 태국에 우호적인 입장에서 분쟁을 중재했다. 동남아시아의 독립국으로서 만주사변 이래 일본과 우호관계를 유지해 온 태국에 대해 일본은 각별한 호의와 관심을 가지고 있었던 것이다.

『사진주보』에서 태국 관련 기사가 본격적으로 등장한 것은 179호부터인데, 태국 근대화 과정과 피분송크람 수상의 리더십을 소개했다. 서구 제국주의와의 투쟁, '동아공영권' 속의 독립국이라는 위상을 강조한 점, 그리고 영국과 미국의 일본 자산동결 이후 태국과의 경제협력을 중시했던 입장에 주목해야 한다. 그리고 일본이 하와이와 동남아시아를 침략하기 직전 발행된 197호(1941년 12월 3일 자)에서 일본에 유학하는 태국 학생들 기사를 실어 '일본으로부터 배우는 태국'을 강조하고 있는 점에도 유의하자.

179호(1941년 7월 30일)

태국은 근대화 진행 중

피분송크람 수상을 수반으로 하여 민족 발전과 튼튼한 국력을 갖추기 위해 부단한 노력을 기울여, 결국 우리 나라의 깊은 이해로 오랜 숙원이었던 프랑스령 인도차이나에게 잃었던 땅을 회복하는 쾌거를 이룩한 젊은 태국은, 6월 24일 혁명 기념일을 신흥 태국의 초석을 다지는 기념일로서 전 국민이 축복했다.

인접한 영국령과 프랑스령 양 식민지에 협공당하느라 영국과 프랑스 세력의 충돌 지대로 전락하고, 게으르고 부패한 왕족 정치 때문에 허울뿐인 독립만 유지하던 시암은 1932년 6월 24일, 이러한 인습 정치에 질려 민족의 발전을 요구하고 나선 세력들에 의해 혁명의 불씨가 타올라 무려 무혈 혁명에 성공했다.

신흥국가로서 갱생의 한 걸음을 내디딘 태국은 새로운 헌법을 지침으로 삼고 만 9년간 부지런히 달려왔다. 때로는 구왕족파나 반혁명파 등의 반란, 분쟁, 그 밖에 영국·미국·프랑스의 핍박 등의 고난과 싸우면서도 우리 나라와 함께 동아공영권 안에서 훌륭한 독립국으로 강력한 위치를 차지해 왔다.

혁명 기념일의 마지막 날 우메르 광장에서 행해진 유와촌(Yuwachon Thahan, 청소년단)의 훈련.

근대 태국이 자랑하는 수도 방콕의 번화가.

181호 (1941년 8월 13일)

일본·태국의 통상 불변, 자산동결에 우리의 대응

영국과 미국이 일본의 자산을 동결함에 따라 일본과 우호적인 국가들과의 무역에 여러 모로 차질이 생길 우려가 있어 우리 나라는 만전의 대책을 강구하고 있다. 그중 하나로 7월 31일에 **우리 정금은행**(正金銀行)**과 태국 은행단 사이에 천만 바트**(일본 화폐로 약 1,600만 엔)**의 차관이 성립**되었다.

지금까지 일본은 태국에서 쌀 등 필요한 물자를 수입해 왔는데, 태국의 통화인 바트가 파운드에 연결되어 있기 때문에 지불은 영국에 있는 자금을 통해 결제하고 있었다. 그런데 영국이 일본의 자산을 동결시켰기 때문에 태국에 대금을 지불하는 것이 불가능해졌다. 그리하여 정금은행이 영국 정부에 여러 방법으로 교섭을 했지만 허가되지 않아서 직접 태국 은행단에게서 차관을 받게 되었다.

이 차관으로 일본은 지금까지처럼 태국에서 쌀과 그 외의 물자를 원활하게 수입할 수 있을 것이다.

태국은 현재 피분송크람 수상의 통치 아래 영국의 핍박에서 벗어나 '태국인을 위한 태국'을 건설하기 위해 엄청난 노력을 계속하고 있는데, 이번 차관은 파운드를 벗어나 영국 의존 경제에서 동아공영권 경제로 이동하는 하나의 과정이라고 여겨진다.

8월 1일 태국 정부는 만주국 정부를 정식으로 승인했다. 이처럼 일본에 대한 신용거래 설정과 만주국 승인 등 태국의 우호적 태도는 기쁘기 그지없다.

하지만 영국이 오랜 기간에 걸쳐 태국에 심어 놓은 세력, 특히 경제적인 부분은 매우 끈끈하므로 앞으로 태국의 동향을 매우 깊이 주의를 기울여 지켜봐야 한다.

우리 나라로서는 한 걸음 더 나아가 태국이 난징정부를 승인하고 적극적으로 명실공히 동아 공영국 속의 한 나라로 등장할 날을 기대하고 있다.

197호 (1941년 12월 3일)

태국에서 온 학생

동아의 맹주인 일본을 배우려 하는 태국의 분위기는 일본에 유학 온 학생들에게서도 볼 수 있다. 현재 우리 나라로 유학 온 태국 학생은 남녀 총 150명에 이르고 있다.

이 학생들은 주로 도쿄의 국제학우회(國際學友會)에 모여 있으며, 초급 일본어 학습을 마치면 남학생들은 와세다대학(早稻田大學), 게이오의숙(慶應義塾), 릿쿄대학(立敎大學), 도쿄수의학교(東京獸醫學校), 일본치과의전(日本齒科醫學專門學校, 현 일본치과대학) 등 각각 대학·고등전문·중등학교에 취학하고, 여학생들은 도쿄여자치과의학전문학교(東京女子齒科醫學專門學校, 현 가나가와 치과대학), 일본여자상업(日本女子商業學校, 현 가에쓰아리아케 중고등학교), 영양 학교 등에서 공부한다. 일본을 배우러 온 젊은이들이 귀국 후 동아 공영국의 일환으로서 힘을 쓰는 태국에서 활약하기를 기대하는 바다.

과학 일본, 그 일본을 배워서 과학 태국을 만들어야 한다.

무엇을 공부하든 일본어부터 배워야 한다.

眞週報

제2장

아시아태평양전쟁과 일본의 동남아시아 침략

아시아태평양전쟁 발발과 일본의 동남아시아 침략

일본은 1941년 12월 8일, 하와이 진주만(Pearl Harbor)을 기습하기 1시간 전에 이미 말레이반도 코타바루(Kota Bharu)에 상륙하여 영국군을 상대로 전쟁을 시작했다. 미군을 상대로 싸우면서 하와이 진주만에서 필리핀 카비테(Cavite)항으로 전쟁터를 옮겨 가는 동안, 동남아시아에서는 말레이 해안에서 홍콩, 수마트라 등지로 전과를 올리며 전진했다.

일본군은 말레이반도에 상륙한 후 경이적인 속도로 싱가포르로 향했다. 싱가포르를 장악하면 제해권을 확보하여 안심하고 석유를 일본으로 수송할 수 있기 때문이었다. 일본 육군은 남방군을 창설하고 그 휘하에 말레이 싱가포르 작전을 수행하는 제25군을 배치했다. 1941년 12월 25일 홍콩 함락, 1942년 1월 2일 마닐라 점령, 2월 15일 싱가포르 함락, 3월 8일 랑군 점령 등에 이르기까지 일본군은 동남아시아 지역에서 파죽지세로 승리했다.

『사진주보』는 199호(1941년 12월 17일) 표지를 시작으로 동남아시아 전장에서의 화려한 승리를 적극 홍보했다. 전쟁의 정당성을 홍보하고자 동남아시아 지역 분석 기사에서 과거 서구 제국주의의 침략 과정과 '학대받는 동남아시아 주민들'을 강조하고 있다는 점에도 주의하자.

199호(1941년 12월 17일 자) 표지.   200호(1941년 12월 24일 자) 표지.

201호(1941년 12월 31일)

전례 없는 전과를 올린 말레이 해전

12월 10일 말레이반도 동쪽 연안 쿠안탄(Kuantan) 앞바다에서 우리 해군항공대 필살의 맹공격을 받고 한심스러운 최후를 맞은 영국 동양 함대의 기함 프린스 오브 웨일스호(HMS Prince of Wales)와 전함 리펄스호(HMS Repulse)의 마지막 모습(후략).

포격당해 불타오르는 홍콩 섬의 요새. 홍콩 시내에서 촬영.

새로운 전장 사전

영국령 보르네오

전쟁 이래 잇따른 적전상륙으로 진출을 이어간 황군의 과감한 진격은 영국령 말레이 기습 상륙에 따라 영국령 안으로 깊이 돌입하였고, 미국의 동아 침략 거점인 필리핀은 루손섬(Luzon)의 북부, 남부 상륙에 따라 섬의 협공 태세를 완성하는 등 이미 남태평양 전국은 시시각각 우리 군에게 유리하게 전개되어 가고 있다. 또한 지난 12월 16일 새벽 거센 바람과 파도를 뚫고 감행한 영국령 보르네오 상륙은 북쪽의 홍콩, 동쪽의 필리핀, 서쪽의 영국령 말레이, 남쪽의 영국령 보르네오로 둘러싸인 대미영 결전의 주요한 전장, 남중국해의 보루인 우리 포진에 날카로운 파문을 일으켰다.

이 영국령 북보르네오는 영국의 숨겨진 창고로서 1824년 영국의 영유지로 돌아온 이후 한 세기 남짓 그 진가를 숨기고 개발되어 온 석유, 고무 등의 보고로 알려져 있으니, 지금 이 적도 아래 영국의 거점에 일장기를 휘날린 것은 참으로 통쾌한 소식이라 할 만하다.

이들은 일단 영국령 북보르네오로 불리고 있으나 실제로는 영국령 북보르네오와 사라왁(Sarawak) 왕국, 브루나이(Brunei) 토후국의 세 부분으로 나뉘며, 모두 영국 세력하에 있기는 하지만 통치, 민족 정서에 다소 차이가 있다.

면적은 약 21만km²로 세계에서 세 번째로 큰 섬인 보르네오섬의 북쪽 4분의 1(나머지 4분의 3은 네덜란드령)을 차지하고, 인구는 약 78만여 명이다. 기후는 물론 열대성이지만 혹서 수준의 더위는 아니고, 대체로 화씨 75도(섭씨 약 24도)에서 85도(섭씨 약 29도)쯤이다.

(중략)

이곳의 중요 산물로는 석유가 가장 많으므로 장래 대동아 건설 자원 차원에서도 주목할 필요가 있다. 현재는 앵글로색슨 석유회사(Anglo-Saxon Petroleum, 로열 더치 셸의 자회사로 출발하여 지금은 본사인 셸사에 흡수되었다), 사라왁 유전 회사 두 곳이 채유하는 석유를 모두 영국 자본이 독점하고 있는데, 이들은 불편한 교통기관과 노력의 부족을 극복하고 유전을 개발했다. 가장 생산이 왕성할 때는 연간 생산량이 76만 톤 이상을 웃돌고 수출액도 약 600만 해협 달러 이상에 달하는, 동아시아에서 네덜란드령 동인도에 이어 가장 큰 석유 자원 생산지로서 영국 동양 함대의 중요한 급유지이다. 이후 생산량이 줄었지만 미리(Miri) 유전 외에 브루나이 영내의 세리아(Seria) 유전, 브루나이만(Brunei Bay) 어귀의 라부안섬(Labuan) 등에도 양질의 유전이 있다. 그 밖에도 이 지역 일대에는 상당한 양의 기름을 산출할 것으로 예상되는 미개발지들이 있다. 우리의 우수한 기술로 이 자원들을 개발하려 하는 일은, 또한 우리에게 부과된 동아 건설의 사명 중 하나라 해야 할 것이다.

마지막으로 브루나이 토후국은 원주민 왕(술탄)이 통치하지만 실질적으로는 정청 내에 영국인 감시관이 있고, 그는 해협식민지 총독의 지령에 따른다. 결과적으로 영국 총독의 지령에 좌우되므로 사실상 말레이연방의 한 지역이나 다를 바 없는 상태이다.

인구는 약 3만 8,000명으로, 대부분은 말레이인이고 그 밖에는 화교다.

(후략)

학대받아 온 말레이 주민들

(전략)

그러나 이제 영국령 말레이 전체를 착취하는 방자한 유니언잭을 영원히 말레이 땅에서 내쫓아야 하는 싸움이 시작되었다. 이미 말레이 북부에 기습 상륙한 황군은 일찍이 각지에서 영국군의 저항을 무찌르고, 현재 독사와 맹수가 날뛰는 밀림을 뚫고 싱가포르로 노도와 같이 진군하고 있다.

영국의 동아시아 침략 최대 기지인 말레이가 동아공영권의 일익인 말레이로 변화할 바로 그날은, 말레이의 모든 주민이 10억 민중의 해방, 동아 공영의 이상 실현을 사명으로 하는 아시아의 맹주 일본과 제휴하여 대업 달성을 향해 일어서는 날이 되어야 할 것이다.

학대받아 온 버마인들

(전략)

이렇게 말하면 버마인들은 참으로 밝아서 학대당하는 생활을 쉽고 순순히 받아들인다고 들릴지도 모르겠다. 하지만 결코 그렇지 않다. 그들도 또한 일본인들처럼 승부 정신이 강하고, 국민적 자존심을 가지고 있다. 따라서 인도인들처럼, 마구잡이로 권력을 휘두르는 영국인들의 속박에서 벗어나고 싶어 하는 마음에는 애수가 담겨 있다.

특히 1937년 4월 양원제가 시작되고, 인도에게서 분리되어 영국의 직할 식민지가 된 후로 점점 더 노골적으로 변화하는 영국인들의 횡포 때문에 버마인들의 정치적 관심은 현저히 깊어졌다. 그 때문에 전 유럽 대전 무렵부터 일부에서 들려오던 '도바마(Dobama, 버마인의 버마라는 뜻)'라는 외침이 예기치 않게 버마 민중의 가슴속에서 타올랐다. 그리고 이것은 열혈 청년층을 중심으로 결성된 버마 국가주의 연맹의 '버마는 우리들의 나라다'라는 소위 '주인(키탄) 운동(Thakhin Movement)'[9]으로 전개되고 있다.

하지만 이를 대하는 영국 측의 대책은 과연 흡혈국(吸血國)이란 명성에 걸맞게 완성되었다. 여기에 그 자세한 내용을 적을 것은 아니나, 일례를 들자면 어떤 내각이 독립을 위해 시위를 한다고 하면 영국 관헌은 바로 원주민 경찰대에게 명령하여 해산시킨다. 경관을 통제하는 것은 내무대신이지만 항의를 해봤자 아무런 힘도 없기 때문에 받아들여지지 않는다. 예컨대 버마 수상의 지위조차 실제로는 박봉을 받는 영국인 경관 한 명에도 미치지 못하는 힘만 가진 상태다.

이렇게 버마인들은 소수의 영국인들을 위해서 완전히 휘둘리며 살고 있다. 말하자면 버마인은 영국인의 이익을 위해서 봉사하는 동물 정도로만 취급된다. 그 철저한 인종적 차별감은 현재 우소(U Saw) 수상과 같은 사람조차도 영국인 클럽에 가입할 수 없으며, 사적으로는 대등하게 교제할 수 없을 만큼 영국인들이 버마인들을 무례하게 대한다는 사실만 보아도 얼마나 엄청난지 알 수 있을 것이다.

(후략)

202호(1942년 1월 7일)

 새로운 전장 사전

페낭

---

9 (편집자 주) 실제로는 「우리 버마인 연합(Dobama Asiayone, 소위 Thakhins)」이 벌인 '타킨 운동'이지만, 『사진주보』 기사상에 '키탄 운동'으로 잘못 기록되었다.

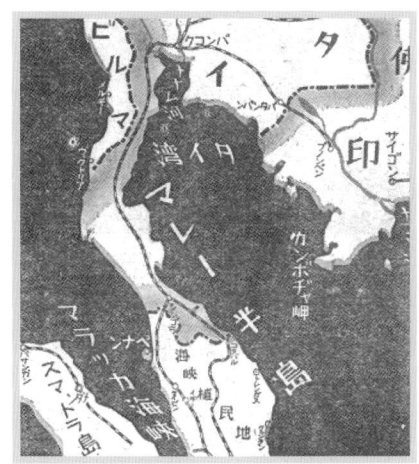

말레이 반도

고무, 코코야자, 기름야자, 파인애플 등 섬의 모든 농작물이 모이는 페낭항 부두.

(전략)

페낭섬은 그리 중요하지 않을 듯하지만 사실은 정반대로, 영국의 동방 침략은 페낭섬에서 시작된다고 할 정도로 중요한 지역이다. 즉 인도에서 싱가포르로 진출하는 해로의 중간에 위치한 것이 페낭섬이므로 이곳이 점령되면 인도와 싱가포르의 연결이 단절될 뿐만 아니라 호주, 뉴질랜드 등 태평양 기지로 향하려면 수마트라섬 남쪽을 우회해야만 하는 상황에 빠진다.

이처럼 중요한 페낭섬을 사수하지 않고 후퇴한 것을 보면 영국 병사들이 황군의 위력에 어지간히 심장이 쪼그라들었겠거니 싶은데, 역시나 영국 본국에서도 방비 완전한 페낭섬을 방기한 것에 대해서 이런저런 비난이 일고 있다고 한다. 페낭섬 후퇴에 말레이반도에서의 패전까지, 계속된 패배로 결국 영국의 동양군 사령관 파펌(R. Brooke-Popham) 원사는 현재 해임되었다고 한다.

한편 페낭섬은 영국 동인도회사가 1786년에 이 섬의 지배자였던 크다(kedah)의 추장에게 보잘것없는 푼돈을 지불하고 무자비하게 사들였는데, 이로 인해 당시 말레이반도에 세력에 떨치고 있던 네덜란드를 배후에서 쫓아낼 최초의 명분을 얻었다. 그 후 착실히, 늘 하던 배신과 협박과 경제적 착취를 통해 오늘날 해협식민지를 구축했던 것이다.

페낭섬은 면적 278km², 산림에 뒤덮인 풍경이 아름다운 섬이다. 기후는 고온이지만 건강에 적당하다고 한다. 인구는 40만 이상으로 중국인이 가장 많고 이어서 말레이인, 인도인 등이 많다. 영국인 등은 이들 주민을 쫓아내고 호화로운 별장을 지어 호화로운 생활을 영위했다. 일본인은 한때 200명 정도 살았다고 한다. 전쟁 전에는 53명이 체재하였는데 황군의 발빠른 진출 덕분에 무사히 구출되었다.

(후략)

세계에서 최초로 점령된 영국령 홍콩

홍콩 시가를 발진하는 우리 철갑부대의 웅장한 모습.

우리 군의 맹공을 견디지 못하고 투항한 영국 포로들 (후략).

"홍콩 섬 한구석에서 겨우 목숨을 부지하고 있던 적은 우리의 주야를 가리지 않는 맹공격에 오늘 25일 17시 50분(오후 5시 50분) 마침내 항복을 신청하여 군은 19시 30분(오후 7시 30분)에 정전을 명했다."

아아, 100년에 걸친 긴 시간에 걸쳐 동아시아를 덮고 있던 요사스러운 구름은 마침내 걷혔다. 불락을 자랑하던 홍콩 요새가 완전히 무너졌다. 가라앉지 않는 함대의 격침에 이어 세계 군사전문가들의 상식은 다시 한번 뒤집어졌다. 함락까지 몇 개월은 걸릴 거라던 홍콩이 겨우 18일 만에 굴복하고 말았던 것이다.

황군이 궐기하면 견고한 금성(金城)도 철벽도 별것인가. 중국 대륙에서 유니언잭이 사라진 날, 미국과 영국은 이윽고 마닐라, 싱가포르에서 일장기가 펄럭일 날이 가까워지고 있다는 것을 알아야 하리라.

203호(1942년 1월 14일)

말레이 남하의 선봉

열대 특유의 열병과 정글 지대를 극복하면서 싱고라(Singora, 지금의 송클라)에서 말레이반도 크다 주로 진격하는 우리 철갑부대.

크다 주 알로르스타르(Alor Setar)를 거쳐 남하하는 자전거부대.

204호(1942년 1월 21일)

마닐라 함락하다—1월 2일

마닐라에도 드디어 일장기가 휘날렸다. 우리 해군 정예가 루손섬에 적전상륙 첫걸음을 내디딘 이래 정확히 24일째인 1월 2일, 황군 부대는 위풍당당하게 시민들의 환영을 받으며 마닐라에 무혈입성했다.

개전과 동시에 필리핀, 아니 마닐라가 우리 군의 공격 포화를 맞을 것은 당연히 예상된 일이었지만, 미국이 동아시아 침략의 최대 아성으로 의존하며 비할 데 없이 견고한 보루라고 자랑하던 마닐라가 이렇게 단기간에 우리 군문에 떨어질 줄은 누가 예상이나 했겠는가?

마닐라 함락은 미국의 아시아 침략사에 완전한 마침표를 찍었고, 필리핀의 아시아 복귀와 함께 대동아공영권 확립의 위업에 일대 비약을 이루었다. 이제 시간문제가 된 싱가포르 함락과 더불어 대동아전쟁은 개전 이래 겨우 몇 개월 만에 결정적인 함락에 돌입하게 될 것이다.

아름다운 마닐라 시가를 최대한 전화(戰火)에서 구하기 위해 우리 군은 얼마나 많은 작전상의 불리함을 감수했던가. 그러나 폭력적인 미군은 마닐라에서 철수할 때 시내 각처에 불을 질러 필리핀인들의 마닐라를 초토화시키려 했다.

격전의 피로도 보이지 않고 당당하게 마닐라로 밀고 들어오는 황군 부대. 아시아에서 미국의 적성을 완전히 몰아내는 날의 감격이 군화 소리와 섞여 높이 울려 퍼졌다.

영국령 보르네오 전선

영국령 보르네오는 이제 완전히 우리 군의 지배하에 속하게 되었다. 그곳에 있는 무한대의 석유 자원이 향후 우리 군의 전쟁 수행에 중대한 이바지를 할 것이라는 점은 말할 필요도 없다. 1월 12일에 발표된 우리 군의 네덜란드령 보르네오 및 셀레베스섬(Celebes, 지금의 술라웨시섬) 적전상륙으로 장차 네덜란드령 동인도의 막대한 석유 자원이 이에 더해진다면 우리의 석유 대책이 완벽해질 날도 머지않았다.

우리 군에 나포된 영국 석유 회사의 기선(汽船) 안데스호와 우롱호.

황군 용사들 앞에 주민들이 무기를 버리고 도움을 자청했다.

206호(1942년 2월 4일)

남으로! 남으로! 싱가포르는 이미 눈앞에 있다.

추격은 잠시도 멈출 수 없다. 바로 작은 배를 연결해서 도하를 강행하는 우리 부대.

모두 한마음으로 물고기가 사는 탁류에 뛰어들어 적이 패주할 때 파괴한 교량을 수리한다.

말레이의 전국(戰局)은 이미 최후의 단계에 돌입하였다. 전황은 조호르주(말레이반도 최남부에 위치한 주) 최남단에 집약되어 싱가포르가 꼼짝달싹 못하는 태세가 완성되고 있다.

악어와 독사가 출몰하는 죽음의 강을 건너 천년의 울창한 밀림에 침투하고 강경한 적장을 파멸시키며 악전고투를 지속해 간 2개월. 그러나 지금은 무아르(Sungai Muar) 강변의 대포위 섬멸전을 마지막으로 싱가포르를 향해 기운차게 달려갈 탄탄한 가도가 열렸다.

영국군 당국은 미리부터 우리 진격을 전방위에서 저지해야 할 대부분의 병력을 말레이 중부로 전부 진출시켰기에 싱가포르에 남은 병력은 불과 1만도 되지 않는다고 한다. 우리의 직접 공격을 눈앞에 둔 아성 싱가포르도 드디어 항복할 것이냐, 전멸할 것이냐를 선택할 최후의 갈림길에 섰다.

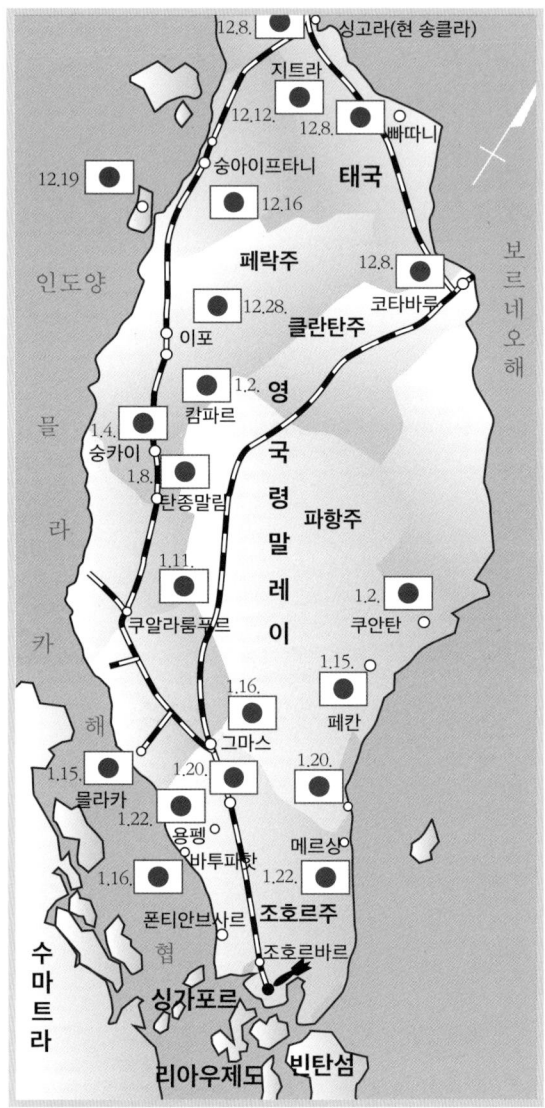

지명 옆의 숫자는 점령 날짜.

육군 선전반의 제1보 말레이 전선

초토화된 이포(Ipoh)의 적 탄약 집적소와 불타오르는 중유(重油) 탱크

적의 다이너마이트에 폭파된 알로르스타르 교량.

옛 대영제국 동아 100년의 침략기지 싱가포르시

일본우선주식회사(日本郵船株式會社), 오사카상선(大阪商船株式會社, 지금의 미쓰이 상선), 정금은행, 타이완은행 등 화남의 각 은행과 회사가 즐비한 래플스(Raffles) 광장.

싱가포르 정부 청사.

207호(1942년 2월 11일)

바탄반도 점점 압박

필리핀 수도 마닐라에 바르가스(Jorge B. Vargas) 씨를 행정 장관으로 한 신생 필리핀의 중앙행정기관을 수립한 황군은 한편으로 바탄반도(Bataan Peninsula) 및 코레히도르섬(Corregidor) 요새로 간신히 명맥을 유지 중인 적을 향해 단호한 공격을 이어 가고 있다.

지난 1월 26일 바탄반도 동해안의 요충지 발랑가(Balanga)를 점거한 우리 군은 이어서 나팁(Mount Natib) 산기슭의 적 저항 진지로 강력한 진격을 계속하여, 시시각각 포위를 좁히며 도망치는 적을 반도 남부로 내몰고 있는데, 집요하던 적의 저항도 나날이 약해져서 쫓기는 적에게는 이제 궁지에 몰린 쥐가 고양이를 물 정도의 기력도 없다. 우리의 바탄반도 완전 제패가 가깝다.

온몸이 진흙투성이가 되도록 자전거 페달을 밟으며 강을 건너는 우리 자전거부대.

바탄반도를 남으로 남으로! 포위망을 좁혀 가는 우리 철갑부대.

208호 (1942년 2월 18일)

적이 촬영한 필리핀 폭격

대동아전쟁에서 드러난 우리 항공 부대의 활약은 실로 눈이 부시다. 여기에 게재한 사진으로 필리핀 전선에서 우리 황군의 폭격이 얼마나 정확한지를 알 수 있다. 더욱이 이 사진들은 모두 우리의 폭격 직후 적군 측에서 찍은 것이다. 우리 군의 질풍 같은 진격 앞에 허둥대던 적군이 퇴각하면서 유기하고 간 필름 속에서 현상한 사진을 소개한다.

12월 10일 카비테 군항 수선 공장 폭격의 흔적.

12월 13일 우리 군에 폭격당한 파라냐케(Parañaque) 시가의 적 군사시설 흔적을 시찰하는 미군 병사들.

209호 (1942년 2월 25일)

『사진주보』 209호의 표지는 야마시타 도모유키(山下奉文, 1885-1946) 중장의 사진을 실었다. 제25군 사령관으로서 영국령 말레이반도와 싱가포르 함락을 지휘하여 '말레이시아의 호랑이'라는 별명을 얻었다.

야마시타는 고치현(高知県) 출신으로 아버지는 의사, 형은 해군 군의로 해군 소장까지 진급했다. 육군사관학교 18기, 육군대학 28기로 졸업하고 스위스, 독일, 오스트리아에 주재했으며,

1936년 3월에 제40여단장(조선군 보병 제79연대 소속)으로 용산에 부임했다. 중일전쟁 발발 이후 중국 전선에서 싸웠으며, 1941년 11월 6일 제25군 사령관에 임명되었다. 1942년 제1방면군 사령관으로 전보되었으며, 1943년 육군 대장으로 승진했다. 1944년 제14방면군 사령관이 되어 필리핀 전선에서 싸우다가 1945년 12월 7일 마닐라 국제 군사재판에서 사형 판결을 받았으며, 이듬해 2월 23일 사형이 집행되었다.

야마시타는 싱가포르 점령 후 항일 중국인들의 지하활동을 근절하기 위해 1942년 2~3월에 걸쳐 싱가포르 및 말레이반도 각지에서 화교 소탕 작전을 감행했다. 화교들을 특정한 장소에 집합하도록 명한 후 선별한 화교들을 트럭에 싣고 해변이나 산속으로 데려가 기관총 소사를 통해 처형했다. 1947년 3월 10일의 영국군 싱가포르 재판 증언에 따르면, 희생자는 4,000~5,000명에 달한다. 휘하의 참모들이 자행한 화교 학살에서 지휘관 야마시타도 책임을 벗어날 수 없었다.

야마시타는 1945년 9월 25일, 마닐라 대학살과 팔라완 학살(Palawan Massacre)의 책임자로 기소되었다. 마닐라 대학살은 1945년 2월 필리핀에서 퇴각하면서 일본군이 마닐라시민에게 자행한 살인, 약탈, 강간을 말하며 희생자는 약 10만 명으로 추산된다. 팔라완 학살은 1944년 12월 14일 미군의 상륙에 앞서 팔라완섬에서 자행한 포로 집단학살 사건으로, 좁은 방공호 안에 포로들을 밀어 넣어 휘발유를 붓고 불을 지른 후 탈출을 시도하는 포로들에게 총격을 퍼부은 사건으로 포로 150명 중 139명이 희생되었다.

『사진주보』 209호는 표지에 야마시타 중장의 사진을 싣고, 제2면에 싱가포르 점령에 관한 머리기사, 3면에 남방군 사령관 데라우치 히사이치(寺內壽一) 대장의 사진과 관련 기사를 게재했다. 군 조직상 남방군 휘하에 제25군이 있으므로 싱가포르 함락 외에 프랑스령 인도차이나, 버마, 수마트라 등의 승전보를 실은 209호 기사에서는 총지휘관인 데라우치 남방군 사령관보다 실제로 전투를 승리로 이끈 야마시타를 더 예우한 셈이다. 3면 기사도 제목에 데라우치의 이름을 넣고 사진도 실었지만 기사 내용은 싱가포르 함락의 의의를 설명했을 뿐이다.

실제로 전투를 지휘하여 영국군의 항복을 이끌어 낸 야마시타에 비해 사이공 남방군 사령부에 머물렀던 데라우치의 존재감은 약했다. 남방군 총사령관과 제25군 사령관의 반목은

209호 표지 야마시타 도모유키.

항상 여름인 현지에서 삼군을 질타하는 남방 방면 제국 육군 최고 지휘관 데라우치 히사이치 육군 대장.

다른 사람들 눈에도 드러나게 되었고, 결국 야마시타는 당시 수상이었던 도조 히데키(東條英機)와 데라우치의 편협한 인사 조치에 따라서 1942년 7월에 만주로 전임되었다.

남방 방면 육군 최고 지휘관 데라우치 히사이치 대장

1942년 2월 15일 오후 7시 50분, 싱가포르섬의 적군은 마침내 우리 군에 항복했다. 전 말레이 제패의 위업은 세계의 경탄 속에 완성되었다. 북부 말레이로 병사를 진격시킨 지 70일째, 조호르수도(Strait of Johore)를 통과한 이래 7일째라는 실로 세계 전쟁사에 남길 불멸의 전과다.

돌이켜 보면 황공하게도 영미에 대한 선전포고 조서를 받들어 맹렬한 기백으로 남방에 군을 파견한 이래, 수많은 견고한 적지를 차례로 격파하며 적군 병력에 치명적 통격을 주었으며 이제는 적의 최대 책원지였던 싱가포르를 점령해 일장기가 날리는 모습을 보게 된 것이다. 아! 얼마나 감격스러운 일인가. 신의 나라 일본의 빛나는 모습이 찬란하게 동아시아 일대를 비추며 오랫동안 난폭하고 오만함의 끝을 달리던 영국의 말로에 경종을 울려 대고 있다.

이 가을을 맞이해 우리는 무엇보다 먼저 천황 폐하의 위광 아래 가족과 자신을 잊고 용감히 싸우며 분투한 황군 장병에 깊은 감사의 마음을 표해야만 할 것이다. 이와 더불어 싱가포르 함락은 대동아전쟁 수행에 행로를 한 단계 쌓아 올린 것에 불과하다는 점을 충분히 자각하여 흥분을 가라앉히고 기운을 북돋아 더욱더 맹렬한 싸움을 이어 가자. 진짜 싸움은 이제부터다. 쇠퇴의 길을 걷는 영미에 각 방면으로 더욱 용서 없는 통격을 입혀 하루라도 빨리 사악한 앵글로색슨 무리를 세계에서 철저히 추방하는 것이야말로 전쟁의 중반에 접어든 지금, 산화한 수많은 영웅들에게 답해야 할 우리 일억 국민들의 중대한 임무일 것이다.

제국 육해군 첫 낙하산부대 셀레베스섬 마나도, 수마트라섬 팔렘방에 처음 상륙

무혈로 셀레베스의 땅을 밟았다! 즉시 공격으로 옮겨 가는 해군 낙하산부대.

낙하산을 벗어던지자마자 즉시 무기를 들고 흩어지는 적을 추격하는 육군 낙하산병.

대동아전쟁 개시 이래, 황군의 혁혁한 대전과는 바야흐로 전 세계 경이의 대상이 되었다. '세기의 승리 싱가포르 함락!' 보도를 시작으로 네덜란드령 동인도 방면에서 우리 육해군 낙하산부대의 첫 대활약이 밝혀지면서 반추축국들을 공포의 나락으로 몰아넣었다.

즉, 지난 1월 11일 셀레베스섬 마나도(Kota Manado) 공략에 참가한 해군 낙하산부대는 첫 진군에도 불구하고 당당히 전과를 쌓았으며, 2월 14일에는 육군 낙하산부대가 네덜란드령 동인도 최대의 유전 지대인 수마트라섬 팔렘방에 대한 기습 낙하에 성공하여 그 즉시 적을 격파하고 비행장 등을 점령, 확보하는 큰 성과를 올렸던 것이다.

낙하산부대의 활약

항공전술은 항공기로 부대를 이동·전개시키는 전술을 말하는데, 수송기나 군용 글라이더를 사용하여 직접 착륙하는 방법과 낙하산을 사용하는 강하 및 투하 방법이 있다. 헬리콥터를 이용한 공격은 따로 구분한다. 적 비행장이나 목표 지점에 내려서 빠른 시간에 점령하고 이후 공격 작전의 거점을 확보할 수 있다는 점에서 효과적인 전술이다.

일본에서는 육군이 만든 공중정진(空中挺進), 또는 공수정진(空輸挺進)라는 표현을 줄인 '공정(空挺)'이라는 표현이 현재까지 사용된다. 항공기로 부대를 고속 이동시키는 구상은 1910년대에도 있었지만 제1차 세계대전 때 처음 사용되었다. 소련이 발전시킨 기술을 제2차 세계대전 시기 독일이 1940년 4월 덴마크 점령 때 사용했다.

일본군은 1942년 1월에 해군 낙하산부대가 셀레베스섬 마나도, 같은 해 2월에 육군 낙하산부대가 수마트라섬 팔렘방에서 낙하 작전을 전개했다. 해군의 마나도 점령은 일본군 최초의 공정 작전이었지만 육군 공수부대가 준비하고 있는 팔렘방 작전의 기밀을 감추기 위해 대본영에서 팔렘방 작전 성공 후 동시에 발표했다. 특히 팔렘방 점령은 유전과 비행장 등을 순식간에 일본군이 점령할 수 있게 해 주었기 때문에 작전에 참가한 병사들을 '하늘의 신병(神兵)'이라고 불렀다.

일본 육군의 정진연대(挺進連隊)는 1944년 제1정진집단, 제2정진집단으로 편성되었다. 다카치호 공정대(高千穂空挺隊), 기레쓰 공정대(義烈空挺隊), 가오루 공정대(薫空挺隊) 등도 육군 공정부대다.

서쪽으로 서쪽으로! 랑군을 향해—버마 전선

모울메인 시가로 들어서는 우리 용사들.

우리의 진격을 친애의 눈빛을 빛내며 맞이하는 버마인들.

　태국과 버마 국경의 산악지대를 돌파하여 버마에 도달한 우리 정예부대는 이어지는 악천후와 음습한 산지를 극복하고, 대규모로 파괴된 도로를 헤쳐 나가며 적지의 적들을 무찔러 1월 31일에 모울메인(Mawlamyine)을 완전히 점령했다.

　모울메인은 버마 수도 랑군의 외곽 지대로, 적이 전략상 중요하게 여기는 거점의 성격을 가진 곳이므로 그만큼 이 지점을 확보한 우리 군은 이제 곧 맞이할 버마 석권에 첫 발자국을 남긴 것으로 볼 수 있다. 그야말로 우리 장병들은 의기양양하게 숨 쉴 틈 없이 살윈강 건너편의 적을 무찌르고 2월 10일 마르타반(Martaban, 지금의 모타마)을 점령하였으니 이제 적의 수도인 랑군의 명줄은 급박함을 호소할 지경에 다다랐다.

 새로운 전장 사전

수마트라

　우리 군의 싱가포르 점령은 자바, 수마트라 두 섬이 당했던 폭격 이상의 충격을 네덜란드령 동인도 전반에 불러일으켰다. 이렇게 말할 수 있는 이유는 네덜란드령 동인도의 경제적 운명이 전반적으로 싱가포르에 걸려 있기 때문이다. 게다가 싱가포르가 점령됨에 따라 자바, 수마트라는 군사적인 생사 권한이 자신들의 손에서 완전히 떠났고, 우리 군의 획기적인 낙하산부대의 팔렘방, 마나도 공략이라는 활약으로 네덜란드령 동인도의 모든 섬들은 군사적으로나 경제적으로나 옴짝달싹 못하는 형국이다. 앞서 보르네오 타라칸 함락 이후 미영군 최대의 석유 공급원 수마트라섬의 팔렘방 유전 지방은 지금 다시 황군의 손에 돌아왔다. 네덜란드령 동인도 전역 가운데 석유 생산고 1위를 유지하며 팔렘방 유전 지대 및 잠비(Jambi) 유전 지대 등을 가진 수마트라섬의 실체를 파헤쳐 보자.

내일의 네덜란드령 동인도를 짊어질 곳은 자바도 보르네오도 아닌, 가장 비가 많이 오는 수마트라섬이라고 한다. 수마트라는 면적 47만 km²(조선보다 두 배 이상 더 크다)나 되는 거대한 섬이지만 인구는 불과 800만, 인구밀도는 우리 나라 본토 땅의 10분의 1 정도다. 내일의 네덜란드령 동인도를 짊어질 만큼 수많은 자원이 풍부하지만 아직 대부분 미개발인 채로 남아 있다.

파당시의 엠마하벤항은 이 섬의 유일한 석탄 선적항으로 유명하다.

메단시 중심가. 메단 우체국 앞길.

네덜란드령 동인도의 자원으로는 석유, 고무를 우선적으로 꼽는데 수마트라섬은 그 둘 모두에서 네덜란드령 동인도의 산출 제1위를 지키고 있다. 잘 알려진 네덜란드령 동인도의 유전으로는 수마트라 유전, 자바 유전, 보르네오 유전, 세람섬(Pulau Seram) 유전, 뉴기니(New Guinea) 유전이 있고, 그중 수마트라 유전이 최대 산출량을 점한다. 네덜란드령 동인도가 차지한 세계 석유 산출액의 2.8% 가운데 67%의 산출액을 차지한다. 이 수마트라 유전도 남부, 중부, 북부 세 곳으로 나뉘어 남부 유전은 팔렘방, 중부 유전은 잠비 주, 북부 유전은 아체 주를 중심으로 한다. 특히 그중 팔렘방은 동아시아 영미 최대의 석유 공급원으로 여겨질 정도로, 수마트라 석유의 60%인 312만 톤의 산출량을 뽐낸다. 더욱이 이 밖에도 수마트라섬 곳곳에 유전이 있는데, 네덜란드 정부는 각국이 경쟁하던 개발권 획득 운동을 봉쇄하고 자국의 이익 독점을 꾀해 왔다. 현재 이 섬의 개발권은 네덜란드, 영국계 자본회사와 네덜란드령 동인도 정부계 및 미국계 회사 이렇게 세 군데로 한정되어 있으며, 산유의 70%는 네덜란드와 영국계 회사가 차지하고 나머지는 미국계 회사가 차지하고 있다.

수마트라에서 농업은 매우 유망한데 다른 네덜란드령 동인도의 여러 섬과 비교해 농업 규모가 큰 것이 특징이다. 농업은 동해안의 메단, 서남 해안의 파당 및 남부의 팔렘방을 중심으로 행해지며, 생산물로는 석유, 담배, 고무, 차, 기름야자, 커피 등이 있다.

우리의 네덜란드령 동인도 제패로 인해 미국이 제일 타격을 입은 것은 남방에서 고무 자원을 수입할 수 없게 된 점이다. 고무 재배는 이 섬의 주요 산업이며 석유 산출과 함께 세계적으로 명성이 높다. 고무 생산액은 네덜란드령 동인도가 총 생산액 30만 톤의 약 45%를 점하며, 현재 영국령 말레이를 능가하는 기세에 있다. 각국의 투자로 인해 고무 재배가 번성하고 있으며, 우리 일본인도 고무 재배에 종사하는 자가 점점 많아지고 있다. 그중에서도 보르네오 고무원, 수마트라 고무척식, 남양 고무원 등 각 회사들이 크게 활약하고 있다.

또 고무와 담배 재배에 이어 기름야자 재배가 상당히 유망해지고 있다. 기름야자의 기름은 가공 버터의 제조 원료로 적당하여 기름으로서 독특한 지위를 가진다. 고무 재배와 마찬가지로 이 방면에서도 우리 일본인의 활약이 눈에 띈다.

게다가 이 밖에 광산물로 주석, 백탄, 보크사이트 등의 중요 산물도 있다.

210호(1942년 3월 4일)

2월 15일―싱가포르를 함락하다.

우리 철갑부대가 지축을 흔들며 싱가포르 시내에 들어서다(후략).

마침내 조호르수도마저 넘어 상륙한 지 60여 일, 모든 어려움을 극복하고 싱가포르섬에 상륙해 첫걸음을 남겼다. 마지막 쐐기를 박을 의기양양한 ○○부대.

난공불락을 자랑하던 싱가포르 요새도 맥없이 무너졌다. 대동아전쟁사에 남을 불멸의 한 페이지. 시외의 포드 회사 터(Former Ford Factory)에서 열린 항복 회의에 임하는 야마시타 최고 지휘관.

말레이 방면 일본 육군부대는 15일 오후 7시 50분에 싱가포르섬 요새에서 적에게 무조건 항복을 받아 냈다. 아아, 잊을 수 없는 감격, 적은 백기를 들고 우리 군에 항복했다(후략).

싱가포르 함락과 함께 늙은 영국 제국의 패색은 한층 더 짙어졌다. 게다가 이 싱가포르섬은 2월 17일 그 이름도 쇼난도(昭南島, 쇼난섬)로 다시 태어나, 향후 명실상부한 남방공영권의 일대 거점으로서 대동아전쟁 완수에 부동의 태세를 갖추게 되었다.

우리 강력한 군정 아래 쇼난시(昭南市) 부흥의 여세는 정말 눈부시다. 완전한 치안 유지는 말할 것도 없으며 가스·수도·전등은 바로 복구되었고, 군의 통제하에 시장 개설, 각 관청의 업무 개시, 은행·상점의 개업 등 쇼난시는 매우 빠른 속도로 전쟁 전의 번영을 떠올리게 하는 명랑함을 회복하는 중이다.

또한 함락된 지 불과 5일 만에 조호르바루(Johor Bharu)와 쇼난시 사이에 26.4km의 철로가 완전히 복구되었다. 즉 우리 철도부대는 불철주야 매진하여 매우 빠르게 조호르-싱가포르 코즈웨이 다리(Johor - Singapore Causeway) 수리에 성공, 2월 20일 일찍 쇼난시를 출발한 첫 열차는 늠름하게 부흥의 행진곡을 울리며 조호르수도를 돌파해 마침내 조호르바루역으로 미끄러지듯 들어왔는데, 이로써 말레이반도를 남북으로 가로질러 방콕까지 다다르는 3,000km의 철도가 모두 개통을 달성하게 되었다.

212호(1942년 3월 18일)

뜨거운 열기의 3월을 랑군으로 돌진하자.

3월 8일 오전 10시 버마의 수도 랑군도 마침내 황군의 점령지가 되었다. 1월 상순 태국버마 국경의 높은 산맥을 돌파, 천둥과 같은 진격을 개시한 우리 버마 방면 작전군은 1월 하순부터 서남 버마령의 각 요충지로 진출해 1월 19일 타보이(Tavoy), 1월 31일 모울메인, 2월 4일 파안(Hpa-An), 2월 10일 마르타반과 중요 거점을 맹렬히 공략, 살원강변 도하 후에는 은밀한 작전 수행을 통해 적 수도를 향하여 맹렬한 진격을 속행, 3월 2일 밤 이후 적진의 코앞까지 돌진, 3일 밤부터 랑군 공략전의 대전투를 끝장냈다. 불과 6일 만에 랑군 성상에 일장기를 휘날리며 여기 버마 방면 작전의 주요 목적을 완전히 달성한 것이다.

예부터 랑군을 차지하는 자는 버마를 차지한다고 전해지니, 랑군 점령은 말 그대로 완전한 버마 점령을 의미한다. 더욱이 랑군 공략의 중요한 의미는 이로 인해 중일전쟁 발발

황군의 버마 점령 진의를 설명하는 선무(宣撫)단과 귀를 기울이는 촌민들. 자, 하나가 되어 대동아공영권 확립을 향해 나아가자.

'버마인의 버마'를 소리 높여 외치는 날이 왔다. 무기를 들고 일어선 버마 의용군.

이래 6년간 끊임없이 적대행위를 하며 적성을 발휘해 온 버마루트가 완전히 차단된 것에 있다. 외세의 힘을 빌려 짧은 여명을 보전해 온 충칭 정부도 이제는 최후의 수혈로가 끊겼으니 평화 건국의 길로 갈 것인가, 끝까지 저항해 멸망의 길로 갈 것인가 중 하나를 선택하여 마지막 태도를 정해야 하는 운명에 직면하게 되었다.

랑군을 공략한 황군의 손으로 100여 년에 걸친 버마 민족의 쇄국은 완전히 분쇄되었다. 1,600만 버마 민중이 숙원했던 민족해방의 문이 드디어 열린 것이다. 네덜란드령 동인도에도 뒤지지 않는 보고(寶庫)인 버마가 홀연히 일어나 대동아 공영에 참가할 날도 머지않았으니, 대동아전쟁의 앞길이 한층 밝아졌다.

214호(1942년 4월 1일)

3월 8일, 랑군을 함락하다.

3월 7일 우리의 버마 방면군은 랑군 서북의 요충지 바고(Bago)를 점령하고 주민들의 대환영을 받았다. 랑군의 황금탑(슈웨다곤 파고다, Shwedagon Zedi Daw)과 함께 불교국 버마에서 유명한 바고의 대와불을 우러러보는 황군 용사들.

랑군 부두에는 장제스 원조 물자의 잔해가 산더미처럼 쌓여 있다. 염원하던 버마루트 절단에 만세를 절규하는 황군 용사들.

네덜란드령 동인도 무조건 항복하다—3월 9일

300년의 원수 네덜란드, 영국, 미국을 쫓아내 준 황군을 전 인도네시아인들은 쌍수를 들고 환영했다.

우리 네덜란드령 동인도방면군은 자바섬 상륙 후 고작 9일 만에 네덜란드령 동인도군 9만 3,000명, 미국·영국·호주군 약 5,000명을 전면적으로 무조건 항복시켰다. 때는 3월 9일 오후 3시였다. 케르타자티(Kertajati) 비행장에서 열린 네덜란드령 동인도군 항복 정전회담, 테이블 오른쪽 앞에서 두 번째가 이마무라(今村) 최고 지휘관.

216호(1942년 4월 15일)

네덜란드는 세계지도에서 사라졌다—자바섬 수라바야 공략

소순다열도 적의 마지막 거점이었던 자바섬에 상륙한 우리 육군 부대가 맹공을 퍼부은 지 9일, 적군의 주요 전력을 수라바야(Surabaya) 및 반둥(Bandung) 부근까지 몰아붙여 결국 네덜란드령 동인도군을 무조건 항복시킨 것은 3월 9일이었다.

과거 수 세기에 걸쳐 대일 적대성을 방자하게 내보이던 서남태평양의 각 지역이 이날로 모두 항복하여 대식민지 왕국인 네덜란드는 지구상에서 사라지기에 이르렀다.

우리 육군 비행기 폭격으로 참담하게 파괴된 수라바야 항구.

수라바야 시내에 당당하게 입성하는 황군.

수라바야 교외에서 포획된 적의 장갑차.

감금 3개월, 네덜란드령 동인도군의 항복으로 구출된 일본인들. 왼쪽은 수라바야 병영에서 구출된 여성과 어린이들. 오른쪽은 반둥에서 감격의 만세를 부르는 이시자와(石澤) 총영사(오른쪽에서 두 번째) 이하 바타비아 총영사관원.

218호(1942년 4월 29일)

바탄반도를 완전히 공략했다.

난공불락을 자랑하던 바탄반도는 결국 4월 11일 완전히 우리 손에 넘어왔다.

생각해 보면, 미국은 전쟁 이전부터 필리핀을 대일(對日) 진격의 최전방 기지로 생각해 군비를 증강하고, 또한 미국식 과대 선전에 넘어갈 것이라고 호언장담했다. 그러나 대동아전쟁이 발발하자마자 적이 절대로 넘어오지 못할 것이라고 했던 필리핀의 중심 기지 마닐라는 곧장 우리 군의 손에 떨어졌고, 그 주변 소탕과 함께 적이 열심히 선전해 온 필리핀의 대일 전위 기지(對日前衛基地)는 사실상 유명무실해졌다. 그러나 그 후 바탄반도의 한구석에서 잔존하던 적은 미국 본국의 "지금 원군을 보내겠다"라는 거짓 방송을 유일한 위안으로 삼으며 집요하게 우리에게 계속 저항하고 있다. 한편 미국 본국도 계속해서 국민들에게 패전 보도를 내보내는 것을 감추기 위해 바탄에서의 항전을 유일한 승전 선전으로 이용했다.

바탄 전선, 적전 40m! 용사는 땅을 기어 풀뿌리를 쥐고 나아간다. 무릎이 붉게 벗겨지고 뼈가 쑤신다. 다다다, 적 포탄에 터져 오르는 토사에 용사들의 몸이 흔들린다.

이를 위해서 패장(敗將) 전 마닐라 사령관 맥아더(D. MacArthur)조차도 영웅시하고 있으며, 더군다나 바탄이 동아시아에서의 최후의 대일 반격 기지라는 소문을 퍼뜨리며 국면 전환에 급급하고 있다.

때마침 4월 3일 진무천황제를 기하여 단호한 황군의 바탄 총공격이 시작됐다. 적이 아무리 험준한 자연환경을 이용하여 조병(造兵)의 정수를 다하고 견고한 보루에 기대려고 해 봤자 우리 군의 집중적인 맹포격 앞에서는 항거할 방법도 없어서 개전 겨우 8일 만에 맥없이 사라지게 됐다. 당겨진 활시위가 뚝 끊어진 것과 같은 형국이다. 미국이 국내 여론을 통일시켰던 바탄 항전의 활시위가 끊어진 지금 자국민의 불평, 불안, 불신의 소리를 어떻게 막아야 할 것인지, 미국 수뇌부는 말할 수 없는 곤경에 빠졌다.

220호(1942년 5월 13일, 대동아동영권·장제스 등장)

만달레이(Mandalay)를 향해—적 앞에 가교…버마 전선

영국과 장제스 연합군의 요충지인 만달레이가 드디어 우리 육군 부대의 맹공에 함락되었다. 랑군 돌입 53일째의 일이다.

랑군 함락 이후 적은 장제스의 직계인 뤄쭈잉(羅卓英)의 마수 아래 기계화부대를 총동원하여 북버마 방위에 광분(狂奔)했는데, 우리는 이에 예상대로 3월 하순 격멸의 행동을 개시하여 130여 도(섭씨 약 54도)의 폭염을 무릅쓰고 역병을 극복하면서 이곳저곳에서 적을 무찔렀고, 최대 거점인 만달레이를 공략하여 5월 1일에 완전히 점령했다.

그리하여 버마루트는 이곳에서 완전히 봉쇄되었다. 우리의 충칭 정부 처리가 장차 각별한 진전을 예상할 수 있게 됨과 동시에, 또한 우리 육군 부대의 진격 태세가 확립되어 우리 해군 부대의 인도양 제압에 맞춰 인도인의 자각을 촉진하고 인도 해방의 시운을 더욱더 전진시킨 일이라 아니할 수 없다.

적이 터뜨리는 탄환이 가까이서 밀려서 물보라를 일으킨다. 기관총의 엄호 아래 서둘러 가교를 쌓는 우리 공병대.

폭염과 싸우기를 700km, 오직 한 길 만 달레이를 향해. 교량을 건너 전진하는 우리 부대.

222호 (1942년 5월 27일)

코레히도르 요새—드디어 함락

5월 7일 코레히도르 요새를 함락하여 필리핀 방면의 제국 육해군 부대 위에 아름다우신 폐하의 모습의 칙어를 찬미하며 빛나리—.

지난번 바탄반도 평정으로 적의 주력 분대를 격멸한 우리 해군 부대의 정예는 그 후 주도면밀한 준비를 정비하여, 전투 기회를 엿본 지 20여 일 만인 5월 5일, 코레히도르섬 요새에 과감한 상륙을 강행했다. 온 섬에서 두더지처럼 난공불락을 자랑했던 적 요새에 지난한 작전을 전개하다가 7일, 드디어 이 섬 및 마닐라만 섬들의 모든 요새를 공략했다. 상륙한 지 겨우 32시간. 진정으로 세계 전쟁사에서 비길 바 없는 혁혁한 승리의 기록이다.

이렇게 미국이 동아시아에 남긴 모든 거점이 복멸되었고, 제국은 필승의 전략 태세를 더더욱 강화하기에 이르렀다.

적 진지에 가까이 붙어 화염방사기로 특화점(特火點)을 공격하는 우리 용사들.

코레히도르 지하 요새에서 백기를 들고 투항하는 미군 병사 무리.

버마 전 영역의 평정이 가깝다.

버마 작전의 대단원이라고 해도 좋을 우리의 대포위 섬멸전은 동쪽으로는 살윈강 혹은 누장(怒江, 국경을 가르는 하나의 강을 두고 미얀마에서는 살윈강, 중국에서는 누장이라고 부른다), 서쪽으로는 친드윈강(Chindwin River)을 건너는 대철로를 형성하고 가는 곳마다 섬멸전을 전개하며 눈부신 성과를 올렸다.

즉, 1월 17일 태국과 버마 국경에서 군사행동을 일으킨 이래로 겨우 100여 일, 이미 수도 랑군을 함락하고 만달레이를 지나 라시오를 공격하고 5월 8일에는 영국과 장제스 연합군의 마지막 거점인 미치나(Myitkyina)를 점령했다.

우리 정예부대의 활약으로 버마 평정의 날은 나날이 가까워지고 있는데, 이 결과는 버마 전역을 공영권 산하에 둠과 동시에 인도의 영국령 인도군(British Indian Army)에게 전율적 위협을 가해 버마루트를 완전히 차단하여 충칭과 영미의 연계를 끊어 내고, 이번 대전(大戰) 완수에 비약적인 획을 그었다는 중대한 전략적 의의를 갖는다.

공병대의 협력 아래 라시오의 고원을 진격하는 우리 자전거부대.

병사님들 고생이 많으시다며 물을 서비스해 주는 버마의 부인들.

225호 (1942년 6월 17일)

버마 전 영역을 평정하다.

황군이 영국과 장제스의 연합군을 격퇴하고 만달레이와 라시오 땅을 갓 밟은 것이 바로 얼마 전 일이다.

만달레이는 버마의 거의 한가운데 자리하여 군사적으로 중요한 위치이며, 수도인 랑군과도 1, 2위를 다투는 국토의 심장부에 해당하는 곳이다. 게다가 만달레이와 라시오는 랑군을 기점으로 한 장제스 지원 버마루트의 요충지이므로 정치적인 의의 또한 매우 컸다.

그러나 이 요충지가 우리에게 귀속되어, 군정이 버마 전 국토를 여행할 수 있는 날이 코앞으로 다가오고 있다. 버마인을 위한 버마 건설에서 이 지점의 중요성은 앞으로도 더 커질 것이다.

적이 패주하기에 앞서 파괴한 다리를 수리하며 라시오로! 라시오로! 황군은 나아간다.

만달레이 언덕에서 바라본 만달레이 시가.

그 중요성의 첫 번째는 만달레이, 라시오의 함락으로 인해 과거 5년 동안 항전을 계속해 왔던 충칭 정권의 운명이 절박해지고 있다는 사실. 두 번째는 인도로 통하는 유일한 교통지점인 만달레이를 점령함으로써 바야흐로 인도의 허리를 단검으로 찔러 영국에게 무언의 위압을 깨닫게 했다는 사실. 세 번째는 아시아의 곡창으로 불리는 에야워디강(Ayeyarwady) 유역[10]을 제압함으로써 연간 800만 톤의 수확이 예상되는 미곡 산지를 우리 손에 넣었다는 사실이다.

이리하여 만달레이의 함락에 따른 버마 제압은 충칭의 고통이자 영국을 동요시키는 일이지만, 반대로 보면 버마인을 위한 버마 건설이자 인도의 해방이라고 하지 않을 수 없다.

---

10 (역주) 버마 서부 지역, 에야워디강 삼각주 지방에 자리했으며 '버마의 곡창'으로 불릴 만큼 벼농사로 유명하다.

232호(1942년 8월 5일)

생전의 가토 부대장.

가토 다테오(加藤建夫, 1903-1942)

일본 육군의 군인으로 전투기조종사였다. 1925년 육사 37기 졸업 후 그해 독립 신설된 항공병과로 전과하여 비행 제6연대 소속 육군 항공병 소위로 임관했다. 1926년 도코로자와(所澤) 육군비행학교에 제23기 학생으로 입교, 우수한 성적으로 은사의 은시계[메이지 시대부터 제2차 세계대전 시기까지 제국 대학, 육군사관학교 등의 성적우수자에게 천황이 하사한 포장(褒章)]를 하사받았다.

1941년 8월 말 부대에서 신예 일식(一式) 전투기 '하야부사(隼)'로 기종을 바꾸면서 '가토 하야부사 전투대'가 탄생했다. 이 전투대는 각지에서 연합군을 압도했으며, 가토 자신도 전투기에 탑승하여 전투에서 활약하며 일본의 남방 작전에 크게 공헌했다. 특히 1942년 2월 14일의 팔렘방 공정작전에서 호위와 엄호를 담당했고, 말레이 상륙작전, 자바 상륙작전에서 활약했다.

3월 21일부터 버마 전선으로 옮겨 영국 공군과 교전했다. 5월 22일 제64전대가 임시로 주둔하고 있던 아키야브(Akyab, 지금의 시트웨) 비행장을 영국 공군기가 폭격해 오자 가토 이하 5기가 추격하였는데, 그중 가토가 탑승한 기체가 집중소사(集中掃射)를 당했다. 가토는 자신이 탄 전투기가 발화하자 불을 뿜으며 벵골만의 바닷속으로 돌진하여 자폭했다.

사후 2계급 특진하여 소장으로 진급했으며, '군신'으로 추앙받았다.

아아 군신, 가토 다테오 소장

육군 최고의 맹장(猛將) 가토 전투비행 부대장은 지난 5월 22일, 인도·버마 국경 방면에서 적기와 격전 중 불행히도 비행기에 불이 붙어 뜨거운 불길이 치솟는 채로 인도양 위를 날다가 송장이 되어 흩어졌다. 이것이 가토 부대장의 최후였다.

이 장렬한 전사 소식이 전해지자, 남방방면군 최고 지휘관 데라우치 대장은 아깝고 분하기 그지없다며 발군의 무공을 칭찬했는데, 그 감상이 외람되게도 천황께 전해지는 광영을 입어 특별히 육군 중좌에서 육군 소장으로 2계급 진급을 하게 되었다. 이 얼마나 큰 사후의 영광인가.

돌이켜 보면 중일전쟁 발발 이래, 중국 대륙, 말레이, 수마트라, 자바, 그리고 최후에는 버마까지 주요 작전에는 언제나 가토 부대장이 참여하지 않은 적이 없었다. 무시무시한 공격력과 굉장한 능력으로, 실로 적기 이백 수십을 격추시켰고, 그가 출동하는 곳마다 적의 참새 무리들은 모두 두려워 엎드렸다. 게다가 고매한 인격과 탁월한 지휘 통솔력은 전 공군에게 반향을 일으켰고, 감사장을 받은 일도 7회에 이를 정도로 참으로 유례가 없는 무인이었다.

아아, 이 하늘의 지보(至寶)도 이제는 잠들고, 영령은 전 국민의 한없는 감사와 공경을 받아 영원히 신으로 모셔졌다. 하지만 군신의 천고불후한 충혼과 불타는 투지는 대동아의 더욱 늘어나는 빛들과 함께 찬란히 빛나며 우리 황국민의 마음속에 언제까지나 남을 것이다.

234호(1942년 8월 5일)

패잔 미·필리핀 군에 철퇴―필리핀 레이테섬 적전 상륙

레이테섬(Leyte)을 향해 우리 육군의 기동정은 나아간다.

필리핀 섬 병사 포로.

레이테섬 적전상륙.

속속 투항해 온 포로들의 성명 점호.

이번에 우리 육군 부대는 필리핀제도의 레이테섬을 공략했다.

레이테섬은 세부섬(Cebu Island) 동쪽에 있는 작은 섬으로, 목재의 산지로 알려져 있다.

이 섬을 황군이 공략한 것은 마닐라에서 쫓겨나고, 바탄에서 도망치고, 또는 여러 군사 기지에서 달아난 미·필리핀 연합군 병사들이 여기에 다수 주둔하고 있었기 때문이다.

황군이 레이테섬에 상륙한 소식이 섬 안에 널리 알려지자마자 미·필리핀 연합군 패잔병들은 싸울 기력도 잃고 차례차례 투항해 왔다. 황군의 레이테섬 무혈점령은 이렇게 이루어졌다.

동남아시아의 동맹국, 태국

　일본의 동남아시아 침략이 시작된 1941년 12월 8일 이후 『사진주보』는 전투 상황과 승전 소식을 주로 보도했지만, 그 가운데 이례적으로 전황 보도와 상관없는 태국 관련 기사도 자주 등장했다. 이는 태국이 동남아시아의 다른 나라들과 달리 일본에 협력했기 때문이다.

　1941년 12월 8일 전쟁 시작과 동시에 일본군은 태국 남부에 기습 상륙했다. 당시 태국은 제2차 세계대전에 대해 중립을 선언했지만, 일본은 태국 영토를 경유해서 영국령 말레이를 침략하려 했다. 피분송크람 수상은 일부러 자리를 비우며 쉽게 동의해 주지 않았고, 그 사이에 벌어진 태국군과 일본군의 충돌로 수백 명의 사상자가 발생했다. 태국은 12월 27일 일본과 공수동맹 조약을 체결했다. 조약 체결을 알게 된 영국과 미국이 1942년 1월 8일부터 태국 도시를 공격하기 시작하자, 태국은 1월 25일 영국과 미국에 선전포고를 하고 추축국의 일원이 되었다. 태국과 일본은 서로 공수동맹 조약 축하 사절을 파견했는데, 『사진주보』 220호 기사는 일본에 파견된 태국의 프라야 파혼(Phya, Phraya Phahon) 중장

관련 기사, 227호 및 232호 기사는 태국으로 파견된 히로타 고키(廣田弘毅) 전 수상에 관한 내용이다.

『사진주보』 226호는 태국 특집호로, 표지에 피분송크람 수상의 얼굴을 게재하고 '태국 입헌 혁명 기념일'이라는 제호를 박았다. 1-2면에는 피분송크람 수상의 가족과 사적인 부분까지 자세히 소개하는 한편, '태국이 추구하는 것', '메남강(Maenam Chao Phraya, 지금의 짜오프라야강)변의 해군병 학교', '일본이 키운 태국의 젊은 보라매' 등 태국의 발전 방향과 군사적인 내용까지 소개했다. 아시아태평양전쟁 과정에서 영국과 미국에 선전포고하여 중립을 버리고 추축국 편으로 돌아선 태국을 예우한 셈이다.

219호(1942년 5월 8일)

태국 경축 사절 영예로운 도쿄 입성

멀리 동맹국 태국에서 특파된 경축 사절 프라야 파혼 중장 일행은 4월 25일, 일본·태국 공수동맹 체결을 축하하며 황실을 비롯하여 우리 정부와 민간에 사의와 축의를 표하기 위해서 훈풍이 감도는 신록의 제도(帝都)에 입성, 역 앞으로 마중 나온 도조 수상과 굳센 감격의 악수를 나누었다.

태국은 대동아전쟁이 시작되자 바로 일어서서 우리의 일익을 맡았고, 12월 21일에는 우리와 공수동맹을 맺었으며 최근에는 4월 21일, 일본·태국 경제 양해 성립의 임시 조인을 시행하여 일본 통화인 엔과 태국 통화인 바트의 등가화(等價化)를 실시하여 군사, 정치, 경제에 걸쳐 한층 긴밀함을 더했다. 이처럼 과거 수 세기에 걸친 양국의 우호 관계는 강철 같은 인연이 되었다.

일행은 27일 궁중을 방문, 천황 폐하를 배알하고 내방의 사명을 아뢰었으며, 공손하게 국서를 바치고 오찬의 영예를 안았는데, 그 후 약 20일간 간토(関東)·간사이(関西) 각지를 시찰, 견학한 뒤 귀국길에 오를 예정이다.

220호 (1942년 5월 13일)

일본에서 배운다 — 태국 경축 사절 프라야 파혼 중장 일행

5월 1일, 일행은 요코스카(橫須賀)를 방문하여, '적을 보면 반드시 죽인다'는 우리 해군 혼을 언급했다.

4월 28일, 일행은 지바현(千葉縣) 육군 야전포병 학교를 견학하며 황군이 자랑하는 근대 병기를 감상했다.

늙어도 젊어도 발랄하게 근대 태국 건설로

말레이로 '미국과 영국 격멸'의 노한 외침이 태국 남부를 가로질렀을 때, 태국인들은 일장기에 파묻혀 성원의 일제사격을 퍼부었다.

새로운 아시아의 상쾌한 바람을 맞으며 젊은 세대의 가슴속에는 신질서 구상이 울려 퍼진다 — 방콕 출라롱콘대학(Chulalongkorn University).

226호(1942년 6월 24일)

태국입헌혁명기념일 6월 24일

빨랙 피분송크람(1897-1964)은 방콕 인근에서, 화교 아버지와 태국인 어머니 사이에서 태어났다. 1915년 태국 군사 엘리트 코스인 '쭐라쯤끌라오 왕립 군사학교(Chulachomklao Royal Military Academy, CRMA)'를 60명 중 12등으로 졸업한 후 소위로 임관했다. 1921년 참모 학교에 입학하여 수석으로 졸업한 후 1924년 프랑스에서 3년간 유학하면서 근대 민주주의 사상을 접했다.

귀국 후 인민당에 입당해 1932년 입헌 혁명을 일으켰다. 1934년 국방장관, 1938년 수상이 되었으며 이듬해에 국명을 시암(Siam)에서 타이(Thai)로 바꾸었다.

1942년 4월 무렵부터 태국 국내외에서 '자유타이'라는 항일운동이 일어나는데, 피분송크람은 이를 묵인하는 한편, 일본에게는 그 사실을 감추었다. 일본이 국내의 식량 부족을 해소하기 위해 태국 쌀을 송출하고 인플레를 유발시키자 태국에서는 일본에 대한 불만이 쌓여 갔다. 피분송크람은 점차 일본과 거리를 두었고, 일본이 1943년 11월에 개최한 대동아회의에도 라마

4세의 손자 완 와이타야꼰을 대리로 파견했다.

1943년 7월 불신임안에 따라서 수상직을 사임하고 일시적으로 정계를 떠났으나, 일본이 패전하고 자유타이 정부가 수립된 후에 전범으로 체포되었다. 전쟁범죄법 무효로 석방된 후 1947년 군부 쿠데타로 정계에 복귀하여 1948년부터 1957년까지 집권했으나, 1958년 국내 쿠데타로 캄보디아로 망명했다. 그 후 일본으로 옮겨 1964년 사망 때까지 거주했다.

약진하려는 태국, 젊은 나라, 젊은 지도자 피분송크람 수상

식기가 부딪치는 가벼운 소리와 조용한 담소의 웅성거림이 식당 가득히 넘치고 있다. 가족들과 하나의 식탁을 둘러싸는 단란한 한때야말로 총리가 태국 국민에게 요구하는 단결의 모습이며, 총리가 더할 수 없이 사랑하는 시간이다.

6월 24일은 근대 태국의 탄생일인 입헌 혁명 기념일이다. 우리 대동아전쟁의 시작과 동시에 현명한 판단력으로 미국과 영국의 굴레를 벗어나 대동아공영권 산하로 달려온 태국은 그 후로도 진로를 변경하는 일 없이 오늘날까지 쭉 우리의 든든한 맹방으로 협력을 계속하고 있다. 나날이 약진하는 독립국가 태국의 지도자 피분송크람 수상은 본지를 통해 일본과 태국 양 국민이 서로를 깊이 이해할 수 있도록 친절한 서간을 보내 주셨다. 이번 기

회를 빌려 공적으로나 사적으로나 진정한 국민의 사표(師表)로 추앙받는 피분송크람 수상의 일상생활을 소개해 본다.

피분송크람 수상이 여러분에게 보낸 서간

> 『사진주보』지면을 통해 맹방 일본의 국민 여러분께 직접 인사드리는 것을 기쁘게 생각합니다.
>
> 중일전쟁 이래, 또한 대동아전쟁 발발 이래, 황군 장병들의 위대한 전과와 일본 국민 여러분께서 견고한 신념과 완전한 단결을 유지하며 전쟁 수행에 매진하고 계시는 모습에 가슴속 깊이 감탄과 경애하는 마음을 금할 수 없습니다.
>
> 일본과 태국 양국이 깊고 친밀한 교류의 역사를 가진 것은 여러분들께서 잘 알고 계시는 바이지만, 이번에는 또한 함께 제휴해서 동아의 새로운 역사를 창조하는 대사업 완성에 매진하게 되었습니다.
>
> 일본 태국 양국의 원활한 협력은 두 나라 국민의 완전한 이해와 순수한 친애의 마음 위에 수립되어야 비로소 완전해질 수 있다고 생각합니다.
>
> 이후 여러 가지 기회와 여러 가지 기관을 통해서, 일본과 태국 양국 국민의 상호이해와 친선을 증진시키고, 확고한 협력을 바탕으로 대동아전쟁 완수에 매진하고자 합니다.

근대 태국 국민 생활을 이야기하자면 먼저 랏타니욤(Rathaniyom, 불교 계율에 부합한 태국의 전시 생활 운동)이 가장 잘 알려져 있다. 피분송크람 수상의 일상생활도 또한 이 엄밀한 랏타니욤에 따라서 규정되어, 충실히 계율에 따르니 가장 바람직한 태국인의 한 명으로서 생활하고 있다고 할 만하다.

피분송크람 수상은 매우 일찍 기상한 뒤 신체를 깨끗이 하시고, 가벼운 운동, 독서 등을 거쳐 오전 9시에 아침 식사, 그리고 정오까지 정무에 몰두, 점심 식사 후 오후 다섯 시까지 집무를 마친 후, 국방성 사람들이나 외무성 관리 등과 함께 테니스 등의 운동을 즐기

(오른쪽) 활동적인 수상은 골프를 싫어한다. 그리고 테니스를 가장 좋은 운동이라고 말하며 자주 즐기신다.
(왼쪽) 가정의 좋은 파트너로서 부인도 라켓을 손에 쥐고, 때때로 좋은 적수가 된다고 한다.

라야트 부인에게 안긴 사랑스러운 아기 니시드를 어르는 수상은 참으로 좋은 아버지다.

지도를 손가락으로 가리키며 우리 수비부대장에게 철통 국방을 자랑하는 총리의 얼굴에는 자신감에 찬 미소가 활짝 피어 있었다. 국방의 큰 임무가 국방대신인 수상 한 사람에게 달려 있다.

시며, 밤에는 측근 인물들과 환담하시거나 혹은 독서를 즐기신다. 대단히 바쁜 나날에도 불구하고, 이러한 생활 규칙을 엄격히 지키시며 많은 사람들과 즐겨 접하고 탐독하는 등, 지식의 섭취에도 힘쓰신다. 따라서 매우 박식하시고, 관심사가 풍부하셔서 말씀하실 때에도 화제가 계속 끊이지 않을 정도다. 대화 중에도 일본인의 생활 등에서 조금이라도 태국을 이롭게 할 수 있는 점이 있으면 깊은 주의를 기울이며 세세한 부분까지 질문을 하신다. 피분송크람 수상을 처음 접하는 이들은 온화한 신사 같다는 첫인상을 받지만, 수상은 누구와도 금방 친해질 수 있는 대단히 온화한 태도와 동시에 냉정하고 단호하게 소신을 관철시키는 의연함을 내면에 갖추고 계신다. 혁명 이래, 이번에 영미 측에서 이탈했던 것과 같은 커다란 국면 전환을 여러 차례 직면하면서도, 수상 취임 이래 여섯 차례나 권총 저격을 당하는 등 몇 번이나 생사의 갈림길에 놓이면서도 아직 한 번도 흥분한 일이 없다고 전해질 정도다.

가정은 매우 화목한데, 예를 들어 식사 등도 부인이 직접 만든 음식 말고는 입에 대지 않는다고 하며, 가정생활에 대해서도 "남자는 항상 한 사람만 사랑하면 충분하다. 두 사람을 사랑할 필요가 없다"라는 신조를 가지고 계시며, 군인 등에게도 그렇게 지도하신다. 라야트 부인과 사이에 자녀를 여섯이나 두셨다.

라야트 부인도 매우 활발한 활동가로, 랏타니욤 항목 중 복장 규정 등은 부인께서 주도하며 이 신생활 운동을 추진하고 계신다. 이처럼 공사 모두 내조를 다하며 부군과 함께 근대 태국 건설에 매진하고 계신다.

메남강변의 해군병 학교—약진하려는 태국

바다를 가진 국가가 밖으로 웅비하기 위해서는 무엇보다 강력한 해군을 가져야 한다. 신흥국가 태국이 약 60년의 전통을 지닌 해군의 군비 강화 확충 역사에 한층 더 노력을 기울이고 있는 것은 참으로 이유 있는 일이다.

태국 해군의 요람, 해군병 학교는 장래 태국을 해상 강국으로 세계에 내세우려는 의기와 열정에 불타는 젊은이들을 훈련시키느라 쉬는 날이 없다. 해군병 학교는 메남강을 끼고 방콕시의 강 건너편 돈부리(Dhonburi)에 있다. 돈부리는 왕궁이 현재 방콕시(프라나콘, Phra Nakhon)로 이전하기 전에 왕도였던 곳으로, 마을의 대사원, 대건축물에는 황폐한 흔적이 뚜렷하지만, 고색창연하고 조용한 이곳은 오히려 군사학교의 소재지로 걸맞은 지역이다.

태국 청년들은 군인이 되기를 꿈꾼다. 해군병 학교의 입학률도 매우 높아서, 300~400명의 입학 지망자 가운데 30~40명 정도만이 입학 허가를 받는다.

수업연한인 5개년간 학생은 엄격한 군율에 따라 통솔되며, 그 생활은 태국을 위해 한 몸을 바쳐 단연코 태국을 지키게 하는 정신적인 교육에 모든 것이 집중되어 있다.

금색으로 빛나는 불탑을 우러러보며, 옛날과 변함없이 유구하게 흐르는 메남강변에 서서, 미래의 제독들은 고대문화의 자랑스러움을 현재에 재현하고 태국을 세계 속에 자랑할 수 있는 나라가 되도록 하겠다는 대망을 품고 있다.

해군병 학교 특유의 체조.

메남강을 압도하는 태국 해군의 신예 잠수함.

군비 확장으로 보는 신흥 태국의 약진—진수를 앞둔 잠수함.

뜨거운 태양 아래 이루어지는 초년급의 집총 훈련.

일본이 키운 태국의 젊은 보라매

열렬한 공중 전투의 기백은 일본의 검술로만 체득할 수 있다. 우수한 일본의 조정 기술과 함께 우선 이 정신을 체득하자.

비행 기록을 기록하는 깜론 소위(왼쪽 끝).

눈썹 끝에 넘쳐나는 결의에 찬 모습도 듬 직하게 동료의 비행을 주의 깊게 응시하는 양 소위.

날개 용접 하나에도 조국 항공계를 등에 짊어진 책임에 모든 신경을 집중하는 신중함이 보인다(오른쪽 우따이 소위, 왼쪽 삼란 소위).

227호(1942년 7월 1일)

일본·태국 동맹 경축 답례 사절 히로타 고키(廣田弘毅) 씨

제국 정부는 지난번 태국의 전 수상 프라야 파혼 중장을 대표로 한 일본·태국 동맹 성립 경축 사절의 내방을 받았는데, 이번에 우리 나라에서는 그 답례를 위해 전 수상 히로타 고키 씨를 대표로 한 답례 사절을 파견한다.

일본·태국 동맹 경축의 답례를 담당하는 히로타 특파대사는 출발을 앞두고 바쁜 와중에도 이렇게 말했다. "태국에 한 번도 가 본 적은 없지만, 외무대신으로 재직하던 때 태국에서 군함의 주문을 받기도 했고, 또 난킨 쌀(南京米, 동남아시아 쌀)이라는 외국 쌀을 사들이기도 했기 때문에 태국과 교섭이 전혀 없지는 않았다. 아무래도 태국은 예전부터 아시아 지역의 의연한 독립국이므로 한 번은 가 보고 싶던 차에 영예로운 기회를 받았다. 늙은 몸을 채찍질해서 크게 봉공하고 싶다."

232호(1942년 8월 5일)

232호 표지 히로타 고키

사명을 다한 히로타 특파대사

일본·태국 동맹 경축 답례 사절 히로타 특파대사는 7월 12일, 흰색 대례복으로 법도를 갖추고 수행원 일행을 거느리며 태국 왕궁에 입성, 알현실에서 섭정 회의 의장 아짓 전하

7월 10일 방콕, 지트라타 정거장에 도착한 히로타 대사는 마중 나온 피분송크람 수상과 감격의 악수를 나누었다.

국서 봉정의 중대 사명을 완수한 히로타 대사는 왕궁을 물러나, 왕실이 준비해 준 자동차를 타고 숙소로 향한다.

경축 일색으로 덧칠된 길가에서는 태국 여학생들이 양국기를 흔들며 일행을 맞이했다.

만찬회의 여흥, 태국 무용에 박수를 보내는 히로타 대사.

를 배알하여 천황 폐하께서 태국 황제께 드리는 국서를 봉정하였으며, 이로써 특파대사로서의 중대 사명을 남김없이 마쳤다. 사절 일행은 바쁜 환영 일정 속에서 종종 태국 정부 요인들과 회견하여 의견을 교환함과 더불어 신문, 라디오를 통해 동맹국인 일본과 태국 양국이 시종 협력하며 동아시아 흥륭(興隆)이라는 이상 실현에 매진하고자 함을 강조하여 태국 국민에게 무척 깊은 감명을 주었다.

일본군 및 일본인들이 포로를 바라보는 시각

『사진주보』는 싱가포르 및 말레이반도, 필리핀, 태평양 등지의 전투에서 항복한 영국인, 인도인, 호주인, 필리핀인 등의 포로들에 관한 내용도 실었다. 일본군이 아시아태평양전쟁기에 각지에서 포로들을 건설현장 등에 강제 동원하고 학대한 것은 전후에 문제가 되었다. 연합국이 포고(布告)한 국제군사재판소 조례 및 극동국제군사재판 조례에서는 전쟁범죄의 유형을 A·B·C로 구분했다. 지도자에 해당하는 A급 전범은 '평화에 반하는 전쟁범죄(Crimes against Peace)'로 처벌했으며, B급은 '통상적 전쟁범죄(Conventional War Crimes)', C급은 '비인간적 전쟁범죄(Crimes against Humanity)'에 해당했다. 전쟁을 기획하고 추진한 A급 전범과 달리 포로 학대범에 해당하는 B·C급 전범은 포로들과 얼굴을 맞대고 일상을 접했던 관계이기 때문에 포로들의 증오의 대상이 되었고, 전후 전범재판에서 사형 등 엄격한 판결이 내려졌다. B·C급 전범 중에는 식민지 조선(148명)과 타이완(173명) 출신 인물들도 포함되었다.

일본인들은 패배하고도 목숨을 유지하는 것을 수치스럽게 생각했으며, 일본과의 전투에서 패배해서 포로가 된 사람들에게도 그와 같은 경멸의 시선을 보냈다. 한편, 일본은 1943년 이래 패색이 짙어지면서 전장에서 전멸하는 경우가 많아졌다. 그 시작이었던 북아메리카 알류샨 전투(Battle of the Aleutian Islands)에서 북방군 사령관이 "최후에 이르면 깨끗하게 옥쇄(玉碎)하여 황국 군인정신의 정화(精華)를 발휘하라"는 명령을 내린 이래, 그 지역의 민간인을 포함하는 집단자살이 강요되기도 했다. 이는 '옥이 아름답게 부서지듯이 마지막까지 싸우다가 의연하게 죽으라'는 의미였으며, 적에게 잡혀서 당하게 될 치욕을 강조함으로써 죽음을 부추겼다.

이러한 일본인들의 가치관은 『사진주보』 지면에서 적 포로들을 자신들의 목숨을 위해 즉시 무기를 버린 자들, 나라가 어찌 되든 자신만 생각하는 자들이라고 보는 시각이 기사 내용에서 고스란히 드러난다. 또한 각지에서 노동에 동원되는 포로들의 모습을 게재하면서 기꺼이 자발적인 노동력을 제공하며 만족하는 모습으로 표현했으며, 일본 음식이나 일본의 온정에 감격하는 모습을 강조했다. 동시에 궁극적으로는 적국의 포로가 되는 치욕을 보여 줌으로써 일본 국민들로 하여금 반드시 승리해야 한다는 전의(戰意)를 고양하도록 유도했다.

213호(1942년 3월 25일)

한심하고 수치스러운 적 포로 21만

인도 병사는 오히려 기뻐하고 있을지도 모른다. 호주 병사는 어서 고향에 돌아가 맛있는 술이라도 마시고 싶으리라. 영국 병사 중에는 어쩌면 굴욕을 느끼는 자도 있을지 모른다. 하지만 그 또한 조국을 위해 목숨을 내놓지는 못했다.

위의 사진은 싱가포르 공략전 포로들 중 극히 일부에 지나지 않는다. 개전 이래 현재에 이르기까지 달성된 우리의 혁혁한 전과 속에는 21만을 넘는 포로들의 숫자가 포함되어 있다. 겨우 4개월도 안 되어서 이보다 몇 배 많은 적의 병사들이 자기 몸에 위험이 닥치자 돌아볼 새도 없이 무기를 버리고 우리 군에 항복했다. 그 가운데는 물론, 각 계급 지휘 등 중대한 책임이 있는 자도 다수 포함되어 있다.

이 무슨 수치스러운 모습인가. 황군 장병은 물론, 우리 일본인으로서는 도저히 상상할 수 없는 일이다. 치욕을 모르는 놈들! 하며 침을 뱉기 전에 이웃 나라로서의 연민마저 끓어오른다. …하지만 돌이켜 보면 아직 이 인간들을 지배하는 관점, 사고방식이 우리의 마음

한구석에 남아 있지는 않을까. 하나뿐인 목숨을 나라에 바치는 황군 장병들의 존엄한 모습과 이 추악한 사진을 잘 비교하며 충분히 반성해야만 할 것이다.

218호(1942년 4월 29일)

무엇을 말하는가—포로의 옆모습

유사 이래 일본은 단 한 번도 패배한 적이 없다. 어떤 시대에도 천황의 위광 아래, 어린 아이들까지 다 함께 천황을 위한 방패[11]가 되는 충용의열(忠勇義烈, 충성심과 정의감이 강하며 용감함)의 정신이 야마토 민족의 몸속 깊숙이 흐르고 있으니 당연한 결과다. 그리고 오늘도 또한 미증유의 광대한 전역에서 승리를 거듭하고 있다.

그러나 우리는 일본의 불패를 확신함과 동시에 교만한 자는 오래가지 못한다는 옛말에 귀를 기울여야 한다. 승자에게 따르기 마련인 교만으로 인해 나라를 잃은 민족은 외국 역사에 수많은 사례가 있다. 일본은 결코 지지 않는다. 하지만 "일본은 전쟁에서 언제든지 이긴다"라는 안일한 생각만 가진다면 승리하기 어렵다. 그러한 생각에는 가공할 만한 허점이 있다.

우리는 다행히 패배에 따른 비참함을 모른다. 그러한 비참함은 앞으로도 영원히 맛보아서는 안 된다. 하지만 패자는 비참한 법이라는 사실만은 충분히 가슴에 새겨 두어야만 할 것이다.

여기에 펼쳐진 패자들의 모습을 보라. 그리고 왜 이들이 이런 모습이 되었는지 곰곰이 생각해 보라. 이들은 세계의 부자였다. 물질문명의 으뜸을 자랑했다. 자유주의, 개인주의를 금과옥조로 삼아 국가보다 가족을 중시했다. 그 결과, 불과 반년도 지나지 않은 얼마 전

---

11 (편집자 주) 醜の御楯. 천황을 지키는 방패가 되어 외적을 물리치는 자라는 뜻으로, 무관들이 스스로를 낮추는 말로 쓴다.

하사관 이하의 포로는 두 그룹으로 나뉘어 격일 교대로 8시에 출발. 가는 데 약 한 시간이 걸리는 오사야마(大麻山)에서 개간에 종사하는데, 그들은 기분 전환이 된다고 기뻐하고 있다.

당번제로 직접 요리를. 일본 음식에도 제법 익숙해져서 일본의 따스함이 몸에 스민다.

까지 교만의 극을 달리며 우리를 업신여겼던 것이다. 그 말로가, 교만한 자는 오래가지 못한다는 교훈이 여기에 있다.

우리의 싸움은 이제부터다. 결코 방심할 수 없다. 만약 지금까지의 승리에 안도한다면 싸움의 제2단계에서 패배할지도 모른다. 실제로 적기는 18일 대낮, 감히 우리 도시를 습격했다. 물론 적은 연이은 패전에 자포자기한 기분으로 우리의 신경 교란을 노린 것이며 이내 뼈아픈 일축을 당했으나, 아무튼 싸움은 그야말로 이제부터다. 바로 그렇기에 바로 지금 마음을 다잡아야만 하며, 모든 생활면에서 미국·영국적인 독소를 제거하고 신국(神國)의 백성다운 모습을 온전히 갖추어야만 하는 것이다. 그리고 끝까지 싸워 이겨야 한다. 포로들의 애처로운 모습은 우리에게 이 점을 엄격히 충고한다.

젠쓰지(善通寺) 포로수용소에 수용되어 있는 포로는 모두 약 380명으로, 그중 장교는 49명. 대부분은 괌(Guam)의 포로들이다. 현재 수용소의 일과를 대략 기록하자면 6시 기상, 6시 20분 점호, 7시 20분까지 청소, 7시 30분 아침 식사, 9시부터 한 시간 운동, 정오 점심 식사, 14시 회보(會報, 일본 옛 군대의 훈시 시간), 15시부터 한 시간 운동, 18시 저녁 식사, 20시 점호, 21시 소등으로 이루어져 있다.

223호(1942년 6월 3일)

포로의 트럼프 점—후회해도 이미 늦었다

무겁군. 그래도 나는 살아 있어서 다행이다.

엄격한 가운데에서도 정이 있는 훈시를 받고서, 자, 이제부터 작업 개시다.

영국의 운명은 뻔하지만 내 운명만 괜찮다면야…

영차영차. 병사 노릇을 하느니 이쪽이 더 무난하다.

황군의 맹공에 싱가포르를 지켜 내지 못하고 마침내 우리 군의 포로가 된 영국 포병연대의 일부 약 1개 대대가 최근 프랑스령 인도차이나 사이공에 도착. 일장기가 휘날리는 부두에서 일제히 농후한 전시 분위기를 풀풀 풍기며, 길을 가는 프랑스 사람, 안남 사람, 화교 들의 눈을 부릅뜨게 했다.

전장의 처참한 바람에 찢어진 옷이 말쑥한 반팔과 반바지로 바뀌고, 조촐하지만 청결한 수용소를 부여받자 그들은 안심한 모양새다. 어쨌든 싱가포르 방위로 온 힘을 다해 싸울 것처럼 보였던 것도 잠깐, 싸워 본들 득이 없겠다고 판단하자마자 바로 무기를 버리고 10만이 넘는 포로를 배출한 영국군이다. 그러니 포로가 된 오늘날도 그들에게는 이미 자칭 대영제국이라는 것의 앞날보다는 자신이 침대에서 잘 수 있을지, 맛있는 빵을 먹을 수 있을지, 언제 가족을 만날 수 있을지 하는 점들이 더 중대한 문제다.

그렇지만 결국 포로는 포로다. 그들의 작업시간은 오전 9시부터 1시까지, 오후 5시부터 9시까지로 도합 여덟 시간이며 그 사이에 한 시간의 휴식이 있다. 점심 식사 후에는 열대 지역의 습관에 따라 낮잠 시간도 배정되어 있지만, 이런 일을 하며 살아야만 하는 맨몸의 병사만큼 비참한 존재는 없다.

그들은 이구동성으로 일본은 세계 최강이라며 이제 와서 입에 발린 말을 하고 있으나, 실제로 우리가 그렇게 강한지는 앞으로의 우리 전력 여하에 따라 결정될 일이다. 이기고 이기고 또 이겨서 미국, 영국 장군의 병사를 하나도 남기지 않고 포로로 삼아 이 사진에서 보이는 것과 같은 처지로 처박아 주어야 하지 않겠는가.

일본군의 필리핀 포로 학대

1941년 12월 8일 진주만 기습 직후 일본군은 미국령 필리핀을 점령하기 위해 군대를 파견했다. 먼저 해군이 항공기로 공격을 퍼붓고 그 후 육군이 상륙하는 전법을 구사하여, 타이완에서 비행기를 띄워 필리핀 클라크 기지(Clark Air Base)와 이바 기지(Iba Airfield)를 공격했다. 마침 타이완 공습을 준비하고 있던 미군 비행기는 출격도 하지 못하고 지상에서 그대로 파괴되었다. 이어서 12월 10일에는 마닐라만의 카비테 군항을 공격하고 13일에는 루손섬에 남아 있던 미군의 항공 병력을 무자비하게 파괴했다. 제공권을 완전히 수중에 넣은 일본군은 12월 22일 육군이 루손섬의 링가옌 만(Lingayen Gulf)에 상륙했다.

혼마 마사하루(本間雅晴) 중장이 이끄는 제14군은 루손섬 상륙과 더불어 마닐라를 향해 진격하여 1월 2일에 마닐라를 점령했다. 맥아더의 방침으로 무방비도시[12] 선언을 한 마닐라는 일본군에 넘겨졌다.

미군과 필리핀군이 바탄반도로 후퇴하여 일본군과 결전을 준비하는 한편, 맥아더는 12월 24일에 마닐라를 탈출하여 코레히도르 요새로 옮겼다. 바탄반도에서는 시민 2만을 포함한 10만 명이 농성했다. 2월 10일 공격 중지 명령이 내려졌지만 남방군과 대본영은 제2차 바탄 공략에 나서 4월 3일에 대규모 포격을 감행하고 이어서 보병부대를 투입하는 방식으로 공격했다. 4월 9일 킹(Edward P. King) 소장이 항복하고 포로 7만, 민간인 2만 명이 포로수용소에 수용되었으며, 포로수용소로 이동하는 과정에서 '바탄 죽음의 행진'이 자행되었다. 전후 제14군 사령관 혼마는 마닐라 전범재판에서 사형을 선고받고 처형되었다.

『사진주보』 지면에서 볼 수 있는 필리핀 포로 관련 내용으로는 가족들과 함께 수용되어 자유로운 일상을 보내고 있는 일반 외국인 수용소의 풍경과 일본 정부의 결정으로 고향으로 돌아갈 수 있게 된 필리핀인 군인 포로 기사 등이 있다. 바탄반도 점령 후 일본군이 자행한 포로 학대에 대한 내용은 찾아볼 수 없으며, 일본의 포로 대우가 매우 자애롭게 묘사되었다. 오히려 자국의 안위는 신경쓰지 않고 한가롭게 지내는 '적국인'들을 한심하게 묘사했다.

---

12 (해설자 주) Open City. 제네바선언에 따라 도시에 군사력이 존재하지 않음을 선언하는 것을 말하며, 국제법은 무방비도시를 공격하는 것을 금하고 있다.

230호(1942년 7월 8일)

마닐라의 적국인 수용소

허용된 범위 안의 자유를 이용하여 하루 생활을 즐기는 그들이 보여 주는 또 하나의 생활 방식. 조국의 패전 따위는 그리 큰 문제가 아닌 모양이다.

입가에 잔뜩 묻히고서, 오랜만에 아버지의 무릎 위에. 탁아소의 하늘은 쾌청 그 자체다.

이번 전쟁에서는 각국 모두 적국 병사와 적국인 수용소가 상당량에 이르렀다. 포로의 취급에 대해서는 국제간에 합의가 있지만 재주(在住) 적국인의 대우에 대해서는 아직 이러한 부분이 없어 각 나라가 모두 이 대우에 대해서 저마다 골치를 썩고 있는 참이다.

이것은 마닐라시 산토 토마스 대학(University of Santo Tomas)에 수용된 미국·영국, 그 외 적국인 3천 수백 명의 일상생활이다. 그들은 허가된 구획 안에서 큰 부자유 없이 충분한 식사와 청결한 잠자리, 상당한 오락 시설까지 갖추고 우리 군의 감독하에서 자치 생활을 허락받는다. 개인의 자유와 향락을 추구하는 일을 생활이라 이해하며 살아온 그들로서는 이 생활에 순응하기 위해서 상당한 노력이 필요했을지도 모른다. 하지만 누가 뭐래도 우리 무사의 정으로, 적국인임에도 불구하고 이만한 대우를 받고 있는 그들은 진심으로 감

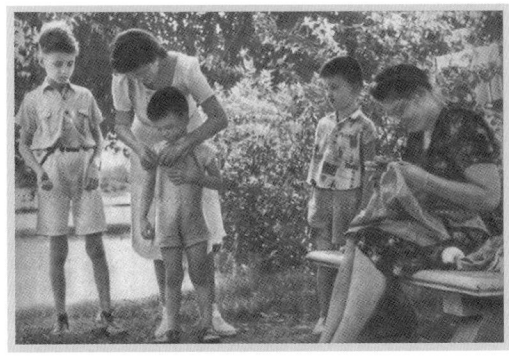
어린이들은 별도 건물에 수용되어 유치원과 같은 생활을 보내고 있다. "또 옷이 찢어졌잖니, 너도 참!" 어머니의 심기가 불편하다.

식사 시간에는 배급소 앞에 일렬로 늘어선다. 호사스러운 식탁이라고는 도저히 말할 수 없다. 자국의 패전을 절실히 느끼는 것은 이럴 때이다.

사하지 않으면 천벌을 받을 것이다.

하지만 마닐라의 아름다운 대학에 수용되어 있는 미국·영국 사람들과 미국 시에라네바다산맥(Sierra Nevada) 오지의 가건물에 수용된 일본인들의 심경을 비교해 본다면, 한쪽은 조국의 패전을 자조의 웃음으로 흘려들을 수밖에 없는 데 반해, 한쪽은 조국의 연전연승을 풍문으로 들어 알고 기쁨의 만세를 외치고 있을 것이라는 커다란 차이가 있다. 싸움은 모름지기 이겨야만 한다는 사실은 적국인 수용소를 방문하여도 절실히 실감하게 된다.

261호(1943년 3월 3일)

필리핀인 포로, 그리운 고향으로

필리핀 독립은 결전 회의 서두에서 도조 수상의 힘 있는 천명으로 재확인됐다. "필리핀이 더욱 적극적인 협력을 더하여, 필리핀 독립이 되도록 신속하게 이루어져야 한다는 것을 충심(衷心)으로 기대하는 바다."

이 한 마디 한 마디가 전 필리핀 민중의 가슴에 준 기쁨은 매우 크다. 미국의 쇠사슬은 끊어졌다. 더욱이 드디어 '동아공영권의 일원'으로서 더 많은 미래가 약속된 것이다. 미국의 물질문명에 왜곡된 마음, 물자, 형태를 쓸어버리고 아시아로 복귀하여 나아가 독립을 이루고자 하는 강력한 결의가 지금 필리핀 전체에 퍼지고 있다.

최근 필리핀 병사 포로들의 마지막 석방으로 약 800명이 필리핀 재건의 의기를 드높이며 오도넬 교육대(Camp O'Donnell, 오도넬 수용소를 말함)를 떠났다. 악귀와 같은 미국과 영국에 쫓겨 항전의 총을 쥐었던 과거도 이제는 꿈만 같고, 교육대 훈련으로 정신도 육체도 그리고 일본어도 놀랄 만큼 실력이 늘었다. 황군의 후한 대우에 진심에서 우러나온 감사를 전하고 발걸음도 가벼이 고향으로 돌아가는 그들의 기쁨이야말로 필리핀의 모습 그 자체이리라.

그리운 수용소를 뒤로하고 각자 고향으로 돌아가는 포로들.

억누를 수 없는 기쁨이 넘치고, 교육대의 추억은 그칠 줄 모른다.

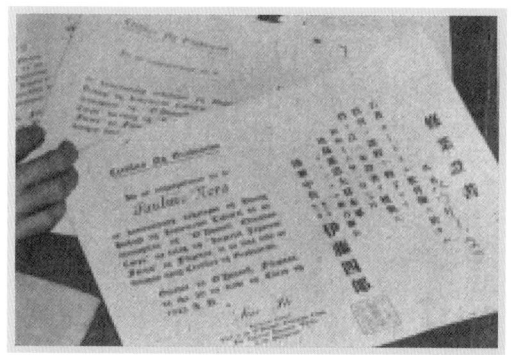

오도넬교육대의 수업증서.

'안녕, 만세' 일본어도 능숙하게. 지도관도 일부러 역까지 배웅하며 그들의 앞길을 축복해 주었다.

眞週報

제3장

일본의 동남아시아 지배와
'아시아 민족 해방'

01

동남아시아 지배의 정당화

　일본은 아시아태평양 개전 직후인 1942년 12월 12일, 정보국 발표로 전쟁을 칭하는 용어로 '대동아전쟁'을 내세우며, "대동아 신질서를 목적으로 하는 전쟁이라는 의미로, 전쟁 지역을 대동아만으로 한정하는 의미는 아니다"라고 설명했다. 일본 패전 후 연합군최고사령부(GHQ)는 '태평양전쟁'을 공식 명칭으로 삼았고, 최근에는 아시아에 대한 침략이라는 의미가 강조된 '아시아태평양전쟁'으로 부르게 되었다.

　일본군은 동남아시아 전역을 점령한 후, 해군과 육군으로 나누어 군정을 실시했다. 육군은 홍콩, 필리핀, 영국령 말레이, 수마트라, 자바, 영국령 보르네오, 버마를 담당하고 해군은 네덜란드령 보르네오, 셀레베스, 말루쿠제도, 소순다열도, 뉴기니, 비스마르크제도(Bismarck Archipelago), 괌 등을 담당했다. 이러한 지역 분담으로 후에 동남아시아 국가의 '독립'을 논의할 때도 육해군의 이해관계에 따라 운명이 갈리게 되었으므로 어느 쪽의 지배를 받는지는 매우 중요했다.

　아시아태평양전쟁 발발 후 『사진주보』의 내용은 시기에 따라 조금씩 변화해 갔다. 개전 직후에는 승전보 보도와 서구 제국주의가 동남아시아 지역을 얼마나 착취했었는지를 알리는 데 중심을 두었다면, 1942년 중반 이후부터는 새롭게 지배자가 된 일본이 군정을 통해 동남아시아를 얼마나 변화시켰는지를 홍보하는 데 주력했다. 주요 내용으로 서구 제국주의의 학대를 벗어나 활기를 되찾은 모습을 강조하고, 일본의 지도 아래 지역을 재건하는 모습, 일본의 지배를 환영하는 주민들의 모습을 실었다.

그 후 일본군이 동남아시아 각지를 점령한 1943년에 이르러『사진주보』는 점령 1주년을 맞이하는 말레이시아, 홍콩, 버마, 필리핀, 싱가포르 각지의 특집기사를 기획했다. 그 중에서도 동남아시아 지배의 중심이 되는 싱가포르에 대해서는 다른 지역보다 기사가 많다. 싱가포르는 1511년 포르투갈에 점령된 믈라카 왕국이 말레이반도의 조호르로 이동하여 조호르 왕국을 건국한 것이 현재 지역에서의 출발이다. 1818년 수마트라에 있던 영국 동인도회사의 부총독(Lieutenant-governor of Bencoolen) 토머스 스탬퍼드 래플즈는 말레이 남단의 섬 싱가포르의 지정학적 가치를 깨닫고 이듬해인 1819년 조호르 왕국의 수석 사법관과 영국 상관 설립 협정을 체결했다. 1824년 영국이 싱가포르의 주권을 획득하면서 1826년 영국의 해협식민지가 되었고, 영국의 동아시아 군사 거점이 되었다.

일본군은 말레이반도에 상륙한 직후 동남아시아에서 연합군의 집결점인 싱가포르를 침략했다. 1942년 2월 15일, 약 8만 명의 영국군, 영국령 인도군, 호주군 등이 일본군에 항복하여 1945년 9월 12일까지 일본의 점령 통치를 받게 되었다. 일본 육군은 군정을 실시하면서 2월 17일부터 싱가포르를 쇼난도(昭南島, 쇼난섬)로 개칭하고 하부조직으로 쇼난 특별시를 설치했다. 치안유지를 위해 헌병이 투입되고 유럽계 주민을 따로 수용하는 한편, 제25군은 '항일 분자' 색출을 위해 화교들을 학살하거나 버마철도(泰緬鐵道) 건설에 동원했다. 일본군의 점령으로 유럽과 미국 기업의 공장 가동이 멈추었기 때문에 생활필수품 가격이 급등하고 극심한 인플레가 일어났다. 또한 일본은 쇼난일본학원(昭南日本學園)을 설립해서 일본어로 현지 주민을 교육했다.

223호(1942년 6월 3일)

가절을 축하하다, 신생 일본인들—쇼난도에서

강한 일본, 우리들의 일본, 그렇게 되뇌면 발걸음은 절로 들뜬다. 얼른 쑥쑥 자라거라, 말레이의 소국민들.

4월 29일, 대동아전쟁하에서 처음으로 천장가절(天長佳節, 천황 탄생일)을 맞이한 대동아의 여러 신생 민족들은 널리 미치는 천황의 위엄에 새로이 감격의 울음을 터뜨리며 목소리를 하나로 모아 이역만리 너머에서 천황이 만세를 누리시기를 기원하였다. 이곳, 건설을 위한 도끼 소리가 시원스레 울리는 쇼난섬에서도 새로이 제국의 신민이 된 주민들은 말레이인이나 인도인이나 중국인이나 하나같이 한껏 차려입고 기쁨에 들떴고, 드높이 울려 퍼지는 '기미가요', '애국 행진곡' 소리가 남해의 하늘을 압도했다.

미국과 영국이여, 잘 가라. 드높이 가슴을 편 인도 사람들은 가장행렬에서도 아시아 부흥의 기개를 내비친다.

가절 경축을 위해 내놓은 꽃전차.

브라스 바사(Bras Basah) 도심 광장에서는 시 전역 3천여 명의 국민학생들이 모여 저마다 일장기를 휘두르며 온 거리를 돌아다녔다.

미국과 영국의 선전에 놀아났던 악몽과는 작별, 이제 옛 친구 일본과 손을 잡은 중국인 음악대.

나아가라 신동아—'애국 행진곡'을 멋들어지게 연주하며 시청 앞을 행진하는 말레이인 음악대.

술탄과 군함

건설 중인 말레이의 모든 주민을 대표해, 얼마 전 말레이 9주의 술탄은 나란히 쇼난섬을 방문하여 황군에 대한 충성과 협력을 맹세했다. 일행은 이 기회에 각 방면을 견학, 옛날과 달리 듬직하고 활발해진 변화에 놀라움을 금치 못했다—마침 정박 중인 제국 군함을 견학, 당당한 진용에 감탄하는 일행.

이곳은 말레이의 기점, 쇼난섬의 현관이다. 첫 번째 히노마루(日の丸) 열차가 홈으로 미끄러져 들어온 지 3개월이 조금 더 지난 지금, 일찍이 영국인들이 으스대던 싱가포르 역의 '싱' 자까지 말살된 진정한 일본, 아니 대동아 공영의 쇼난 역이다. 그 증거로, 역에서 쏟아져 나오고 역으로 빨려 들어가는 말레이인들의 옆모습이 예전에 비해 얼마나 명랑한가.

같은 아시아인이라면 서로 아무런 말 없이도 무언가 친근함을 서로 느끼고, 의지도 통한다—말레이 각지에서는 지금 이렇게 아름다운 광경을 곳곳에서 목격할 수 있으며, 황군 용사가 있는 곳에서는 언제나 주민들과 훈훈하게 어우러지고 함께 기뻐하는 모습이 펼쳐진다. 파인애플을 대접받는 우리 용사.

232호(1942년 8월 5일)

배급 담배에도 환호가 터지다—보르네오 사마린다

타라칸섬 공략에 이어 황군이 남부 보르네오의 수도 발릭파판(Balikpapan)에 상륙한 것은 지난 1월 24일이었다. 그로부터 반년이 지나 황군의 지도 아래 남부 보르네오는 동아의 공영을 꾀하며 활발하게 움직이기 시작했다. 발릭파판 북부, 석유 마을로 이름이 높은 사마린다(Samarinda)의 모습을 소개한다.

우리의 형님 노릇은 일본이 한다. 형님의 지도를 받으려면 먼저 형님들이 이야기하는 일본어를 배워야 한다. 일본어 학교가 열리자 인도네시아의 청년 남녀가 쇄도한다.

담배가 주민에게 충분히 배급되었다. 일단 담배 한 대의 환희에 젖는 인도네시아인들은 우리의 선정에 완전히 안도한 표정이다.

황군의 진의를 이해한 술탄은 스스로 나서서 황군에 협력한다. 술탄이 왕좌에서 일어나 기뻐하며 황군을 환영하고 있다.

233호(1942년 8월 12일)

쾌속조의 필리핀 건설

필리핀 작전에서나 말레이 작전에서나 대동아전쟁만큼 전차·장갑차·자동차 등의 기동력이 사자분신(獅子奮迅)의 맹위를 발휘한 적은 없다. 하지만 그러한 기계화부대의 혁혁한 전과 뒤편에는 보이지 않는 이들의 노고가 있었으니, 피를 토하는 노력을 기울인 수리 부대의 활약을 잊어서는 안 된다.

필리핀 방면군의 이 수리 부대는 황군이 마닐라 돌입과 동시에 적군의 자동차 공장을 압수하자 그 즉시 바탄으로 진격하는 황군 차량의 수리를 하는 한편, 적군이 파괴하고 떠난 엄청난 수의 자동차 수리에 착수했다.

들판에 버려진 즐비한 고급차들이 수리를 기다리고 있다.

수리된 차들이 반듯하게 늘어서 있다. 그리고 차례차례 별 모양 마크가 그려진다.

광차의 엔진이 차례차례 청소되어 나간다. 업무를 익힌 필리핀 공장 노동자들의 능률도 올라간다.

으라차차! 조금만 더—. 땀 흘리며 황군에 협력하는 필리핀 섬 사람들의 어깨로 운반된다.

 바탄 작전이 끝나자 수리 공장은 더욱 바빠졌다. 미국과 필리핀군이 바탄에 들여온 수천 대의 차량이 매일 수십 대씩 이곳으로 실려 오는데, 그것들을 일일이 수리하는 것이다.
 이 수리 공장에는 자동차 수리의 요령을 아는 많은 필리핀 섬 양민들이 우리 장병의 지휘 아래 열심히 일하고 있다. 평화가 다시 찾아온 마닐라지만 이곳만은 여전히 전장의 향기가 드높아, 새로운 필리핀 섬 재건의 의기에 불타며 계속 싸우고 있다.

* * *

왜 철문이 나무 문으로, 철책이 목책으로 바뀌었는지 여러분은 잘 알고 있을 터이다. 철제품 회수 운동은 비단 본토만의 일이 아니다. 여기에서도 군은 필리핀 노동자를 이용해 적이 파괴한 탱크의 쇳조각을 모아 한 장 한 장 리벳을 뽑아 수리하기 시작했다. 벗겨진 쇳조각은 고철로서 본토로 수송되는데, 이것이 용광로를 거치면 이윽고 군함의, 선박의, 전차의, 포탄의 일부가 되어 활약한다.

여기에는 전장의 화려한 면은 조금도 없지만, 그런 만큼 황군의 비할 데 없는 강인함의 뒤편에 있는 수수한 일면이 약동하고 있지 않은가.

234호(1942년 8월 19일)

마닐라의 일요일

이륜마차에 앉아 있는 소녀. 묵주를 팔에 감고 어머니가 사 올 아이스크림이라도 기다리고 있는 것일까?

공원, 번화가, 다리 주변에서 인기를 부르는 크림 가게. 10전인데도 제법 맛이 있어서, 병사들은 날름 핥아먹는 그 맛을 잊지 못한다.

마닐라만의 미풍을 맞으며 젊은 사람들은 자전거를 타고 루네타 공원(Luneta Park, 지금의 리잘 공원)을 돌아다닌다. 스콜이 쏟아지자 다들 음악당으로 뛰어들어 비를 피했다.

혼마 필리핀 방면군 최고 지휘자는 이번에 바르가스 행정장관을 초청하여 '필리핀인들에게 내린다'라는 제목 아래 장문의 메시지를 건네며 새 필리핀 건설을 돕는 필리핀인들의 각오를 촉구했다.

필리핀 사람 중에는 이번 전쟁의 의의나 일본의 진의를 올바로 이해하여 솔선 협력을 자청한 사람들도 많다. 하지만 아직도 미국을 우러러보는 사상을 버리지 못하고 자유주의적인 미국 문화의 잔재를 탐닉하는 사람도 적지 않다.

"건설에는 반드시 진통의 고난이 따른다. 여러분의 요즘 생활에 고초가 많은 것도 잘 알고 있다. 하지만 그 고통은 새로운 역사를 낳고자 할 때에 불가피한 것이다. 여러분은 이를 극복하고 신생 필리핀 건설에 매진해야만 한다."

혼마 사령관은 이렇게 말하며 또한

"미국·영국적인 종래의 생활 방침을 버리고, 청신(淸新)하고 발랄한 정신에 바탕을 둔 생활 혁명을 실시하여 공영권의 일원이라는 자각을 가짐과 동시에, 씩씩한 건설 정신에 눈을 뜨는 것"—이것이 진정한 독립국민의 으뜸가는 자격이라고 가르치고 있다.

미국식 소비생활을 '근대적'이라고 인식했던 필리핀 사람들에게 새로운 마음의 자각과 육체의 노력은 예삿일이 아닐 것이다. 하지만 거기에서 새로운 필리핀 건설이 시작될 것이다.

오늘은 화창한 일요일. 마닐라의 표정은 밝고, 건설의 앞길을 축복하는 것처럼 교회 종소리도 거리마다 한층 높게 울려 퍼지고 있다.

235호(1942년 8월 26일)

포로도 봉사하는 쇼난신사 건축

이틀, 사흘 점차 새로운 노역에도 익숙해져, 포로들의 콘크리트 타설도 모양이 잡히기 시작했다.

참배로의 정비도 착착 진행 중이다. 동포들이 속속 참배하며 신 앞에서 남방권 확립의 쾌거를 알릴 날의 장관이 벌써부터 그려진다.

싱가포르가 쇼난시로 다시 태어난 지 벌써 반년이 지났다. 영국이 약 100년간 아시아 침략의 거점으로 설치하고 운영해 왔던 싱가포르도 새롭게 대동아공영권 건설의 중요 기지로서 눈부신 부흥 발전을 보이며 불과 반년 사이에 완전한 아시아 색을 되찾고 있다.

그중 하나가 쇼난신사의 건설—쇼난신사는 일찍이 재류 일본인의 수호신으로서 4년 전에 건립되었는데, 이번에 싱가포르의 아시아 부흥을 계기로 대대적인 건축에 들어간 것이다. 쇼난시 북부 약 2만 평의 구역은 현지군의 봉사 작업과 포로들의 노역으로 착착 정비를 서둘러 남방의 성지로서 훌륭히 장엄함을 갖추어 가고 있다. 여기에서는 영국과 호주 병사 포로들이 건축한 작업물을 보게 될 것이다.

전문가 병사가 말이 통하지 않는 포로들을 독려하며 배전(拜殿) 건축에 힘쓴다.

완성이 가까워진 신교(神僑).

243호(1942년 10월 21일)

자바를 남쪽의 낙원으로

자바는 남쪽의 낙원이라고 일컬어진다. 하지만 네덜란드령 동인도 시대의 자바는 네덜란드, 영국, 미국 사람들에게는 더할 나위 없는 낙원이 틀림없었겠으나 원주민들은 낙원을 누릴 겨를이 없었다. 느긋한 낙원의 생활 뒤 그늘에는, 악정으로 힘을 잃은 원주민들의 지옥 같은 상황이 숨겨져 있었다. 말라리아, 페스트, 설사 등 무시무시한 풍토병이 많음에도 불구하고 이렇다 할 위생 설비도 없었으며 또한 온갖 문화로부터 의도적으로 차단을 당하는 등…. 하지만 지금은 자바도 아시아로 돌아왔다. 황군 치하의 신생 자바야말로 진정한 남쪽의 낙원이다.

수라바야에서는 새로운 기계화 소방대가 탄생하여 그 위용을 자랑하고 있다.

'아이우에오(일본어의 기본 모음 순서)'는 이미 원주민들에게 친숙하다. 수라바야에서는 시민들의 계발교육을 위해 가타카나 간판이 쓰이고 있다.

아이들의 병정놀이. 이것도 자바의 새로운 풍경이다. 일본 군가를 부르고, 군인 아저씨를 만나면 반드시 "우향우"…. 군인 아저씨들도 멈추어 서서 흐뭇하게 인사한다.

바타비아의 구 네덜란드령 동인도군이 해안 일대에 만든 토치카 파괴 작업에 최선을 다해 협력하는 원주민들.

247호(1942년 11월 18일)

247호 표지
전통 박자에 맞추어 춤을 추는 인도네시아인들.

대동아전쟁 1주년이 가까워 오는 지금, 현지보도에 따르면 남방 건설 공작은 착착 그 성과를 이루고 있으며 현지인들의 협력 태세도 나날이 진정성이 더해지고 있다고 한다. 우리 장병들의 온몸을 던진 꾸준한 건설 노력에 현지인은 물론, 포로들조차도 황군의 지도 아래 일하는 기쁨을 난생처음 알게 되는 것이다.
○○의 연료창고에서 황군에 협력하는 현지 사람들.

랑군의 명랑한 풍경

대동아전쟁의 승리가 없다면 버마의 승리는 없다. 신생 버마가 가야 할 길은 일본에 대한 절대적 협력, 이것이야말로 우리가 이루어야 할 유일하고 으뜸가는 길이다. 이러한 바 모 행정 장관의 열의는, 오늘날 수도 랑군을 비롯하여 버마 전역의 버마 사람에게 깊은 공감을 안겨 주고 있다.

오랫동안 영국의 책모지(策謀地)이자 착취의 대상이었던 랑군의 표정이 나날이 밝아져, 공영권의 일환으로서 씩씩하게 건설에 임하는 거리의 생기를 여기에 담아 본다.

버마 사람, 인도 사람, 중국 사람, 그리고 일본의 군인 아저씨. 우차, 마차, 인력거, 자전거. 형형색색, 대개 이렇게 화려한 곳이 노점가이다.

막 상륙한 듯한 수병, 선배 격인 육군에게 길을 물어보고 있는 훈훈한 풍경. 술레 사원(Sule Pagoda) 앞에서.

사이카—측거(側車, 사이드카)의 발음이 변해서 사이카가 됐다. 지저분한 인력거보다 속력도 빠르고 전망도 좋아 랑군에 없어서는 안 되는 교통기관. 작은 일장기 깃발이 시원스레 펄럭인다.

사원을 배경으로—랑군, 랑군 하며 눈사태처럼 돌격한 것이 바로 어제 일 같은데, 지금은 거리의 중앙에 있는 술레 사원도 군인들이 고향에 들고 가기 위한 기념 사진의 배경이 되고 있다.

249호 (1942년 12월 2일)

1년 세월 동안 변화한 마닐라

대형 버스가 시내를 달리게 되어 시민들의 발이 편해졌다.

바르가스 행정장관도 가타카나를 배우기 시작했다.

 마시고 노래하고, 춤추는 미국식 향락적 방식을 최상의 생활로 삼던 마닐라 시민들에게 황군 점령 후의 변화는 실제로 그들의 종래 사고방식과 생활 방식을 뿌리부터 뒤집어엎는 격변이었음에 틀림없다. 그런데 군정 아래 바르가스 행정장관을 선두로 신생 마닐라의 심장 박동은 오늘날 착실히 한 발자국씩 공영권의 일환으로 강력한 반향을 전해 오고 있다. 거리를 보아도 사람을 보아도 넘치는 것은 오로지 갱생과 일본을 향한 한결같이 협력적인 태도뿐이다. 그리고 거기에는 지도자인 우리의 막중한 책임도 있을 터이다.

자상하게 손을 잡고 가르쳐 주는 군인 아저씨

"알겠지, 이렇게 펴서 팥소를 넣고…" 맛있는 만주 만드는 법을 군에서 일하는 소녀에게 가르친다.
—랑군

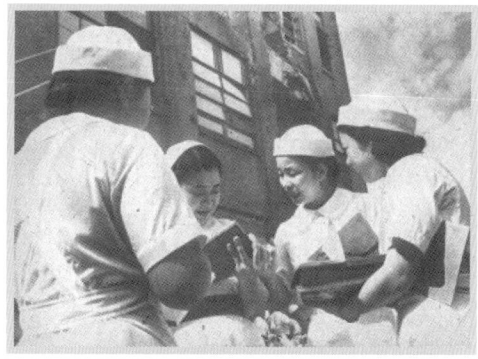

군정부원이 일부러 이런 변두리 지방까지 출장을 와서 소금 제조법을 가르친다.
—수마트라섬 메단

치안 제일선에 선 경찰관을 위해 말 그대로 손을 맞잡고 유도를 가르치고 있다.
—마닐라

병원에서는 현지의 아가씨도 일본 간호사에게 여러모로 배우면서 기운차게 일한다.
—쇼난

노동, 그것은 인간 중에서도 가장 하등에 속하는 자들이 할 일이다. 보라, 미국인도 영국인도 네덜란드인도 자기들은 아무것도 안 하고 놀고 있지 않은가—자신들을 열등시했던 남방 주민들의 이러한 관념은 일본군의 점령 후로 싹 바뀌었다. "전쟁에서 그렇게 강했던 일본의 병사들이 참으로 열심히, 그리고 기쁘게 일하는구나…." 게으름뱅이 같던 말레이 사람들도 필리핀 사람들도 오늘날에는 자상하게 손을 잡고 가르쳐 주는 일본의 군인과 군정부 사람들 덕분에 노동의 기쁨을 이해하게 되었다. 우리의 구호인 직장에서의 전력투구는 이제 남방 원주민들에게도 건설의 온갖 방면에서 아름다운 협력으로 나타나고 있다.

이렇게 하여 두 번째 해를 맞이했다―육군 부대

싱가포르를 함락시키고 전승, 우리는 제1차 전승 축하가 있던 2월 18일 그날의 감격을 평생 잊을 수 없다.

그 후 눈 깜짝할 새에 모든 네덜란드령 동인도가 평정되었고 버마도 우리의 손에 귀속되었다. 그리고 3월 15일 제2차 전승 축하일에도, 만달레이가 함락된 날에도 우리는 진심으로 '병사들이여 고마워요'라고 외쳤다.

현재 남방 지구의 전쟁은 서막이 끝나고 이미 건설전(建設戰) 단계에 진입했다고 한다. 그러나 병사들의 노고는 전혀 변한 것이 없다. 황군 병사들의 노고로 점령지역의 치안은 전혀 악화되는 일이 없다. 또한 병사들의 군기가 엄정하여 새롭게 투입되는 건설전에서도 흔쾌히 몸을 바쳐 일한다. 이러한 황군 병사들을 향해 밀려드는 원주민들의 끝없는 신뢰는 큰 힘이 된다.

여전히 적이 함부로 선전하는 탈환의 꿈을 끊고, 늘 새로운 진격으로의 태세를 갖추며 밤낮으로 맹훈련을 이어 가는 황군 장병들에게 어떻게 잠시의 쉼이 있겠는가.

우리는 다시 한번 병사들의 노고를 생각하며 제2년 차 또한 이겨 내자는 각오를 다져야 할 것이다.

가만히 목표를 응시하고 있노라면 눈에 땀이 배어든다.
―버마전선의 ○○포 진지

심야에도 경비를 맡은 황군 용사.
―필리핀

타들어 가는 듯한 폭염을 무릅쓰고 총검술을 맹훈련.
―필리핀

소이탄을 뿜어내는 ○포대의 사격 연습.
―버마 전선

250호(1942년 12월 9일)

홍콩의 아시아 복귀 근 1년

홍콩은 치안이 매우 좋고, 정치적 범죄 등이 일어난 바가 없다. 10월 말, 재중국 미 공군이 수차례에 걸쳐 홍콩을 폭격했던 때에도, 최초 폭격 때는 당황하여 문을 잠그거나 식량을 사재기하는 이들도 있었지만, 세 번째 폭격 이후부터는 경보를 들으며 완전히 당국의 치안유지를 신뢰하고 있다. 홍콩이 전쟁 전 항일의 본거지였으며 현재도 정치적 음모에 뛰어난 충칭 정권이 끊임없이 주목하는 도시라는 점을 생각해 보면 이것은 그야말로 경이로운 일이라 할 수 있다.

경제적으로도 시민 생활에 밀접한 관계를 가지는 가스, 수도, 전기사업 등은 전쟁 후 곧바로 회복되었고, 또 맥주, 성냥, 마(麻), 면직물 등 경공업도 우리 나라 사람들의 진출을 기다리거나 혹은 중국인의 경영을 통해 다수 조업을 개시하고 있다. 특히 전쟁 전 그 규모의 웅대함을 자랑했던 항만, 창고, 선거(船渠) 등의 무역 시설이 완전히 대동아공영권 내의 물자 교류에 기여할 날도 머지않았고, 이미 광둥(廣東)과 홍콩 사이에는 상당히 큰 액수의 교역이 이루어지고 있다는 점이 주목된다.

그 밖에 문화, 위생 또는 주민의 생활 태도 등에 있어서도 전쟁 후 놀랍게 새로워지는 모습을 보이고 있으며, 건전한 아시아로 복귀하는 길을 걸어가고 있으나, 약 1세기에 걸친 영국의 압정(壓政)에서 해방된 주민들의 안거낙업(安居樂業)이 충칭 정권 아래 있는 중국 서남 지역의 주민들에게 미치는 영향은 매우 크기 때문에 중일전쟁 해결 촉진에 미치는 홍콩의 역할은 간과할 수 없다.

경비대 용사도 경비나 연무(練武) 중간 남는 시간을 활용해 채소를 재배하며 식량의 자급자족을 실천하고 있다.

총독부에서도 하부 행정조직 운용에 특히 중점을 두고 있는데, 지역 사무소, 구청은 민중의 좋은 상담소로 크게 번창 중이다.

과거에는 영국 정부나 충칭의 터무니없는 악선전에 노출되어 있던 주민들도 현재는 대동아전쟁의 전과와 건설의 진행에 대해 올바른 보도를 접하고 있다.

영국 식민지 시대에는 전혀 돌보지 않았던 농촌 방면도 총독부의 농촌 부흥 정책에 급작스레 활기를 띠어, 농민도 자급자족을 목표로 증산에 힘쓰고 있다.

252호(1942년 12월 23일)

호화로운 병원도 주민에 개방—쇼난시

말레이 신생 기념 순회 진료반이 가두에 진출하여 주민의 위생 지도에 큰 뜻을 편다.

청결한 산부인과 병실은 건강한 첫 울음으로 가득 차, 아시아의 미래를 연상케 하는 든든한 풍경을 보여 주고 있다.

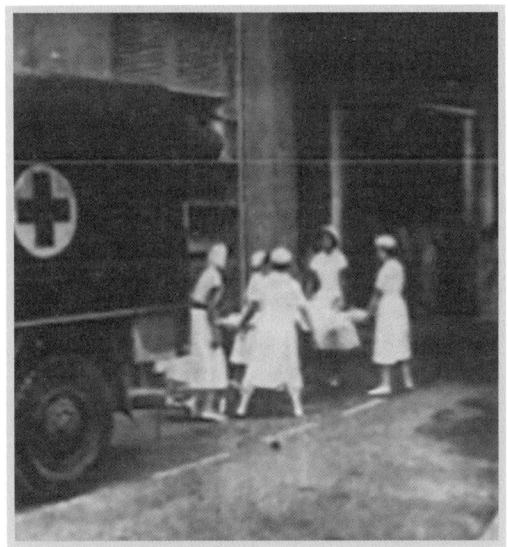

군용뿐이었던 영국의 병원 차도 이제는 민간의 응급환자에게 달려간다.

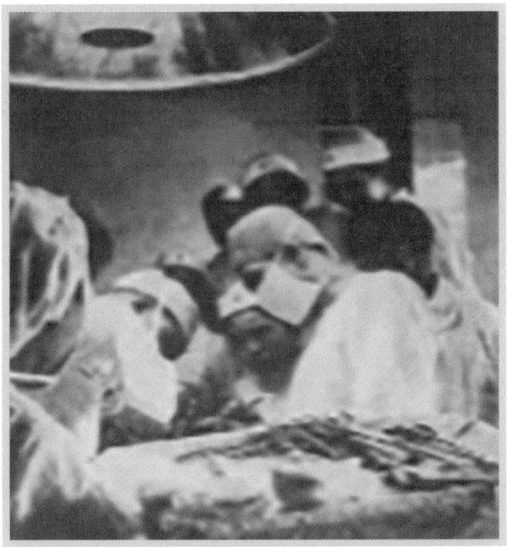

수술실에서는 일본의 우수한 기술이 현지인들을 놀라게 하고 있다.

전쟁 전의 말레이는 미국·영국식 식민정책의 전형적인 식민지라고 일컬어졌다. 영국 통치 시대의 재정을 보면 인건비나 자기본위 위생비 등에 세출의 거의 전부를 배당하고 주민의 복지 등은 전혀 고려하지 않았다. 돈벌이에만 혈안이 된 상업 정치가 주민의 골수까지 빨아먹으려 했던 것이다.

쇼난 및 믈라카 등에서 볼 수 있는 호사스러운 병원도 결코 주민들의 것이 아니었고, 그저 세계를 향한 영국의 문화적인 겉치레에 지나지 않았다. 그런데 현재는 어떠한가. 모든 의료 설비는 실질적으로 현지 주민들에게 개방되었고, 우수함을 자랑하는 일본의 의료진이 현지인들의 협력 아래 철벽의 방역 태세를 갖추고 있다. 여기에서도 대동아전쟁의 진의를 충분히 엿볼 수 있다. 아시아는 전쟁과 더불어, 또한 건설의 진행에 따라 아시아인들의 손에 완전히 돌아올 날이 다가오고 있다.

254호(1943년 1월 13일)

대동아 각지에서 들려오는 1주년 기념의 외침

현지인 대표는 1주년을 충혼탑을 참배하고 만세를 외쳤다.
—쇼난

집집마다 일장기를 내건 화교들만의 거리에도 경축 일색.
—프랑스령 인도차이나 쩔런

일본어 학교 버마인 학생들의 화려한 행진.
—랑군

기쁜 날이다. 대동아의 맹세는 남쪽 창에도 비친다.
—마닐라

손에 손에 일장기를 흔들며 루네타 공원을 행진하는 시민들.
—마닐라

꽃마차로 시내행진을 하는 아이들.
—자카르타

아시아의 여명을 맞이한 지 1년. 각 점령지를 비롯하여 서약의 맹세를 나눈 각지에서는 오늘에서야 비춰 오는 황은(皇恩)에 감격과 기쁨으로 춤을 춘다. 하나의 아시아로서 기쁨을 함께한다는 자부심도 드높이 차올라 대동아 각지 구석구석까지 퍼지며 흥아(興亞, 쇠퇴한 아시아 각국이 일본의 도움으로 다시 부흥한다는 뜻)의 환호가 솟아났다. 적 미국과 영국의 귀를 뒤덮을 정도로.

남방의 정월, 이슬람교도들의 감사제

군정 아래서 처음으로 맞이한 뿌아사(Puasa, 단식이라는 뜻의 말레이어)가 끝난 후 희생 감사제가 우리 현지 당국의 따뜻한 이해 아래 이번에는 말레이를 비롯해 자바, 수마트라 등의 회교도들에 의해 각지에서 화목하게 행해졌다.

뿌아사는 이슬람교도가 성지 메카의 순례 고행을 동경하며 단식을 하는 행사로, 이 단식월이 순조롭게 끝나는 일은 이슬람교도들에게 마치 일본의 정월과 같이 가장 즐거운 일로 여겨진다.

이날 화려하게 차려입은 선남선녀들은 각지의 제전식장에 참배하고, 성지 메카를 향해 멀리서 기도를 올림과 동시에 황군에 대한 한결같은 협력을 신에게 맹세하였다.

보통 때는 알몸으로 다니는 어린 여자아이들도 언니들을 보고 배워서 구두도 신고 가슴 장식도 달아 본다. 차려입은 모양새에 두근거리는 가슴을 안고서.

두 손을 하늘에 뻗고 땅에 엎드려 신께 감사드리고 새해의 다짐을 하는 신도들.

길거리 장난감 상인이나 막과자 상인은 역시 요즘 아이들에게 인기가 많다.

예배당으로 향하는 참배로에는 가난한 사람들이 줄을 서서 보시를 받고 있다. 베푸는 사람도 오늘은 호기롭게 내준다.

257호(1943년 2월 3일)

초토화된 땅에서 일어선 세부시

날카로운 기합이 느슨한 남국의 공기를 가르고 울린다. 경비대 병사의 무도 단련에 시민들은 새삼스레 황군의 위대함에 놀라 눈을 크게 뜬다.

강한 병사분이 선생님입니다. 재류 일본인 소녀들이 내려치는 목검에도 진지한 기합이.

양민의 협력과 경비병의 남모를 노력. 양민증을 손에 쥔 시민의 얼굴이 밝다.

부흥한 세부 부두에 활기가 돌아왔다. 하역하는 소음이 내일의 번영을 약속하는 듯하다.

작년 4월 10일 우리 육해군 부대의 세부섬 상륙과 함께 포학한 미군의 증오스러운 초토전술에 희생당해 거의 대부분 불탄 들판이 되어 버린 필리핀 제2의 도시 세부시는 그 후 황군의 비호하에 복귀한 원주민들의 필사적인 노력과 황군의 지도로 부흥을 위한 의기도 발랄하게 새로운 세부 건설을 위해 발걸음을 옮기고 있다. 그 옛날 스페인 항해자 마젤란(F. Magellan)이 필리핀 발견을 처음 발표한 때로부터 약 400년, 세 번 지도자가 바뀌고 황군의 점령하에 비로소 대동아 민족의 안주지(安住地)로 건설되고 있는 시가지에서 시민들은 밝은 표정으로 구김살 없는 생활을 영위하고 있다.

258호(1943년 2월 10일)

쇼난이 탄생한 지 1년, 파괴에서 건설로

벌써 1년이 된다. 당시 일본 국민은 숨을 죽이며 마음속으로 하나의 소식을 기다렸다. 기도하는 마음은 당시 일본 전 국민의 거짓 없는 심정이었을 것이다. 작년 2월 15일 싱가포르를 함락하고 17일 쇼난이 태어났다. 그리고 전승 제1차 축하. 일련의 감격을 우리는

단말마로 신음하는 싱가포르의 전 요새에 온갖 포화를 집중하여 부킷티마(Bukit Timah) 고지에서 일어난 폭발. 빗물처럼 쏟아지던 포탄. 앞으로 한 발자국. 부킷티마만 차지하면 싱가포르의 시가지는 코앞이다. 아아, 2월 1일 그 전투의 흔적에 불멸의 무공을 이야기하는 몇 기의 묘표(墓標). 색색가지 남국의 꽃다발을 바치며 참배하는 현지인 아이들도 어린 마음으로 당시의 격전을 추모하는 것일까. 마음으로 경건한 기도를 바친다. 영령들이여, 편히 쉬기를.

코타바루 이래 1,100km, 말레이 전 산야를 밟아 온 무적의 철갑부대는 바야흐로 싱가포르의 일각으로 돌입했다. 황군 입성에 안심한 주민들이 거리에 조금씩 모습을 드러냈지만, 싱가포르는 죽음의 도시였다. 지금 새로운 번영에 빛나는 이 도시의 어디에서 영국이 동아시아에서 패퇴하던 그날의 어둠이 느껴지는가. 장한 이 도시 쇼난시의 넘치는 힘이 남쪽의 굳건한 건설을 상징한다.

평생 잊을 수 없을 것이다.

그 감격의 새로운 결의로 근래 1년 미국과 영국에 대한 격멸을 차례차례로 수행하고 있다. 그러나 대동아전쟁은 솔로몬해를 중심으로 새로운, 더욱이 중대한 단계에 돌입하고 있다. 언제까지나 서전(緒戰)의 전과에 취해 있으면 안 된다. 저 미증유의 전과가 죽어서도 전진을 맹세한 영령들의 충귀(忠鬼)가 모여 이루어 낸 것임을 떠올려야 한다. 쇼난이 탄생한

"만세, 만세!" 마음껏 외치는 만세에 나도 모르게 뺨이 젖는다. 마침내 적의 아성을 함락한 것이다. 기뻐해 다오, 전우여, 원수를 갚았노라. 남쪽 하늘을 제압하고 런던까지 울릴 만큼 높은 환호 소리…. 엠파이어 독(Empire Dock)도 우리 군 당국의 밤낮 없는 노력과 현지 주민들의 협력으로 거의 예전의 모습을 되찾았다. 쇼난항을 중심으로 남쪽의 전력이 더욱더 본토로 향할 때 엠파이어 독의 광채가 한층 더해지리라.

지 1년, 더더욱 국가적 총력을 다해 신슈(神洲, 일본이 스스로를 자랑스럽게 일컫는 단어로 신의 나라라는 뜻) 불멸의 태세를 견지하고 미국과 영국 격멸에 전진하자.

쇼난 탄생 후 1년, 데라우치 최고 지휘관 현지 조선소를 시찰하며 격려

꼿꼿이 멈춰 선 자세에서도 힘이 넘치고 발랄하다. 최고 사령관의 시찰에 신이 난 현지 소년 양성공.

힘차게 조립되어 가는 용골을 믿음직스럽게 올려다보는 데라우치 최고 사령관.

제3장 일본의 동남아시아 지배와 '아시아 민족 해방' 177

현재 쇼난은 전쟁 전의 능력을 거의 회복하여 남방 지역의 각 지역 간 물자 교류, 남방 물자의 일본 본토 환송 등에 큰 역할을 해내고 있다. 그러나 물자를 보내려면 우선 배가 있어야 한다. 현지에서도 '만들어 내자, 격침하는 배, 이기는 배, 구축하는 배'의 의기가 높아 각 지역 조선소는 군 정부당국의 지휘 아래에서 목조선, 기범선 증강에 열심이다.

데라우치 남방 방면 육군 최고 지휘관은 돌연 현지 모처의 조선소를 시찰했는데 격려를 받은 현지인 공장 노동자들은 철저히 건설전을 이겨 내겠노라 결의를 새롭게 다졌다.

260호(1943년 2월 24일)

건설 1년 새로운 말레이의 모습

싱가포르 함락일을 신생 말레이의 기념일로 삼아, 지난 2월 15일 쇼난을 비롯하여 말레이반도 각지에서 성대한 행사가 이것저것 열렸다. 그간 1년 동안 말레이 군정은 산업,

 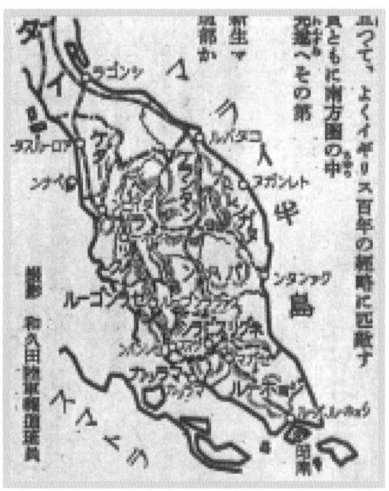

코타바루 적전상륙이 얼마나 치열한 전투였는지는 새삼 다시 말할 것도 없다. 연달아 터지는 지뢰 사이를 기어, 쏟아지는 적의 기관총 세례 속에서도 한 발 한 발 전진해야 했다.

말레이의 쌀 생산액은 이제껏 소비의 반에도 미치지 못할 만큼 빈약했지만 현재 자급자족을 목표로 필사적인 증산 운동을 전개하고 있다. 말레이 최대의 쌀 생산지 크다 주의 벼농사 시험소.

페낭섬은 예로부터 무역항으로 알려졌으며, 페낭섬 건너편에서는 연락선이 30분마다 왕복한다. 많은 주민을 건너편 해안 미첼 부두(Mitchell Pier)로 실어 나른 연락선.

페낭에는 세계적인 주석 제련소가 있다. 이 제련소의 조업 개시와 부흥으로 페낭에는 전쟁 전 이상으로 활기가 넘친다. 사진은 페낭의 번화가를 질주하는 무궤도전차.

군정감부(軍政監部, 군정을 소관하던 일본군 조직) 부속 해사국(海事局, 해사 관련 업무를 소관하는 군감부 산하기관) 발표에 따르면 말레이의 목조 연락선은 일본인 경영자의 도착과 함께 활발한 움직임을 보여 올해 안에 완성할 목선은 엄청난 숫자에 달할 것이라는 예상이다.
― 트룽가누 주 조선소에서 일하는 현지인

경제, 치안, 민정 정책 등 각 분야에 걸쳐 용케 영국 100년의 경략(經略)에 필적하는 성과를 올리고 있다. 신생 말레이는 명실공히 남방권의 중핵(中核)으로 강력한 행보를 쌓으며 전쟁 완수의 제2년 차를 건너고 있다.

이러한 까닭으로 여기에 실은 사진은 '탄생 1년, 신생 말레이 스케치'라고 명명하여 최근 현지 군 보도부가 보내온 것인데, 보도반의 손에 찍힌 생생한 현지 사진들을 통해 격렬했던 싸움의 흔적을 떠올리며 말레이 전도에 퍼지고 있는 건설의 숨결을 전하고자 한다.

269호(1943년 4월 28일)

기쁨이 넘치는 메단시 신생 수마트라 1주년 기념일

수마트라 전 섬을 평정한 지도 벌써 1년, 지난 3월 13일은 북부 수마트라 무혈 상륙에 성공한 황군 병사들이 수도인 메단에 당당하게 진주하여 '신병(神兵)이 오다'라는 커다란 현수막과 함께 현지 주민들의 마중을 받은 기념할 만한 날이다.

메단에서는 이날을 수마트라 신생 1주년 기념일로서 메단시를 중심으로 13일부터 15일까지 3일간에 걸쳐 성대한 기념행사를 실시하여, 1년 전 황군의 손으로 네덜란드 군정에서 해방시킨 날을 축하함과 동시에 황군에 더욱 협력하여 수마트라 건설에 매진하고 반드시 대동아전쟁을 완수하겠다는 결의를 새롭게 다졌다.

사진은 당시 현지 군 보도반이 찍은 그날의 기록인데, 현지 주민들이 이날을 진심으로 기뻐하며 얼싸안은 모습에서 약진하는 수마트라 건설의 단초를 엿볼 수 있다.

메단 황군 기념비 거리를 행진하는 현지 아동들의 행렬.

거리에서 꽃을 파는 처녀의 표정에도 기쁨이 넘쳐난다.

그 이름도 반가운 메단 지요다(千代田)거리의 행렬.

시내 행진의 선두를 맡은 메단 시청의 현지인 관리.

제3장 일본의 동남아시아 지배와 '아시아 민족 해방'

278호(1943년 6월 30일)

바기오의 고원(高原) 요양소

소나무 도시라고 불릴 정도로 요양소 주변은 소나무 숲에 둘러싸여 있다. 광장에는 기분 좋게 아침 라디오 체조가 시작되고 있다.

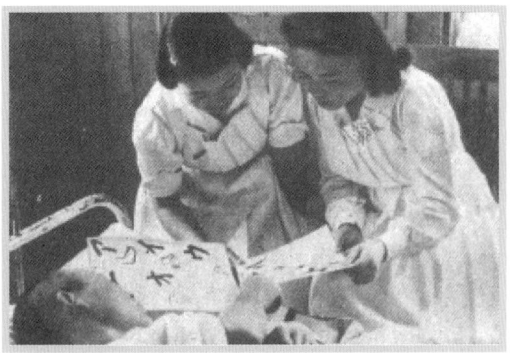

컨디션이 좋을 때 용사는 필리핀 간호사에게 일본어를 가르쳐 준다.

아픈 다리에 어깨를 빌려 주는 간호사들의 노력은 피붙이도 따르지 못할 정도다.

아침 햇살을 받으며 용사는 필리핀인 간호사와 사이좋게 책을 읽는다.

    필리핀의 고온다습한 마닐라시의 북쪽 250km 거리에 위치한 이곳 바기오(Baguio)는 추위를 느낄 정도로 별천지다. 해발 수천 피트의 고산도시인 바기오는 최고기온 84도(섭씨 약

29도), 최저기온 37도(섭씨 약 3도)의 기록을 가진 말 그대로 건강한 자연의 땅으로, 전쟁 전에는 하계(夏季) 수개월간 여기에서 필리핀의 정치가 집행되었다고 한다.

이렇게 혜택받은 바기오에는 지금 고원 요양소가 개설되어 전쟁 부상자들의 요양에 쓰이고 있으며, 황군 용사들도 점점 경과가 아주 좋아져서 다시 일어나 국가에 몸을 바치기 위해 기쁘게 뛰는 가슴으로 요양에 전념하고 있다.

동남아시아에 대한
교육·기술 전수·훈련

　일본은 동남아시아에 대한 군정을 시행하면서 서구 제국주의 국가들의 흔적을 지우고 일본 색을 입히는 데 힘썼다. 현지 주민에게 일본어 교육을 강요하고 거리의 간판을 일본어로 바꾸어 가는 한편, 학교와 병원, 경찰, 군대 등 각종 기관에도 일본식 교육을 도입했다. 이처럼 동남아시아에 교육과 기술 등을 전수하는 일본의 모습을 통해서 동아시아의 리더, 또는 대동아공영권의 맹주로서의 위상을 과시했던 것이다.

　『사진주보』는 동남아시아에 새로운 나라를 건설하기 위해 앞장서는 일본의 모습을 강조하기 위해 그 이전 서구 제국주의 국가들의 지배와 비교하는 방식을 택했다. 동남아시아 국가들이 오랜 시간 서구 제국주의의 지배를 받았지만, 서구 식민본국들은 그 어떤 기술도 전수해 주지 않았으나 일본은 친절하게 하나부터 열까지 자세히 알려 준다는 식이었다. 서구 제국주의 국가들의 압제에서 벗어나 친절한 일본의 가르침과 지도 아래 발전하는 동남아시아의 밝은 모습을 강조했다.

230호(1942년 7월 22일)

일본어가 가득 메운 쇼난섬

전쟁 전에는 40종 이상의 언어가 잡다하게 사용되었다고 하는 이곳 쇼난시에도 오늘날에는 일상생활에서 일본어가 통하지 않는 곳이 없을 정도로 보급되어, 제국 영토인 말레이의 중추 거점으로서 부족함 없는 건설 상태를 보이고 있다.

이것은 극장이나 영화관 등에서 현지인들이 일본어극과 일본 가요를 상연하고 각 학교 등에서 빠짐없이 일본어 교육을 하며, 군 보도반이 개설한 일본학원(日本學園) 등의 노력에 따른 일임은 물론이다. 그러나 무엇보다도 현지 주민 일동이 하루라도 빨리 일본어를 능숙하게 구사하는 것이 일본인이 되는 가장 빠른 길이라고 판단해 스스로 희망하여 노력한 결과가 드러나고 있는 것이라 할 수 있겠다. 지금 쇼난섬의 사람들은 노인도 아이도, 남자도 여자도 일본어 공부에 몰두하고 있다. 그 결과, 최근에는 군 보도반이 직접 일

'쇼난 일본학원'의 간판. 이 문을 통과하는 것이 우리들의 자랑이다. 선생의 훈시 한 마디 한 마디를 머릿속에 꼭꼭 잘 간직하렴.

'오하요, 오하요, 곤니치와.' 말레이의 아이들도 화교 소녀들도 인도인 아이도, 모두 능숙한 일본어로 아침 인사를 한다. 희희낙락하며 교문을 통과하는 모습에 아침 햇살이 밝게 미소 짓는다.

지나가는 행인의 시선을 붙든 아름다운 색상의 포스터. '배우라, 일본어를'이라는 내용인 듯하다. 이 인도 청년 또한 배우기를. 이렇게 일본어는 지금 말레이 전 지역에 엄청난 기세로 보급되고 있다.

수업이 끝난 뒤에도 선생님을 붙잡고 열심히 질문하는 학생들.

본어 가타카나 신문 『사쿠라(サクラ)』를 발행하여 일본어 보급에 더욱 박차를 가하고 있다. 일본어를 배우는 현지 주민들의 진심 어린 모습과 일본어로 새롭게 덧칠된 최근 쇼난 시 가지의 얼굴을 보라.

233호(1942년 8월 12일)

필리핀 간호사들

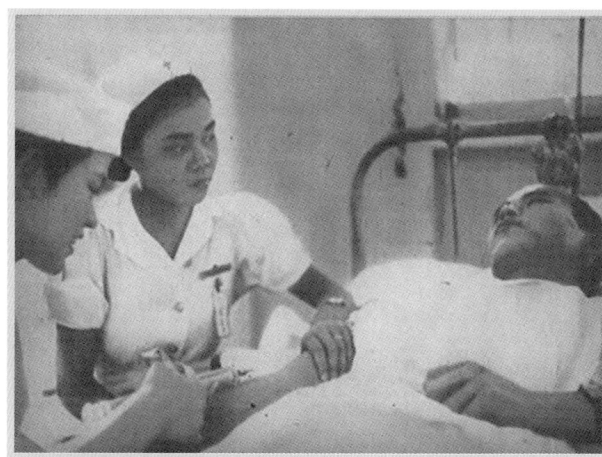

필리핀 여성들은 일본 간호사의 좋은 조수로서 열심히 일한다.

처음 왔을 때에는 아무것도 하지 못했던 필리핀 여성도 일본 간호사의 친절한 지도 덕택에 솜씨가 쑥쑥 늘었다.

마닐라만의 시원한 바람이 불어오는 시간 즈음, 병상을 떠난 병사는 보행 연습을 한다.

나무 그늘에서 백의의 용사가 쉬고 있다. 이 기회에 간호사는 일본어를 배운다.

"포탄에는 맞서 쏘는 방법도 있지만, 병에는 당할 수가 없습니다. 방법이 없어요"라고 하며 빙그레 웃는다. 회복기의 병사들은 오후의 한때에 병원 안 나무 그늘에서 필리핀 간호사들의 도움을 받아 보행 연습을 한다.

이곳에는 약 200명으로 이루어진 필리핀 간호사들이 일본인 간호사들의 지도와 감독 아래 간단한 주사부터 병사들의 뒷바라지 등, 하루 종일 분주하게 일한다. 말이 잘 통하지 않는 동안에는 병사의 가려운 곳을 긁어 주기가 좀처럼 쉽지 않다. 하지만 매일의 일과가 정해지면 저절로 익숙해져서 그리 허둥대지 않는다.

병사들은 이로써 만족하고 있다. 여차하면 익숙해진 중국어가 튀어나와서 필리핀 처자들이 깜짝 놀란다. 병사들은 쓴웃음을 짓는다. "당신 필리핀 사람이었지, 참."

240호(1942년 9월 30일)

신생 자바는 우리의 손으로

자바라고 하면 예전에는 우리에게 남쪽의 절벽이었지만 지금은 참으로 가까운 기분이 든다. 자바에 황은이 흘러넘치게 된 지도 벌써 반년, 짧은 세월이었지만 네덜란드 악정(惡政) 시대와는 완전히 그 면목을 달리하게 되었다. 가는 곳마다 명랑하고 건실한 건설의 소리가 울리는 신생 자바의 믿음직한 약진 모습을 세 가지 소개한다.

첫째, 현지 주민들 중에서 젊은 기술자를 단련시키고자 군정부 교육국의 주선으로 지난 8월 1일, 바타비아에 기술원 양성소가 문을 열었다. 현재 270여 명의 생도들이 이론과 실습을 진지하게 진행하고 있는데 6개월간의 양성 기간을 거쳐 한몫을 다하는 기술자가 되겠노라 잔뜩 긴장한 모습은 대단해서, 여태까지 결석자가 한 사람도 없는 상황이다.

둘째, 피서지로 유명한 말랑(Malang) 교외의 바트 고원에 ○○부대가 관리하는 '자급 농장'이 개설되었다. 농장 개설과 동시에 다수의 현지 주민들이 스스로 협력하겠다고 나섰다. 매일 아침 일찍부터 집합한 주민들은 우선 국기 게양, 이어서 개간, 파종, 채소 손질 등 극심한 무더위에도 지지 않고 열심히 작업을 이어 가는데, 그 얼굴에는 황군에 협력하는 기쁨이 가득하다.

셋째, 경제 건설 공작도 착착 진척되어 설탕, 고무, 커피 등과 기타 생필품 생산은 날로 번성하고 있다. 일례로 담배 공장에 방문해 보면 다수의 처자들이 희망에 들떠 생산하느라 바쁘다. 그 기쁘게 일하는 모습에서 늘어 가는 자바의 믿음직한 생산량을 엿볼 수 있다.

기계과 교실에서는 모터가 움직이고 있다. 기계조작과 도면 설명으로 선생님은 손에 땀을 쥔다.

조업을 시작한 담배 공장의 자바 처녀들.

241호(1942년 10월 7일)

맹훈련을 받는 마닐라의 경찰관

필리핀의 치안 제1선에 서야 할 필리핀인 경찰관 훈련소가 일본군의 감독 지도 아래 마닐라에 설치되었다. 이곳은 일본군에 적극적으로 협력해서 새로운 필리핀 재건에 앞장서 나아갈 경찰관의 중견 분자와 지방 경찰관 지도자를 양성하는 것이 목적인데, 군이 지도하는 중점은 정신력 도야(陶冶)에 있다고 할 수 있다. 이것은 영미적인 사고방식을 상식으로 삼았던 그들의 이전 생활 방식에서 재빨리 벗어나 도약하고, 동아시아인의 자각을 지닌 경찰관으로 다시 태어나기 위해서는 상당한 정신력 도야가 필요하기 때문이다. 그들은 여기서 희생과 협동과 인내와 책임이 무엇인지를 체험하며 연성(鍊成)하는 한편, 경찰관으로서 특수 기능을 익혀 새로워진 몸과 마음으로 민중 보호의 중책을 담당할 것이다.

구령은 일본어다. 일본군 장교의 지도 아래 교육이 실시되고 있다.

유도는 이미 익혔다. 상황에 맞는 신중하고도 과감하며 용감한 투쟁 정신이 양성된다.

250호(1942년 12월 9일)

처음으로 무기를 쥐고 일어선 버마방위군의 일본식 맹훈련

지난 8월, 신생 버마 행정부의 성립에 전후하여 버마방위군(Burma Defense Army, BDA)이 탄생했다. 약 반세기 사이, 영국에게 무기를 빼앗겼던 버마인들에게 처음으로 무기를 들고 일어서는 일이 허락된 것이다.

버마방위군은 버마의 4개소에 병영을 설치하고 현재 일본식 맹훈련을 받고 있는데, 8월 24일에는 핀마나(Pyinmana)에 모여서 이다(飯田祥二郎) 최고 지도관에게 첫 열병을 받는 명예를 안았다. 방위군 중령 타킨 아웅 산(Aung San)의 감격적 총지휘로 이루어진 분열식은 그야말로 원기 왕성, 단련된 버마의 믿음직스러움을 살피기에 충분했다.

이 버마방위군이야말로 바로 우리의 버마 작전 중, 버마 전 국토에 걸쳐 활약했던 버마독립의용군(Burma Independence Army, BIA)이 조직화된 모습이다.

'버마 방위는 버마인의 손으로' 그들의 다년간에 걸친 염원은 훌륭하게 결실을 맺었다. 이제 버마방위군은 대동아공영권 건설의 일환을 짊어질 신생 버마의 희망을 하나로 모아 우리 이다 최고 지휘관 휘하에서 정규군으로서의 면목을 빛내고 있다.

병영 광장에서 버마방위군 간부 후보대의 총검술 기본훈련.

외출하는 날 랑군 시가를 행진하는 버마방위군 간부 후보대.

버마방위군 간부 후보대에 각종 교련을 지도하는 황군 용사.

새로이 휘하에 편입된 버마방위군을 열병하는 이다 최고 지휘관.

말레이 건설에 젊은 현지인 지도자 — 쇼난 흥아훈련소

일본사를 배우는 시간.

이른 저녁을 먹고 나면 이미 능숙해진 일본 노래를 부른다.

농기구 사용이 아직 익숙하지 않지만, 땀 흘리는 기쁨을 하루하루 알게 되었다.

열대의 태양에 야채들도 잘 자랐다. 자급자족의 날이 머지않았다.

말레이 군정감부에서는 현지 행정의 강력한 지도자를 양성하기 위해 쇼난에 현지인 관리 양성소로서 흥아훈련소를 설치하여 각 주에서 선발한 우수한 청년을 모아 단기간 훈련을 실시하고 있다.

말레이 건설의 결사대로서 엄격한 선발을 통과한 이 청년들은 젊은 지도자로서의 자부심과 희망에 불타며 날마다 우리 군대식 훈련에 힘쓰고 있는데, 대동아 민족의 일원으로서의 자찬과 긍지를 습득한 그들이 민중들 속에서 활약하는 그날에 자신의 땀의 소중함과 건설 협력의 기쁨을 깊이 맛보게 될 것이다.

275호(1943년 6월 19일)

벌써 둥지를 떠나는 말레이의 현지 선원

대동아 건설에 눈을 뜨고 바다에 뜻을 둔 현지인 청년들 170명은 쇼난 현지 선원 양성소에서 4개월간의 훈련을 받고 5월 하순, 제1회생으로 동경하던 대양을 향해 둥지를 떠났다.

전시하 수송의 중책이 점점 더 높아질 때, 이들 제1회생은 훌륭한 한 사람 몫을 다하는 선원으로 각자 배에 배속되어 현지인이기는 하지만, 바다의 전사로서 최전선에서 바다로 나가게 될 것이다. 그들은 졸업식을 앞둔 4월 24일 영광스러운 연습생으로서 일본 육군 교관들의 인솔 아래 ○○마루호에 승선해 첫 실지 조련을 받았다.

단기 양성이기는 하지만 과연 일본적인 훈련은 좋은 성과를 올려서, 인도인도 말레이인도 피부색은 다르지만 일본 선원들에 비해 조금도 뒤떨어지지 않는 해상 근무 태도를 보여 지도자들을 무척 감탄하게 했다. 쇼난을 출발해 자카르타로 향하는 원양항해는 이 현지인 해원들에게 끝없는 자신감을 주었고, 바로 시작된 제2회 해원 모집에도 희망자들이 쇄도하고 있다.

육상의 움직이지 않던 돛대와는 달리 해상에서 흔들리는 돛대는 그리 쉽게 쭉쭉 올라가지 않는다.

기관은 배의 심장부다. 선원은 구슬땀을 흘리며 석탄을 들이붓는다.

조용한 해면을 가르고 자카르타로 향하는 연습선. 갑판 청소는 선원의 필수 작업이다.

뱃사람의 영혼을 담은 훈련이다. 팔이 부러질 것이냐, 노가 부러질 것이냐. 있는 힘을 다하는 연습생.

홍콩의 중국인 선원 양성소

항해과—돛을 펴는 법과 이용법 등, 일본인 선원의 설명에 귀를 기울인다.

기관과—기름 범벅이 되어서 열심히 기관 조작을 배운다.

라디오 체조—아침 공기를 가슴 가득 들이마시며 발랄하게 라디오 체조를 한다.

진수식—1번선, 2번선 등 계속해서 기범선이 만들어진다. 중국인 양성소원들은 기범선 진수식에 참석한다.

전선과 후방을 구별하지 않고 바야흐로 대동아 천지에서는 여러 부문에서 신건설을 향한 준비의 악장이 높이 울려 퍼지고 있는데, 다시 일하게 된 신생 홍콩도 드디어 건설전에 들어가 다방면에 걸쳐 힘찬 건설의 망치 소리가 밤낮없이 울려 퍼지고 있다.

목조선 계획은 쾌속조로 진행되고 있는데, 1번선, 2번선, 3번선이 연달아 순식간에 진수식을 끝냈다. 그중에는 일장기를 걸고 남쪽 바다로 취항한 배도 있다. 그러나 또한 이 기범선의 조선과 병행하여 중국인 해원 양성에 열심인 총독부에서는 3월에 해원 양성소를 열고 우리 나라 해원들의 지도 아래 중국인 해원의 대량 양성을 실시하고 있으며, 벌써 제3기생을 내보내 결전 후 대동아 해양 지배의 희망에 불타고 있다.

278호(1943년 6월 30일)

일본·필리핀 아동 신생활 학교

도조 수상의 필리핀 독립선언에 대해 바르가스 장관은 "일본에 대해 모든 의미에서 적극적인 충성 협력의 실적을 올리는 결의를 더욱더 강화하여 황은에 보답할 수 있기를 기대한다"는 감사 전보를 보냈다. 이 얼마나 어리둥절하고 기쁜 변화인가. 작년 1월 2일 마닐라 함락이 아직 1년 반도 지나지 않은 오늘날, 스페인 통치 300년, 미국의 40년 폭정하

일과가 끝나고 숙소 뒤 언덕에서 해가 질 무렵, 야영 모닥불이 타오른다. 아이들은 입을 모아 동양의 개선가를 부른다.

일본어 수업이 끝나면 교련 수업이다. 목총을 들고 집합 후, 제일 나이 많은 반장의 속 시원할 정도로 우렁찬 호령에 따라 각개 교련. 뺨과 등을 타고 흐르는 땀도 잊은 채로.

일본도 필리핀도 바다의 자녀들이다. 이제부터 손을 잡고 대동아에서 웅비할 국민들이 헤엄을 못 치면 안 되니 제법 엄격한 훈련.

식사다. 한창 자랄 나이 아이들의 대단한 식욕. 필리핀 아이들이 일본의 도시락을 사용하는 모습이 흐뭇하지 않은가.

에서 기다리고 기다리던 독립이 이리도 빨리 실현되려고 하는 것이다.

이번에 마닐라 신문사의 주최로 일본·필리핀 아동 신생활 학교가 마닐라에서 남쪽으로 20km 떨어진 바란의 캠핑장에서 열렸는데, 다음 날 새로운 필리핀을 짊어질 어린이들과 필리핀에서 자란 일본 어린이들 약 50명이 새로운 동아시아 동포의 마음으로 하나가 되어 함께 어울리고 함께 단련하는 모습은 일본을 맹주로 하여 착실히 진행되고 있는 동아의 새로운 건설을 눈앞에서 보여 주었다.

279호(1943년 7월 7일)

마닐라에 여성 경관 등장─남방은 더욱더 밝고 늠름하게

도조 수상의 의회 성명에 응답하여 연내에 독립하려는 의기로 가득찬 필리핀은 바르가스 장관을 진두로 하여 독립의 절대적인 조건인 치안의 전면적 확보, 동양적 정신 및 문화

수신호마저 산뜻한 여성 경관.   마차와 전차가 마주치는 마닐라시내의 교통 정리.

경례 동작도 시원시원하도록 맹훈련이 이뤄진다.   범죄자 검거에 지문을 대조하는 것도 여성 경관의 일.

의 환원, 자급 경제 확립이라는 세 가지 부문을 여러 방면에서 노력하고 있다.

한때는 '나쁘다'라고 했던 필리핀의 치안 상황도 도조 수상의 성명과 중앙 치안 위원회의 활약으로 인하여 최근에는 패잔병이나 도적 무리가 투항하는 수가 눈에 띠게 매우 늘고, 오랫동안 치안이 불량했던 지역이 호전되는 등 필리핀 전역에서 치안 상황이 점차 확립되고 있다.

이러한 치안의 호전과 함께 보니파시오(Andrés Bonifacio) 내무장관 대리도 말한 바 있는 것처럼 "필리핀 섬 사람들의 생명과 재산을 보호하기 위해서는 현재의 필리핀 경찰대원만으로는 아직 부족하다. 더욱 증원시켜 이들을 마닐라와 지방에 배치하여 보갑제도(保甲制

度)¹³와 연계해 나가는 것이 가장 좋은 방책이다"라고 하여 필리핀 행정당국은 경관의 대증원을 꾀하고 있다. 그 하나의 방법으로 여기에 소개하는 것처럼 마닐라에는 여성 경관이 씩씩하게 등장하여 치안 유지를 맡고 있다.

281호(1943년 7월 21일)

남쪽의 청년에게 과학 해방—쇼난공업학교

악한 영국인들은 결코 원주민들을 가르치지 않았다. 학교를 세워도 그것은 현지에서 일하는 자국민들의 자녀를 위한 것이었고, 가끔 원주민의 입학을 허락해도 엄격한 선을 그어 '원주민'으로 경시하고 차별대우를 할 뿐 지도자 교육은 결코 하지 않았다. 하물며 과학기술은 결코 가르치지 않았다. 왜냐하면 원주민이 과학기술을 갖는 순간 영국인들의 '영원한 번영'이 뿌리째 뒤집어질 수 있다는 사실을 꿰뚫고 있었기 때문이다.

그러나 대동아 각 민족의 해방과 공영을 기원하는 우리 군은 맹주 일본에 대한 원주민들의 선망에 답하여 자진해서 과학기술의 해방을 실시했다. 지난 2월 1일에는 쇼난공업학교를 열고 말레이 각지에서 200여 명의 현지인을 뽑아 우리의 군대 정신으로 연성, 뛰어난 우리의 학술로 교육시키고 있다. 그 200여 명의 학생 중에는 술탄의 아들도 있는데 모든 학생들은 장차 말레이의 지도자가 되어 대동아공영권의 일익으로서 일본의 기대에 보답하겠다는 엄청난 의기로 공부하고 있다.

또한 황군 용전(勇戰)의 땅으로 아직도 기억에 새로운 조호르바루에는 가정 여학교가 생겨 말레이, 인도, 유라시아 가운데 젊은 처녀들이 일본의 언니들에게 지면 안 된다며 여성의 마음가짐을 배양하며 배우고 있다.

---

13 (편집자 주) 일본이 타이완을 통치하던 시기(1895-1945) 타이완 총독부 산하에 두었던 경찰 보조 기관. 군비 절감을 위해 민간에 무장 훈련을 시키고 지방 자치 경찰 일을 맡게 했던 중국의 보갑제를 참고해 만들었다.

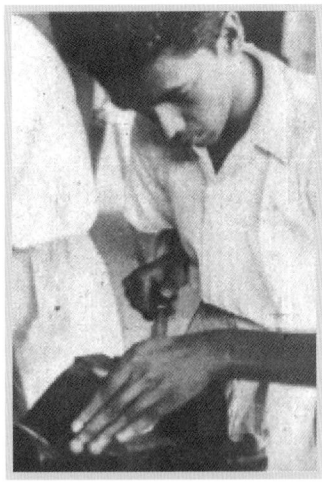

제 손으로 기계를 만들겠다며 학생은 다가올 졸업을 떠올리며 열심이다.

벌써 이런 정밀기계를 조작할 수 있게 되었다. 갓 입학했을 무렵이 꿈만 같다.

말레이 전체에서 선발되어 배워서 언젠가는 지도자가 될 생각을 하면 발걸음도 가볍다.

이곳에는 과거의 어두운 표정은 없다. 밝고 생기 있는 동작은 새로운 말레이의 미래를 생각하면 든든하다.

아침 수업은 라디오 체조로 시작한다. 다양한 옷을 입었지만 마음은 하나, 같은 대동아의 민중이다(조호르바루 가정여학교).

가사 재봉은 여자의 일, 선생님이 손으로 가르치는 수업 덕분에 자기 옷은 바로 만들 수 있게 되었다(조호르바루 가정여학교).

동남아시아의 농업

동남아시아는 열대우림지역으로 쌀의 이모작이 가능한 세계 최대의 쌀 생산지이자 소비지다. 그중에서도 연간 490만 톤의 정미를 생산하여 300만 톤을 수출하던 버마, 650만 톤을 생산하여 150만 톤을 수출하던 프랑스령 인도차이나, 300만 톤을 생산하여 150만 톤을 수출하던 태국은 쌀의 잉여 생산지였다. 그 일부는 말레이, 싱가포르, 네덜란드령 동인도(자바 제외), 영국령 보르네오 등 쌀이 부족한 지역에 수출하고, 남은 쌀은 유럽, 미국, 인도 등지에 수출했다.

일본이 동남아시아를 점령한 이후에는 각지에서 쌀이 부족하여 기아에 허덕이게 되었다. 이러한 현상은 쌀 부족 지역뿐 아니라 종래의 쌀 잉여 생산지에서도 일어났다. 그 까닭은 쌀을 일본에 반출하고 일본군에 공급한 것에 있었지만 그보다 더 근본적인 이유가 있었다.

쌀은 중요한 국방 자원이었기 때문에 일본은 동남아시아 점령지에서 그 생산능력이나 유통 구조와 상관없이 도쿄에서 주관하는 일률적인 미곡 정책을 시행했다. 일본은 쌀의 증산을 위해 일본의 발전된 벼농사 기술을 도입하여 생산성을 향상시키고 휴간지 경작, 밀림 개간, 상업용 작물에서 벼농사로의 전환으로 경지 면적을 확대시켰다.

유통면에서는 벼의 강제 공출, 가격 통제, 배급으로 미곡 통제 정책을 실시했다. 그런데 전쟁 상황 속에서 선박, 차량, 연료 부족에 따른 수송력 감퇴로 쌀의 유통이 어려워지자 생산지의 쌀값 하락과 부족지의 쌀값 폭등이 발생하여 아사자가 속출했다.

한편, 일본보다 먼저 동남아시아를 지배했던 서구 제국주의 국가들은 대농장 운영을 통해 커피, 키나, 담배 등 다양한 상업 작물을 재배했다. 특히 믈라카해협을 중심으로 하는 페낭, 수마트라의 메단 등지에서는 자본과 노동력을 통제할 수 있는 아편 재배 외에 담배, 고무 등이 주력 작물이었다. 일본은 서구 제국주의의 주력상품을 유지하되 일본의 필요에 따라 면화, 담배, 벼농사 등 재배 작물을 바꾸게 하였고, 도시 주민의 원격지 이주를 강요했다.

『사진주보』 기사는 수마트라, 보르네오 등지를 배경으로 주로 일본식 벼농사 기술의 전수와 그 성공에 대해 홍보했다. 이미 1943년 중반에는 일본 국내에서도 쌀 부족이 심각해졌지만, 동남아시아 쌀의 일본 반출이나 벼농사 중심 농업의 문제점에 관해서는 전혀 언급하지 않았다.

270호(1943년 5월 5일)

야자나무 그늘의 모내기 노래―수마트라

일본적인 벼농사를 익힌 농민들의 수확은 전에 비해 2배, 3배다. 이곳에서는 수확과 모내기가 같이 이루어지는 모습도 드물지 않다.

지금까지 볍씨를 뿌렸던 논에 조직적인 모내기가 이루어지며 인도네시아의 모내기 노래 탄생.

전쟁 전 구 네덜란드 정부는 수마트라의 농업정책으로 고무, 커피, 기나나무 등의 작물을 농민에게 강제하고 철저히 착취하는 한편, 농민의 주요 식량인 쌀은 비싼 외래의 것을 수입하여 공급했다. 황군 점령 이후 현지 자급이라는 명분으로 수마트라의 농업 재편성은 쌀, 면화, 옥수수 등의 증산으로 바뀌었고, 농민들은 일본 지도자 아래에서 협력하여 식량 증산의 일익을 담당하게 되었다.

군정 시행 이래 1년, 그 노력에 대한 보상이 찾아왔다. 일찍이 볍씨를 뿌려서 거의 야생으로 쌀을 수확하던 벼농사는 논벼, 밭벼 모두 조직적인 수확법으로 바뀌었고 이모작도 가능해져서 수마트라 주의 자급 태세가 급속히 정비되었다. 수마트라 서북변의 아체 주를 비롯하여 서해안 주, 팔렘방 주, 벤쿨렌(Bencoolen, 지금의 벵쿨루) 등에서는 일본의 농작에 호응하여 즐거운 풍년의 노래를 부르고 있다.

272호(1943년 5월 19일)

면화 재배 반세기 노력의 결실―필리핀 바탕가스(Batangas)

즐거운 수확. 목화를 따는 필리핀 소녀.   수확한 면화 건조.

　필리핀 경제 재건 및 공영권 내 자급자족 체제를 확립하기 위해 필리핀 농업의 중심인 사탕수수 재배에서 면화 재배로 전환한 지 벌써 반년, 군관민의 필사적인 노력이 결실을 맺어 필리핀 각지의 면화 재배는 1월 하순에 각각 수확기에 들었다. 면화 재배는 고급 농업의 하나로 기술적으로 상당히 어렵지만 각지에서 처음 하는 것치고는 드물게 품질도 양호하여 필리핀 농민에게 면 재배에 대한 희망을 줌과 동시에 기술을 습득한 덕분에 앞으로 점점 더 유망하리라는 것이 실증되었다.

　필리핀 면화 증산 계획에 의거하여 제1차년도, 즉 작년도의 재배면적은 특히 루손섬 한 곳에서만도 14,000정보(약 138.8km²) 이상을 달성하는 등 모두 좋은 성적을 냈지만, 본년도는 이를 약 3배인 5만 정보(약 496km²)까지 확장할 것이며 나아가 군정감부에서는 필리핀 면화 재배의 지도 기관으로 필리핀 면화 재배 협회를 설립, 군정감부 지도 아래 일본 면화 재배 협회와 긴밀한 연락을 유지하여 앞으로 증산 계획을 한층 발전시키기로 했다.

277호(1943년 6월 23일)

적도 아래 농민도장, 북보르네오 세리안

북보르네오의 쿠칭(Kuching) 시가지에서 동남쪽으로 탄탄한 아스팔트 도로를 77km쯤 달리면 세리안(Serian)이라는 부락이 나온다.

황군이 파죽지세의 공격을 퍼부었던 그날에서 얼마 안 되어서 이 세리안 부락에 일본 병사가 홀로 들어와 부근 주민인 이반족(Ibans) 청년들을 모아 일본식 농경법으로 농산물 증산 지도를 시작했다. 풍요롭고 비옥한 들에, 이반족 남자들은 원시적인 방법으로 자신들이 먹을 만큼 필요한 쌀을 재배하고 그 이상은 절대로 많은 쌀과 야채를 경작하려 들지 않았다. 일본 병사는 그들의 단순한 머리에 열심히 대동아전쟁의 의의를 설파하며 그들 민족의 정신적 고양을 꾀했다. 일본 병사의 강인함에 절대적인 존경심을 아끼지 않았던 이반족의 머릿속에도, 잘은 모르지만 대동아의 서광이 빛났다. 그리고 몇 개월의 시간이 흘러 일본 병사가 가르쳐 준 방법으로 쌀과 채소가 훌륭하게 자라났다. 과거에는 한 번도 경험한 적 없는 대량 수확이었다. 순박한 그들도 젊은 일본 병사의 열렬한 농업지도 정신에 감동을 받아 매일매일 모이는 수가 많아졌다. 병사의 얼굴에 땀과 웃음이 빛났다. 농민도장(農民道場)[14]의 멋진 간판이 걸리고, 그 이름 아래에 모이는 자가 100명도 넘었다. 쌀은 잘도 자랐다. 카사바도 쑥쑥 자랐다. 대지의 넉넉함에 안긴 그들의 마음 속에도 건설 보르네오의 발소리가 들려왔다.

오늘 기쁜 농민도장 종업식이 주 장관의 임석하에 열렸다. 주 장관의 손으로 한 사람 한 사람 일정의 괭이가 포상으로 건네졌다. 이반족 청년들의 가슴이 부풀어 올랐다. 늠름한 손에, 발에 힘이 넘쳐 감격이 스콜 빗물처럼 흘러내렸다. 각하의 앞에서 '숙련자용 괭이'를 받아 든 감격은 그들에게 한평생 잊을 수 없는 것이었다. 깊은 산속 고향으로 돌아가 일본

---

14 (편집자 주) 농업 인재 양성을 목표로 일본 각지에 설치되었던 농업 교육기관. 일본 농촌 갱생 운동의 일환으로 시작되었다.

병사에게 배운 식량 증산에 매진하겠노라 결심하는 마음이 밝았다. 아버지, 어머니, 형제와 친구에게 일본 병사가 그랬듯이 내가 밭을 일구는 방법을 가르쳐 주어야지. 사라왁의 대평야에 제비가 날고 백금 같은 태양이 미소를 짓는다.

일본식 무논 경작법을 이해한 원주민들은 그 엄청난 수확량에 경탄해서 눈이 휘둥그레졌다. 그리고 도장의 논에는 그들의 손으로 더욱더 생장이 빠른 벼종자가 심어졌다. 논을 지나가는 남국의 바람도 상쾌하다.

오늘은 도장의 종업식이다. 주 장관 각하께 증서와 함께 받은 '숙련자용 괭이.' 이것을 잘 활용하는 것이 곧 이반족 청년들의 희망이다.

발끝으로 밟는 아침 이슬의 상쾌함. 자, 오늘도 힘차게 땅과 싸워 보자.

고향의 기름진 들판이 드넓게 펼쳐져 있다. 풍부한 천혜를 자신들의 손으로 보다 풍요롭게 만든다고 생각하자 희망이 빛나 고향으로 가는 발걸음도 절로 가벼워진다.

278호(1943년 6월 30일)

분발하는 청소년—자바 농민 학교

괭이를 둘러멘 훈련생들이 원기 발랄하다.

농경을 도와주는 소중한 말을 손질하는 일도 훈련생들의 일과 중 하나.

실습 농장에서 땀 흘리는 훈련생들.

좌선을 하며 무념무상의 정신훈련.

자바 원주민들의 정치참여를 가능한 속히 인정하겠다는 제국의 성명은 자바 민중들에게 한없는 희망을 주었으며, 그들도 이에 부응하여 대동아 건설전에 한층 노력을 기울이고 있다.

이곳 자카르타시 400정보(약 4km²)로 이루어진 과수원과 이어진 바사르 민구에 있는 농민도장은 그야말로 자바 산업 건설 운동의 상징이 되고 있다.

섬 전역 각 주의 관청에서 선발된 15세에서 20세까지의 농촌, 산촌 청소년 200여 명이 무한히 열린 도장의 초원에서 뜨거운 땀을 흘리며 괭이를 휘두르고 있다.

희망에 부푼 훈련생들은 '애국 행진곡'을 부르며 개간 밭을 향해 밀감 나무가 무성한 가로수 길을 행진한다. 밭에서는 손에 괭이를 들고 땅을 일구고, 도장에서는 정신을 단련하는 청소년들 모습은 우리 우치하라(內原) 훈련소[15] 훈련생들의 생활을 방불케 한다.

281호(1943년 7월 21일)

증산으로, 일망천리의 농원―수마트라

착유된 기름은 팜유라 불리며 마가린, 비누의 원료로 쓰인다. 식물성 기름 중 고급품에 속하여 세계시장에도 커다란 판로를 갖고 있다.

삿갓을 쓰고 짧은 사롱(Sarong)을 입은, 일본과 똑같은 모내기 풍경―네덜란드의 자국 본위 농업정책은 황군의 진주와 함께 바뀌어 식량 자급을 지향하는 벼농사하는 땅이 비약적으로 증가했다.

---

15 (편집자 주) 1938년 이바라키현 우치하라(지금의 미토)에 설립된 만주 농업이민 훈련소로, 만주와 내몽골 개간을 목적으로 17세 전후의 청소년 의용군을 훈련시켰다.

 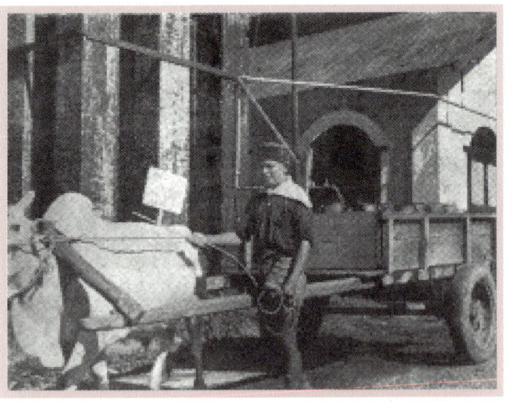

지금은 군정 당국의 관리를 받지만 일부는 식량 경작지를 대신해 가는 델리 토와(Deli-Toewa) 담배 농장. 일찍이 네덜란드가 델리 담배로 세계에 자랑하던 궐련의 원재료 생산지가 이곳이다. 동해안 개발은 이 담배 재배와 함께 시작되었다.

농장의 고무나무 숲 가운데 넓은 도로가 가로세로로 펼쳐져 있다. 채집된 고무액은 이 길을 따라 페마탕시안타르 공장으로 운반되어 간다. 여기서는 세계적으로 얻기 힘든 해저케이블에 사용될 탈단백질 고무, 탈색 고무의 특수 가공이 이루어지고 있다.

    천혜의 자원이 풍부한 남방의 여러 지방 중에서도 실로 보고라고 할 수 있는 수마트라의 농산물은 현지 주민들의 협력으로 비약적인 증산의 길에 이르러 남방 물자 교류의 매우 중요한 역할을 담당하고 있다. 특히 남방이라고 하면 곧잘 정글 지대를 상상하지만, 수마트라는 한 발짝만 들어서도 농업의 나라임을 느낄 수 있다.

    수마트라의 수도 메단 교외의 페마탕시안타르(Pematangsiantar)는 예부터 기후가 좋은 토지로 넓디넓은 농장 지대를 이루고 있다. 농장이라고 해도 일본 본토의 그것과는 전혀 달라서, 이곳의 농장은 하나가 수백 정보(100정보는 약 0.99km²)에서 수천 정보(1,000정보는 약 9.9km²), 그중에는 1만 정보(약 99km²)가 되는 것도 있으니 일본 본토의 군(郡) 하나가 이곳의 농장 하나 격이다.

    이 대농장은 황군의 진주 후에 미야(宮) 농장으로 개칭되었는데, 이 땅 일대에는 고무, 담배, 야자수를 비롯하여 사이잘삼(Sisal), 코코야자, 코코아, 과일 등이 심겨서 여러 가지 농업이 모인 하나의 집단농장을 이루고 있다. 유리한 기후 조건과 맞물린 기름진 토지 덕분에 파종 후에는 특별히 손을 쓰거나 비료도 주지 않고 그냥 놔두어도 밭벼가 자랄 정도이다.

    종래 네덜란드가 남방 특산품으로 막대한 이익을 얻기 위해 24만 정보(약 2,380km²)의

광활한 면적을 담배 농장으로 삼거나 동해안 주의 150만 정보(약 14,876km²) 면적 중 대다수를 담배, 고무, 야자수 농원으로 사용했기 때문에 이 나라는 넓은 농장을 가지고도 식량의 자급이 이뤄지지 않아 매년 상당량의 쌀을 외부에서 수입했다. 그러나 황군 진주 후에는 우리 군정 당국이 일단 담배 농장 6만 정보(약 595km²)를 개방하여 쌀을 경작하게 했기 때문에 그 수확량으로 식량 자급도 곧 해결될 것이며, 현지 주민들은 감사와 감격에 불타 계속해서 농업 증산에 용감히 임하고 있다.

이 수마트라 동해안만으로도 실로 고무 농장이 35곳, 야자수 농장 6곳, 다원 43곳, 그 밖에도 많지만 다음에 그 일부를 소개하겠다.

290호(1943년 9월 22일)

자바에 대치수공사 진행하다.

옛 네덜란드 통치하에서 몇 번이나 범람을 겪어 걱정이 많던 현지 주민들은 우리 당국의 대책에 감격하여 불굴의 노력으로 맨틀[地殼]에 도전한다.

"기계가 부족하다면 주민 모두가 쿨리가 되어서라도"라는 현지 주민들의 노력 덕택에 공사가 빠르게 진행되고 있다.

5천만 명의 자바 주민들이 손꼽아 기다리던 현지 주민들의 정치 참여와 관련한 구체적인 법령이 지난 9월 5일 공포되었다. 이에 따라 황군 상륙 이래 전폭적으로 협조하는 모습을 보여 주었던 현지 주민들은 인격과 식견이 우수한 대표자를 중앙 참의원에 보내 최고 지휘관의 하문 사항에 보고·건의하고, 주 혹은 특별시의 참의회 의원으로서 지방 정무 사항을 건의·보고하거나 군정감부 각부에 참여하여 시책들의 심의에 참가하고, 또한 주 장관이나 군정 기관의 장관, 그 밖의 중요한 자리에 등용되어 원주민들의 장래 활약을 기대할 수 있게 되었다.

　군정하에서 전례가 없는 이 새로운 기구는 옛 네덜란드 정부의 식민지 착취 정책적 시책을 단번에 바꾸었다. 또한 전폭적인 신뢰를 바탕으로 대동아 건설에 협력해 온 현지 주민들에게 답을 함과 동시에, 앞선 버마 독립 약속처럼 약속을 충실하게 실천하는 우리 나라의 태도를 확실하게 증명한 것으로, 착실히 건설 중인 공영권의 일대 진전이라고 말할 수 있다.

　자바 주민들은 모두가 일찍이 대동아전쟁과 공영권의 의의를 자연스럽게 이해하는 마음을 가지고 황군을 신병(神兵)으로서 맞이하였기 때문에 이러한 획기적인 참정이 가능했다. 동아 민족의 행복을 자신들의 손으로 쌓아 나갈 힘을 얻은 자바 현지 주민들의 책임은 앞으로 점점 더 중대해질 것이다. 그러나 오늘날 이 영광을 쟁취한 자바 현지 주민들은 넘치는 감사의 마음으로 우리 나라와 함께 전력을 다해 전쟁 완수를 향하여 나아갈 것이다. 건설이 진행 중인 자바의 모습 중 하나로 대치수공사, 케디리(Kediri) 주의 운하 개간 공사를 여기에 소개해 본다.

　전쟁 전, 관개 기술을 자랑하던 옛 네덜란드 정부가 도저히 실현해 내지 못했던 것이 이 대공사다. 그러나 주 장관이 직접 현지 답사에 나서고, 그 사실을 안 현지 주민들이 감격하여 "기계가 없다면 주민 모두가 쿨리가 되어 완수해 내자"라고 하면서 열의와 협력을 불태워 지난 2월 1일, 기공식을 한 지 반년도 되지 않아 벌써 공사의 4분의 1을 완료하는 훌륭한 진전을 보였다. 이로 인해 부활할 토지와 주민들에게 제공될 복지는 그야말로 막대할 것이다.

351호(1944년 12월 13일)

적의 물량을 넘고자—자바 운하 개통

최고 지휘관이 테이프를 끊었다. 호수는 둑을 넘어 콸콸 운하로 흘러든다.

세찬 물줄기는 물길을 통해 인도양으로 흘러간다.

자바의 케디리 주 파파르(Papar)에 있는 참푸르다랏(Tjampurdurat) 호수는 매년 우기가 되면 항상 범람하므로, 농민이 바쁘게 고생해서 키운 농작물도 물거품이 되는 일이 흔했다. 그럼에도 불구하고, 전쟁 전 옛 네덜란드 정부는 관개 기술을 세계에 뽐내면서도 이를 해결하지 못했다.

우리 군정감부가 작년 2월 공사에 착수했다는 사실에 대해서는 이미 작년 9월 22일(제290호) 본지에서 '자바에 대치수공사 진행하다'라는 제목으로 이미 보도한 바 있으며, 그 이후로 1년 반, 전시하의 자재 부족을 극복하고 가혹한 습지대에 발생하는 악성 말라리아와 끝까지 싸워낸 불굴의 야마토 정신[大和魂]이 개선가를 불러 운하가 완성되었다.

지금 평원에 일선(一線)을 긋고 맥박이 뛰듯이 흐르는 이 운하 덕분에 습지대가 되살아나고 황금빛 벼이삭을 결실할 날이 가까워지고 있다는 평가가 들려온다. 바로 이것이 개발되고 신장되어 가는 대동아의 믿음직스러운 모습이다.

대동아 건설 진행되다, 북보르네오 세가마(Segama) 농장

천고의 밀림에 도끼와 톱 소리가 울리고, 이윽고 끝없는 옥야(沃野)가 경작되어 간다. 이것이야말로 적도 아래 북보르네오에서 용감히 싸우고 있는 일본인 개척 전사들이 흘린 땀의 성과다. 이 수많은 사람들은 전쟁 전 척무성(拓務省)의 개척민으로서 남쪽으로 신천지를 찾아 도항한 이들이다. 이들은 개전과 함께 한때 적의 손에 붙잡혀 고립된 섬에 감금되었으나 황군의 진격으로 구출되었고, 계속해서 흙의 전사로서 개척에 앞장서고 있다. 불굴의 투혼과 피의 노력은 은혜로운 대자연의 품속에서 더욱 자라, 풍요로운 결실이 되어 신장되는 일본의 국력을 더욱더 강하게 만들어 갈 것이다.

광막한 열대 옥토, 일본인들 손으로 개척한 세가마 대농장—봉으로 구멍을 뚫어 씨앗을 심는다.

04

동남아시아의 자원

일본이 독일·이탈리아와 연대하게 된 것은 '가지지 못한 나라'라는 공감대를 통해서였으며, 이는 곧 '자원의 결핍'을 의미했다. 만주사변과 중일전쟁을 거치면서 일본은 일본과 식민지, 만주, 중국, 동남아시아까지를 포함하는 넓은 지역의 경제권을 구상했는데, 그것이 바로 경제적 의미에서의 '대동아공영권'이었다. 총력전체제를 구축하기 위해 군수공업을 육성하기 위한 전략물자 확보에 힘썼다. 특히 동남아시아는 원료 공급지로서 중요한 의미를 가졌기 때문에, 일본은 이른바 '남방 작전', 즉 동남아시아 침략의 목적을 '일본 제국의 자존자위(自存自衛)를 관철'하는 것이라고 설명했다.

일본이 동남아시아에 눈을 돌리게 된 계기는 미국 등 서구 국가와의 전쟁을 수행하기 위해서 석유 등 동남아시아의 많은 자원들이 필요했기 때문이다. 말레이의 주석과 고무, 프랑스령 인도차이나의 철광석 등 동남아시아는 지하자원의 보고였고 특히 인도네시아의 풍부한 석유는 일본의 최종 목표였다.

네덜란드령 동인도는 종주국 네덜란드에 종속되어 있었지만 영국 자본 15%, 미국 자본

6% 등도 유입되어 있었다. 석유 외에도 주석, 은, 석탄, 고무, 키니네 등 다른 자원도 풍부했다. 일본은 이미 아시아태평양전쟁 개전 이전에 네덜란드령 동인도와 경제 교섭을 시도했으나 자원 개발에서 일본의 특별한 지위를 인정받지는 못했다.

17세기 초에 등장한 철판에 주석을 입힌 양철, 1850년대에 특허를 받은 깡통 따개, 19세기 초에 등장한 통조림 등으로 주석의 가치는 더욱 치솟았다. 수마트라 북쪽과 태국 푸껫섬(Phuket)에서 말레이반도 서안의 페락(Perak)과 슬랑오르(Selangor), 수마트라의 방카섬(Bangka)으로 이어지는 믈라카해협 일대는 예로부터 유명한 주석 산지였다. 영국 식민 당국은 일찍이 말레이반도와 태국 남부의 주석에 주목했고 중국인 자본가들은 주석 광산으로 부를 축적했다. 특히 믈라카해협의 중심지 페낭은 중국계 자본과 중국인 쿨리의 노동력으로 20세기 초까지 주석 개발 붐을 주도했다.

일본은 동남아시아를 무력 점령하는 과정에서 영국, 프랑스 등의 유전을 파괴하고 주요 자원을 확보했다. 『사진주보』에서는 보르네오의 석유, 싱가포르의 고무, 페낭의 주석 등을 주로 언급했다.

203호(1942년 1월 14일)

유전이 먼저 우리 손으로 돌아오다, 영국령 보르네오

앞서 영국령 보르네오 서북 지역의 중심인 미리, 루통(Lutong), 세리아의 요충에 적전상륙을 한 우리 육군 부대는 전과를 더욱 확대하여 지난해 12월 31일 브루나이를 점령, 이어서 1월 1일에는 브루나이만의 중요한 지점을 점하는 라부안섬을 무혈점령하기에 이르렀다.

한마디로 영국령 보르네오라고 하는 이곳은 북보르네오, 사라왁 왕국 및 브루나이 왕국 이렇게 세 독립 정권의 나라로 이루어져 있다. 이번에 황군이 무혈점령한 브루나이는 영국령 보르네오의 지하자원 중 가장 중요한 석유의 산지로, 사라왁 왕국의 미리 유전과 견주는 세리아 유전을 가진 곳으로 유명하다. 미리, 세리아 두 유전은 영국 동양 부대의 중요한 연료 보급지다.

황군의 영국령 보르네오 진격과 함께 세리아와 미리의 유전은 우리 손에 돌아왔다. 패배한 적이 도망가기에 앞서서 방화하여 파괴했던 세리아 유전에서는 황군 채유대의 재빠른 복구로 건설적인 채유가 시작되었다.

적은 비겁하게도 패주하기 전에 유전에 불을 질렀지만, 우리 상륙부대의 과감한 진화 작업으로 불길을 잡아 세리아 유전을 확보했다.

발 빠르게 채유관 수리에 나서는 우리 채유대.

230호(1942년 7월 22일)

세계적인 수준의 페낭 주석 제련소

말레이반도의 어깻죽지, 믈라카해협에 면한 페낭은 면적이 불과 278km²(일본 아와지섬의 약 절반 크기)인 작은 섬이지만, 주석 생산량으로는 세계적으로 우수하여 그야말로 주석의 섬이라 할 만하다. 실제로 대동아전쟁 발발 직전까지 페낭의 주석 공장은 미국과 영국 두 나라의 가장 큰 주석 공급지로서 세계 생산량의 약 40%를 생산했다.

적의 수중에서 우리 쪽으로 접수된 현재, 이 주석 공장은 대동아 건설의 중요한 일익을 담당하고 있으며, 공장을 가득 메운 주석 제련을 위해 철야 작업을 계속하고 있다. 특히 우리 파견 기사들의 뛰어난 기술에 말레이인들이 진심으로 협력을 하는 모습이 이 건설 전선에서 아름다운 꽃을 피우고 있다. 제련 공장의 굉음 속에서, 주석 판금을 수송하는 등록 통캉(Tongkang)[16]에서 우리 파견원과 원주민 들이 협력하는 흐뭇한 풍경을 바라보고 있으면 건설전의 미래를 암시하는 모습인 듯하여 실로 믿음직스럽다.

---

16 (편집자 주) 중국과 동남아시아 등지의 연해나 하천에서 사람이나 물자를 나를 때 쓰던 배(정크)의 유형을 총칭하는 단어로, 일본에서는 한자로 융극(戎克)이라고 썼다.

대일본 페낭 주석 제련소.

채광한 주석 광석을 분석해서 주석의 함유량을 검정하는 제련소의 분석실.

분류를 마친 주석 광석은 광차에 쌓아 올려서 창고에서 제련공장으로 옮긴다.

여기에서 주석 광석은 불순물을 제거하기 위해 6단계식 배소로(焙燒爐)에 올려진다.

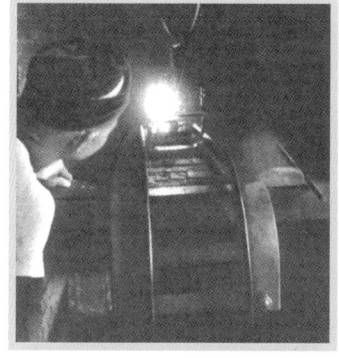

불순물을 제거한 광석은 광석차반사로(鑛石次反射爐)에 넣어져서 중유로 가열된다.

녹은 주석에 증기를 불어 넣어서 정제 주석이 완성되면, 이것을 틀에 부어서 동결시킨다.

완성된 주석 판금이 연달아 산더미처럼 쌓아 올려지고, 공장 안에 흐릿한 흰빛을 내뿜는다.

개조되어 주석 광석을 운반하는 예전의 유람용 케이블카.

234호(1942년 8월 19일)

필승 석유 태세 보르네오

해군 ○반의 활약으로 석유가 솟구쳤다!

일찍이 영국의 전 육군참모총장 아이언사이드(William E. Ironside)가 "일본이 보르네오를 차지한다면 100년 전쟁이 아니라 300년 전쟁도 가능해질 것"이라 말했다고 한다. 석유의 섬 보르네오를 치하에 두게 된 황군은 네덜란드령 동인도군의 초토전술 때문에 불탄 석유 도시 발릭파판, 상가상가(Sanga-Sanga), 삼보자(Sambodja) 등의 유전 복구에 밤낮을 가리지 않고 서둘렀다. 여기에서도 '낮잠 따위는 잊은' 남방 주민들의 새로운 모습을 볼 수 있었다.

보르네오뿐만이 아니다. 수마트라, 뉴기니 등 세계적 유전의 복구 공사가 하루하루 진전되어 채유량의 예측도 대체로 가능해졌다. 그 기세를 몰아 현지군은 전쟁 전 산유량을 훨씬 능가하기 위해 기존 유전의 채유는 물론, 미개발지 조사 등에 착수하여 필승 만전의 정책을 시행하고 있다.

| 기름이다, 기름이다! 기름이 분출한다. | 파이프는 연결되었으니 채유가 멀지 않았다. |

복구를 서두르는 ○○증류 공장.

247호(1942년 11월 18일)

쇼난 역은 고무의 홍수

풍부한 자원을 쏟아 군비(軍備)에 광분하는 미국에서도 아니나 다를까 심각한 고무 부족에 시달려 승용 자동차의 타이어 배급을 극도로 제한했다고 한다. 남방 점령지의 고무

매일 아침, 줄기에 칼집을 내면 칼집에서 금세 고무액이 흘러나온다. 심고 난 뒤 15, 16년째에 가장 고무액 배출이 많다.

걸쭉하고 하얀 고무액은 수송관을 흘러 제성 공장으로 보내진다.

응고조(凝固槽)에 들어간 고무액에 산(酸)을 더해 고무 섬유가 만들어진다.

말레이의 각 고무 농장에서 쇼난 역에 도착하는 원료 고무는 제조 공장이나 일본으로 착착 옮겨진다.

생산고는 세계 생산량의 약 80%에 이른다. 1939년의 통계에 따르면, 말레이만 해도 세계 생산량의 50%인 46만 1,000톤을 산출하여 그 3분의 2를 미국으로 수출했는데, 이것이 우리의 점령과 함께 뚝 끊어졌으니 미국도 당연히 고뇌할 만하다. 고무는 종래에 비행기, 자동차, 전차, 방독구 등의 군수기자재를 비롯하여 벨트, 호스 등의 공업 자재 및 생활용품 등에 쓰이는 용도이므로 그 이용 범위가 더없이 넓다. 일본은 이 풍부한 고무 자원을 도료와 섬유 원료, 금속 대용, 건축 토목의 신재료 등으로 적극적으로 활용할 수 있도록 각 관계 기관과 현지 연구소에서 연구와 고안을 진행하고 있는데, 쇼난에서 들려오는 소식에 따르면 폐고무로 옥탄 가격에 우수한 실제 가솔린에 뒤지지 않는 우수한 연료를 얻을 수 있어 현재 공업화를 향한 연구가 착착 진행되고 있다고 한다.

249호(1942년 12월 2일)

적 미국은 전쟁 준비에 미쳐 있다.

솔로몬제도(Solomon Islands) 방면에서 미국의 집요한 반격, 알류샨 방면 북방 기지에 대한 적의 공습, 모두 우리의 과감한 공격과 부동의 방위가 적에게 재삼재사의 고배를 먹이고 있다. 전쟁이 시작되고 참패를 당하여 동아의 거점을 잃은 미국도 자국 내 전시체제를 급속하게 정비함과 동시에 미국-호주 간 연락선을 어떻게든 확보하여 기회가 왔을 때 일본에 총반격하기 위해서 준비에 여념이 없는 모습이다.

'민주국가의 병기창'임을 자부하는 미국은 국민소득의 50%에 달하는 막대한 예산으로 군비확장을 강행하기 위해서 올해 초부터 항공기 6만 대, 선박 8백만 톤, 그 외 막대한 전차와 고사포 등의 건조에 모든 군수공장을 동원하고 있다. 또한 동시에 하와이와 말레이반도 앞바다에서 벌였던 해전의 패배를 돌아보고 항공모함 중심의 함대를 재편성하기 위한 신조(新造)와 개조를 서둘러 대량 항공모함 건조에 착수했다고 전해진다.

개전 1년, 대동아전쟁이 점차 심각한 장기전 양상을 띠기 시작하자 전쟁이 처음 터졌을 당시에는 망설였던 미국 국민들도 점차 깨어나 '이번 전쟁에서는 멍청하게 질 수 없다'는 생각을 하게 되었다고 한다. 실제로 얼마 전 중간선거에서 공화당의 진출이 두드러졌던 것이 루스벨트(Franklin D. Roosevelt)의 전쟁 수행 방책이 여전히 미온적인 데 반대하는 증거라고 할 정도였다. 하루 1억 5천 8백만 달러에 달하는 방대한 군수생산에 미국 전체가 광분하고 있는 것을 보면 적의 선전이 결코 과대 선전이라고만 장담할 수 없는 면이 있다.

전쟁 전에 미국 병기창의 중요한 공급원을 담당했던 남방 여러 지역이 일본의 점령하에 놓이면서 군수생산에 필요한 고무, 주석, 텅스텐 등의 수입 단절이 미국이 부르짖는 군비에 중대한 영향을 끼치고 있다는 사실은, 그들이 이 방면의 일반 소비를 극도로 제한하고 있는 것을 보아도 알 수 있다. 그러나 그렇더라도 우리는 미국이 일반적으로 물자에 있어서는 매우 풍요로우며, 그 풍부한 자본력의 위력으로 적어도 무기만은 여봐란듯이 만들어 우리에게 반격을 꾀하고 있다는 것을 기억해야 할 것이다.

물론 일본의 비행기 공장, 병기창은, 선거(船渠)는 어쨌든 우수하고, 잘 맞히고, 격파도 잘 시키는 병기를 척척 만들어 내고 있다. 게다가 그것을 조종하는 것은 백전(百戰)으로 연마된 정예부대이니 아무것도 두려울 것이 없다. 그러나 적 또한 진심이다. 적도 그만큼 진지하다는 사실만은 알아두자.

말레이의 주석도 전쟁을 위해 채굴되었다.

말레이의 주석과 고무는 이미 알려진 바와 같이 모두 생산량이 세계 제일이며, 일찍이 '영국의 달러 박스(Dollar Box, 돈줄)'라고 불리었다. 그중 주석은 전쟁 전에 세계 생산량의 45%를 차지하는 연간 생산량 약 7만 톤, 더욱이 그 최대 소비국은 다름 아닌 미국이었다.

군은 점령과 동시에 파괴되었던 시설 복구를 서둘러 가장 먼저 그 획득에 착수했다. 따라서 생산은 급속하게 회복되어 이미 군정감부의 지도 아래 공장, 광산의 경영을 위탁받은 담당자가 생산에 전력을 기울이고 있으며, 필요량의 일본 송환도 예정대로 진척되고 있다.

이처럼 지금 대동아는 미국과 영국의 항전력에 없어서는 안 될 군수물자를 장악하여 자원 작전에서도 세계적인 무기를 빼앗았다.

파케케이블 주석 광산의 채광, 운반 상황.

바투 슬랑오르(Batu Selangor) 주석 광산의 준설 작업.

스테이트 주석 광산의 거대한 수압기.

슬랑오르 주석 광산의 대규모 제련작업.

279호(1943년 7월 7일)

페낭의 주석 제련소

말레이의 주석과 고무는 모두 세계 최고 품질이다. 점령 후 얼마 안 되어 생산과잉 문제에 앓는 소리를 하는 사람도 있었지만, '많은 것은 걱정이 아니다.' 따라서 계속해서 일본

자루에 채워 넣은 원광(原鑛)과 빛나는 제품 주석의 산. 영국인들이 보면 분할 것이다.

합격품은 긴 화물열차에 실려 항구로, 그리고 일본으로 실려 간다.

녹인 주석은 틀에 흘려 넣어 냉각 후 주석 정제품 검사 저울을 거쳐 창고로 들어간다.

밤낮을 가리지 않고 타오르는 용광로.

본토로 수송되어 전력화되고 있다.

　주석은 페낭섬에서, 이 또한 세계 최고의 주석 제련소가 있어서 풍부한 원광을 계속해서 제품화시키고 있다. 제련소는 ○○만 톤의 제련 능력을 가지고 있으며, 그 수량의 약 절반은 영국 본토에 보내졌었다고 한다. 말레이의 상실이 영국에게 얼마나 뼈아픈 일인지 이런 점에서도 충분히 알 수 있다.

　전쟁 당시 영국의 병사와 기술자들이 파괴한 곳들도 지금은 완전히 복구되어, 제련소는 현재 그 능력을 최대한 발휘하고 있다. 강 건너 페라이(Perai) 시가에서 페낭섬을 바라보면 섬 중앙에 높이 세워진 수많은 굴뚝들이 섬을 뒤덮을 듯이 기운찬 연기를 끊임없이 뿜어낸다. 그 아래에서는 원주민이지만 수고를 하는 용접공들이 자연 상태의 주석을 가득 채워 넣고 있는데, 제련된 주석은 연달아 들어오는 차들에 실려 항구로 향한다. 지금 주석의 도시 페낭은 전쟁 전보다 훨씬 더 활기차다.

眞週報

제4장

'대동아공영권'의
이상과 동남아시아

도조 히데키 수상의 동남아시아 시찰

1940년 7월부터 제2차 고노에 내각 및 제3차 고노에 내각의 육군대신을 역임한 도조 히데키는 1941년 10월 18일 수상으로 취임했다. 육군 강경파 도조를 통해 육군을 통제하여 전쟁을 막고자 하는 의도에서 그를 수상으로 발탁한 것이지만 결국 일본은 전쟁을 시작하게 되었다.

도조는 일본군이 점령한 동남아시아 지역을 두 차례에 걸쳐 시찰했다. 먼저 1943년 5월에 필리핀을 방문하여 바르가스 행정장관을 만나 대동아 건설을 강조하고 학교, 경찰관 훈련소, 조선소, 공장 등을 시찰했다. 도조 수상의 필리핀 방문 기사를 실은 『사진주보』 272호의 표지에는 바르가스 필리핀 행정장관의 얼굴이 실렸다. 그리고 3면에서 7면까지 지면을 대폭 할애하여 도조의 필리핀 방문 내용을 실었다. 필리핀인들과 격의 없이 대화를 나누는 도조의 모습과 일장기를 들고 거리를 메운 필리핀인들의 모습 등, 도조를 맞이하는 마닐라의 풍경을 실어서 선전 효과를 높였다.

두 번째 방문은 같은 해 7월로, 도조는 2주간 태국, 말레이시아, 수마트라, 보르네오를 방문했으며 싱가포르에서 자유인도 임시정부의 수반인 수바스 찬드라 보스(Subhas Chandra Bose)와 함께 인도국민군을 열병하는 한편, 바모(Ba Maw) 버마 행정장관과 회담했다. 그리고 자카르타와 필리핀을 돌아 귀국했다.

동남아시아 시찰기사를 게재한 『사진주보』 281호 표지는 활짝 웃는 싱가포르 어린이 3명의 사진을 실어 '아시아는 하나다'를 강조했다. 3면부터 7면에 걸쳐 도조가 방문한 자카르타, 싱가포르, 마닐라, 방콕 등의 모습을 담았으며, 태국 기사는 별도로 실었다.

"같은 동아시아 혈족끼리는 다툴 수 없는 법—1천 8백만 민중을 이끌고 동아시아로 돌아온 필리핀 섬의 지도자 호르헤 B. 바르가스 행정장관은 일본인 그 자체의 온화한 면모를 지닌 친일가다. 아시아의 적 미국과 영국을 물리칠 때까지 싸움을 멈추지 않겠노라 도조 수상에게 맹세한 가슴속에는 독립을 향한 타오르는 정열과 일본에 대한 끝없는 신뢰가 담겨 있다."

"쇼난의 하늘은 밝다. 대동아의 빛나는 미래처럼 눈부신 태양이 비친다. 얼굴색은 시꺼멓지만 웃으면 이를 드러내어 너무도 귀여운 이 아이들이 어른이 될 무렵 아시아는 하나, 모두 형제의 나라가 되어 새로운 세계를 만들고 있을 것이다."

272호(1943년 5월 19일)

마중 나온 바르가스 장관과는 첫 대면. 힘 있는 악수를 나누었다.

도조 수상과 악수하는 바르가스 행정장관. 허리를 숙인 바르가스의 옆모습과 꼿꼿이 서 있는 도조의 앞모습을 촬영한 이 사진의 구도가 '대동아공영권'의 서열을 보여 주는지도 모른다.

호르헤 B. 바르가스(1890-1980)

1909년 필리핀 네그로스 고등학교(Negros Occidental High School)를 졸업하고, 필리핀대학교(University of the Philippines)에서 1911년에 학사 학위를, 1914년에는 석사 학위를 취득했다. 1914년 필리핀 변호사가 된 후 필리핀 위원회의 법률 서기로 지명되었다. 초고속 승진으로 1917년에는 내무부 서기장이 되었다. 1918년 하원 대변인 세르히오 오스메냐(Sergio Osmeña)의 법무 비서, 1936년에는 대통령 마누엘 L. 케손(Manuel L. Quezon)의 주임 보좌관이 되었다.

1941년 일본군이 필리핀을 침략했을 때 국방부 장관으로 임명되었으며, 몇 주 후에는 케손 대통령에게 마닐라 대도시(City of Greater Manila) 지역의 시장으로 임명받아 케손 망명 후의 정권을 위임받았다. 이 시기에 무방비도시 선언과 1942년 1월 2일 일본군의 마닐라 점령이 이루어졌다.

1942년에 바르가스는 일본이 주도하는 필리핀 행정위원회 의장이 되었다. 일본은 그에게 대통령직을 제안했지만 바르가스는 거절하는 대신에 일본 대사에 취임했다.

제2차 세계대전 후 1946년부터 1954년까지 국가계획위원회 의장으로 일했으며, 1961년부터 1965년까지 필리핀대학교 평의회 임원으로 일했다.

"총을 잡는 법이 틀렸네." 필리핀 경찰관 훈련소를 시찰하며 훈련생 한 사람, 한 사람에게 다가가서 직접 손을 잡고 가르쳐 주는 열성을 보였다.

루네타 공원을 가득 메운 필리핀민중감사대회에 모인 필리핀 민중은 그 귀로 똑똑히 들었다―도조 수상의 열렬한 한 마디, 한 구절을 통해 맹주 일본의 위대함과 지도자의 정의(正義)를.

남방 산업의 개발은 배에서 비롯된다며 목조선 건조 상황 시찰에 나서는 모습.

산 안드레아스 소학교(San Andreas Elementary School) 1학년 일본어 시간. 군인 선생인 와타나베(渡辺) 병장이 질문하자 "네, 이것은 책상입니다." 또박또박 뛰어난 일본어 대답에 수상도 자애로운 아버지의 표정으로 온화하게 고개를 끄덕였다.

도조 수상, 필리핀을 방문하다

도조 수상 겸 육군대신은 지난 5월 5일, 아직 작전하에 있는 필리핀을 방문하여 군 장병 및 군정 상황을 시찰했다. 동시에 바르가스 행정장관 이하 지도자들과 허심탄회한 환담을 나누고, 또한 직접 필리핀 민중을 만나 대동아 건설을 향한 진지한 협력을 요청하는 등 역사적인 필리핀 방문의 목적을 이루고 9일 귀국했다.

수상은 그 사이에 마닐라 루네타 공원에서 개최된 필리핀 민중 감사 대회에 참석하여 대동아 건설이 우리 도의(道義) 세계관에 기초한 성전(聖戰)임을 설파하고, 우리 필승의 신념을 토로함과 동시에 웅장하고 막힘없는 대공세를 준비하고 있음을 선언했다. 나아가 필리핀 민중의 전면적 협력을 근본 조건으로, 필리핀에 가급적 가까운 장래에 영예로운 독립을 허락한다는 방침을 다시 한번 확인하여 필리핀 민심에 빛나는 희망을 주고 새로운 결의를 환기시켰다. 이에 대해 바르가스 장관은 "필리핀의 모든 것을 드리겠노라" 맹세하였고, 민중 감사 대회도 같은 결의를 행해 열렬한 정신(挺身) 협력의 모습으로써 응답했던 것이다. 더욱이 수상은 잠깐의 틈을 이용하여 소학교, 경찰관 훈련소, 조선소, 야자유 공장을 찾아 늘 그렇듯 부모의 마음으로 시찰하며 친애의 연대를 굳건히 다졌다.

도조 수상 방문에 응답하여 한층 더 비약할 전 필리핀의 협력과 독립으로의 전진이야말로 대동아전쟁의 빛나는 전과로서, 앞으로 기대할 만한 일이 많을 것이다.

도조 수상을 맞이한 마닐라의 표정

코레히도르 총공격을 통해 적 미국의 동아시아 점령에 최후의 일격을 가한 날로부터 만 1년. 그날의 마닐라시민들을, 전 필리핀 사람들을 놀라게 한 것은 루네타 공원 단상 위에 올라 "필리핀 1천 8백만 민중이 하루라도 빨리 독립의 영관(榮冠)을 얻는 결실을 거두고, 또한 구현(具現)시킬 수 있기를 기대하며 기다리겠다"라고 사자후를 토한 도조 수상의 전격 방문이었다.

한 나라의 수상이 일찍이 서로 총칼을 겨누었던 점령지의 민중 앞에 서서 소신을 단적

도조 수상은 일부러 목조선 조선소를 찾아 시찰, 격려했다.

일본을 소개하는 사진잡지가 번화가 가게에 등장하면 사람들이 와르르 몰려들었다.

이륜마차와 전차가 마닐라의 일반 교통기관이었지만 버스노선도 재개되어 도심 왕래도 편해졌다.

'동양의 개선가'가 상영되던 밤, 발 디딜 곳 없이 들어선 관객 중에는 황군의 인자함 덕분에 해방된 필리핀 병사들도 섞여 있다. 바탄에서 망한 미국의 최후를 본 필리핀 사람들은 새삼스럽게 오늘 이 현실에 고마움을 느꼈다.

으로 선언한 것은 대동아공영권 건설의 이념을 수상 스스로 몸소 보여 준 통쾌한 일이며, 새로운 필리핀 건설에 더욱 박차를 가함과 동시에 여유만만한 일본의 실력을 똑똑히 보여 준 것이었다. 공영권은 본래 적국 진영에 미치는 영향이 매우 크다.

일본의 열의에 감분하여 더욱더 건설의 효과를 내보이고, 협력의 결실을 거두는 바르가스 장관 이하 전 필리핀 민중의 노력은 그대로 독립 구현으로 착착 발전해 갈 터이다.

281호(1943년 7월 21일)

도조 수상의 남방 시찰 2주간

쇼난을 방문한 도조 수상은 7월 6일, 인도국민군 수바스 찬드라 보스 씨와 더불어 국민군의 쇼난부대를 열병했다.

쇼난—7월 5일, 쇼난에 도착한 도조 수상은 우선 첫 번째로 시청 앞 광장의 시민대회에 참석했다.

쇼난—독립 준비로 바쁜 버마의 바모 행정장관도 쇼난에 와서 수상을 맞이하고 4개월 만에 다시 무릎을 맞대고 환담했다.

자카르타—"우리 아버지가 왔다!" 도조 수상의 내방을 맞은 자바 민중들의 기쁨은 컸다. 7월 7일 오후 4시 반, 자카르타시 감비르(Gambir) 광장의 감사 민중 대회에 참석한 도조 수상.

자카르타—전격 방문에 자바의 착한 어린이들은 환성을 질렀다. 일본어로 인사할 수 있는 날도 머지않았으리라.

마닐라—귀국길에 도조 수상은 7월 10일에 다시 필리핀을 방문하여 마닐라 호텔에서 열린 독립 준비 위원회와의 간담회에 출석했다.

방콕―도조 수상과 피분송크람 수상의 열병을 받는 약진하는 태국 국군. 그 칼 끝에는 황군과 더불어 단호히 미국과 영국 격멸로 직진하겠다는 결의가 넘친다.

방콕―촉박한 남방 사찰 일정 중 왕궁사원을 참배하여 동아시아 전통과 문화를 배려하는 도조 총리.

남방에서 돌아와서―수상 겸 육군대신 도조 히데키

나는 이번에 출장을 명받고 태국을 방문하여 피분송크람 수상 등 요인들과 흉금을 터놓고 환담하였으며, 또 눈앞에 펼쳐진 대전쟁 아래 놓인 태국의 실정을 접할 수 있었다. 통솔력이 뛰어난 지도자 피분송크람 수상의 온몸을 바친 지도하에서 온 나라를 바쳐 태국의 흥륭(興隆)과 대동아전쟁 완수에 혼신의 노력을 다해 정진하고 있는 태국 국민의 노력에, 나는 여기서 깊은 경의를 표하는 바이다.

그리고 이번 방문으로 두 나라 국민의 상호이해를 두터이 하고, 전쟁 완수의 결의를 굳히며, 특히 태국에 대해 제국이 취하고자 하는 새로운 협력의 구체적 방식에 관하여 두 수상 간에 완전한 의견 일치를 이룬 것은 참으로 축하할 일이다. 나는 태국 방문과 더불어 이번에 말레이, 수마트라, 보르네오를 방문해서 각 지역 군사 상황 및 주민의 실정을 시찰하고 또한 현지에서 활약하는 황군 장병 및 관민들의 노고를 치하할 수 있었는데, 이는 참으로 기쁘고 유쾌한 일이었다.

또한 나는 쇼난에서 바모 버마 행정장관과 회담하고, 또 인도의 독립지사 보스 씨와 회담하며 인도국민군의 투지 넘치는 모습을 접할 수 있었고, 자카르타에서는 주민들의 열의에 가득 찬 성대한 감사대회에 참석하였으며, 또한 마닐라를 방문하였을 때에는 필리핀 독립준비위원회 사람들과 회담할 수 있었다. 이는 참으로 행복한 일이다.

이번에 내가 방문한 남방 각 지역에서 황군은 극심한 더위 속에서 많은 악조건을 극복하면서 때로는 치안 확보 활동에, 때로는 요충지 방위에, 때로는 해상 초계(哨戒) 활동에, 때로는 해상 교통 보호에, 그리고 그 밖에도 많은 복잡하고 다양한 임무에 복무하면서 거기에 더해 촌각을 아껴 차기 작전을 준비하며 부단히 훈련에 정진하고 있다. 한편 현지의 동포들은 각자에게 부과된 책무의 중대성을 자각하고, 각각 그 직역(職域)에서 눈물겨운 분투를 계속하고 있다.

이들 장병 및 재류 동포가 건투하고 있는 모습을 접하고, 나는 충심(衷心) 어린 감사의 뜻을 밝힘과 동시에 전몰 용사에 대해 삼가 경의와 조의를 표하며, 상이병들이 하루라도 빨리 재기 봉공(再起奉公, 다시 일어나 공직으로 돌아옴)할 수 있기를 기원한다.

남방 여러 지역은 예전부터 들어 왔던 대로, 불과 1년 반의 단기간에도 불구하고 원주민들의 진지한 협력 아래 군사, 경제, 문화 등 각 방면에 걸쳐서 순조로운 진전이 계속되고 있으니 이를 기쁘게 여기는 바이다. 나는 이 기회에 원주민들의 협력에 대해 깊은 경의를 표한다. 그리고 버마, 필리핀의 독립 준비는 착착 진척되고 있으며, 인도네시아 민중들의 정치 참여는 구체적으로 실현되려 하고 있다. 한편 인도 독립운동은 나날이 강화되고 있으며, 인도에 자유와 번영이 다가올 날이 한걸음씩 다가오고 있다. 참으로 축하할 일이다.

본래 남방의 여러 지역은 오랜 세월에 걸쳐 미국, 영국, 네덜란드의 지배하에 놓여 그들의 착취 대상으로 전락하였고, 완전히 식민지화되어 있었다. 따라서 그들 치하에 있었던 남방의 여러 민족들은 따로 교육을 받는 일 없이 방치되어 취생몽사(醉生夢死)에 빠질 수밖에 없었다.

이러한 상황에서 대동아전쟁이 발발한 것은 하늘이 내린 경종(警鐘)이 되었다. 지금 남방 여러 지역의 민중들은 미국, 영국, 네덜란드의 쇠사슬에서 벗어나 대동아 민족 본래의 사명을 다하며 살고, 대동아 공존공영의 태세를 확립하려 하고 있다.

나는 지난 3월 이래, 중화민국, 만주국, 그리고 필리핀을 방문하였는데, 이번에 또다시 태국 및 남방 여러 지역을 방문하면서 대동아의 여러 국가, 여러 민족이 각각 본래의 사명을 관철하고, 대동아 해방을 위한 일이자 동시에 대동아 흥륭을 위한 이번 전쟁을 완수하기 위해 외길로 매진하고 있는 모습을 목격하였고, 성은이 광대무변[宏大無邊]한 것에 감격함과 동시에 더욱더 필승의 신념을 굳게 다졌으며 대동아의 전도가 양양함을 확인하였다.

본토로 귀환하기에 앞서, 국민 여러분과 함께 더욱더 투지를 새로이 다지고, 천황의 위광 아래, 어디까지나 이 미증유의 대전쟁을 완수하고 승리를 거머쥠으로써 대동아공영권을 완성하여 팔굉위우(八紘爲宇)의 대이상(大理想)을 구현할 것을 마음속 깊이 기약하는 바이다.

―이상은 7월 12일, 도조 수상이 남방 출장에서 귀환하며 발표한 담화문이다.―

버마 독립

2010년에 '미얀마 연방공화국'으로 국호를 변경한 '버마'는 다수 민족인 '버마족'의 이름에서 유래한 명칭이었다. 이 책에서는 당시의 호칭대로 국호를 '버마', 수도를 '랑군'으로 부르기로 한다. 버마는 인도를 침략한 영국군에게 1824년부터 국토를 침략당하다가 1885년에 인도제국의 한 주로 편입되었으며, 1937년부터 인도제국에서 분리되어 개별 식민지가 되었다.

버마 공작을 담당한 일본 특무기관 '미나미기관(南機關)'은 아웅산 이하 버마 청년 30명을 하이난섬(海南島)과 타이완에서 군사훈련시켰는데, 이들이 바로 버마 군부의 뿌리가 되는 '30인의 동지들(Thirty Comrades)'이다. 12월 8일, 일본군이 동남아시아 침략을 시작하자 이들을 토대로 버마인들을 규합한 버마독립의용군이 12월 28일에 탄생했으며, 일본군이 랑군을 점령할 때 버마독립의용군도 함께 버마로 진격했다.

그런데 조기 독립을 약속한 미나미기관과 달리 제15군은 군정에 협력할 버마인 지도자로 바모를 선택하여 1943년 6월 4일에 중앙행정기관 설립준비위원회를 발족시키는 한편,

수적으로 팽창한 버마독립의용군(BIA)을 해산시키고 버마방위군(BDA)으로 축소 개편했다. 또한 1942년 7월 말 미나미기관을 해체했다.

일본은 1943년 5월 29일의 대본영 정부 연락회의와 5월 31일의 어전회의에서 '대동아정략지도대강(大東亜政略指導大綱)'을 결정했는데, 그중 버마에 독립을 부여한다는 내용도 포함되었다. 바모는 1943년 3월 18일부터 열흘간 일본을 방문했고, 8월 1일에 독립을 선포하고 새 헌법을 발표했다.

연합국 측은 아시아태평양전쟁기에 일본이 명목상 독립시킨 국가들을 '괴뢰국'이라고 평가했는데, 이 시기의 버마를 '버마국'이라 부른다.

『사진주보』의 기사 내용을 통해 버마국이 '독립'하는 과정을 살펴보기로 하자.

259호(1943년 2월 17일)

버마 독립의 기쁨이 가깝다.

우리 선언에 답하며 바모 장관은 '버마 독립'의 기쁨을 만면에 띠우고, 공영권의 일환으로서 매진하겠다고 민중에게 맹세했다. 민중 또한 오른손을 들어 함께 나아가겠다는 의기를 표현했다.

앞서 우리 정부는 버마 정부의 독립을 원조하겠다고 중외에 선명(宣明)했는데, 그 뜻과 다름없이 도조 수상은 이번 회의에서 다시 한번 버마의 독립 문제를 언급하며 "제국은 늦어도 올해 안에, 현재 행정부에 관할시키고 있는 구역에서 버마국의 건립을 인정하려고 한다"고 부동의 방침을 천명했다. 이에 따라 버마인들의 오랜 염원이던 '버마 독립'은 일찍이 실현되게 됐다.

바모 박사를 행정장관으로 성립한 새 버마 정부는 작년 8월 1일 빛나는 첫걸음을 내디뎠는데, 앞선 우리 정부의 선명에 따라 1억 '버마인의 버마 건설'에 매진해 왔다. 즉 최근 버마에서 볼 수 있는 급속한 치안 확립과 교통 운송의 원활화, 교육 위생에 철저한 모습 등, 버마 내의 충실한 약진이 눈부시다.

대체로 버마 민중들은 십수 년 동안 계속되어 온 반영(反英) 운동의 일환으로 양복, 하이

힐 배격 운동을 일으켜 우리가 보기에는 기묘한 느낌이 드는 복장을 입고 다니는, 철저히 국수주의적인 국민이다. 머리에는 모자 대신 가웅바웅(Gaung Baung)이라고 하는 분홍색 얇은 면포를 쓰고, 에인지(Eingyi)라는 상의를 입고, 론지(Longyi)라는 스커트를 입는다. 그러나 보수적이라고 할 만큼 철저한 이런 국수주의야말로 새로운 버마 독립의 기초가 될 것이다.

바로 지금이 버마가 우리 성명에 부응하여 바모의 통솔 아래 대동아공영권의 일환으로서 힘차게 분기해야 할 때다.

버마방위군의 의기 하늘을 뚫다.

새로운 버마 방위에 임하는 버마방위군이 편성된 것은 작년 7월 1일이다. 그 이후 버마방위군은 우리의 최고 지휘관의 지도 아래 병비국(兵備局) 관하에서 국경의 경비, 국내 주둔 등 방위 임무에 종사하고 있으며, 또한 버마방위군 간부후보생대를 신설하여 새로운 버마를 짊어질 국민군으로서 훈련에 임하고 있다.

이에 우리가 주목해야 할 것은 버마방위군 병사 모두가 버마의 독립을 목표로 하는 애국적인 청년층이라는 점이다. 그들은 우리 군이 버마 영토에 주둔하자 폭력적인 영국군을 몰아내겠다는 우리의 뜻을 이해하고 스스로 버마 의용군을 조직하여 우리의 무기, 탄약 등을 보급받아 각 지역에서 분기하였는데, 그 수가 무려 ○만 명에 달한다. 그리고 이 의용군은 우리 군에 협력하여 랑군, 만달레이 공략을 함께해 수많은 무훈을 세우고 우리 군의 작전을 크게 도왔다.

의용군의 이러한 공로를 인정한 황군이 의용군을 해소하고 오늘날의 방위군을 탄생시켰다. 이번 의회의 우리 도조 수상 성명에 답하여 무예를 단련하는 그들의 의기는 하늘을 찌를 듯하다.

일본군의 '버마 공작'을 담당한 것은 이른바 '미나미기관'이라 불리는 특무기관이었다. 1939년 1월에 대본영 제10과장(선박과장)을 겸임하면서 같은 해 8월에 보병 대좌로 승진한 스즈

총은 병사의 혼이다. 총과 권총 손질이 마무리되면 이윽고 점검이 시작된다.

연막을 쳐서 적에게 부대를 숨기고 공격으로 옮겨 가는 격렬한 훈련.

변장도 공을 들여서, 경기관총 분대의 맹훈련.

뜨거운 날씨 속 맹훈련으로 나무 그늘에 앉은 병사들이 대장의 훈시를 듣는다.

키 게이지(鈴木敬司)는 참모본부 소속으로 남방 문제 조사 연구를 위해 상사 주재원으로 가장하고 네덜란드령 동인도에 주재했다. 그는 버마루트 개통 이후 버마에 주목했지만 당시 일본군은 버마에 대한 지식이 전무한 상황이었다. 반영 운동의 격화 속에 버마 공작 가능성을 본 참모본부의 명으로 스즈키 대좌는 1940년 6월 일면협회(日緬協會) 서기 겸 요미우리신문(讀賣新聞) 주재원 미나미 마스요(南益世)라는 가명으로 버마에 잠입했다.

당시 버마 독립운동을 주도하던 타킨당의 노선은 세 가지로 나뉘어 있었는데 첫째는 의회를 통해 점진적으로 독립을 획득하려는 온건파, 둘째는 아시아의 파시스트와는 협력하지 않겠다는 노선을 내세우는 우누(U Nu)를 중심으로 하는 일파였다. 세 번째 그룹은 독립을 위해서는 외국의 힘도 빌려야 한다는 입장이었는데, 수배 중이던 리더 아웅산은 이미 아모이로 탈출한 상황이었다. 스즈키는 타킨당원들과 접촉하여 버마 독립을 위해 무기와 비용 원조, 그리고 교육 훈련을 약속했다. 스즈키는 아웅산과 흘라먀잉(Hla Myaing)을 일본에 불러 개인적으로 원조하는 한편, 참모본부에 버마 공작의 중요성을 설득했다. 마침내 1941년 2월에 정식으로 미나미기관이 발족하여 방콕에 본부를 두고 버마 청년 30명을 비밀리에 탈출시켜 하이난과 타이완에서 군사훈련을 행했는데, 이들이 바로 '30인의 동지들'이다. 12월 8일, 일본군이 동남아시아 침략을 시작하자 미나미기관은 이들을 중심으로 버마인들을 모아 12월 28일 버마독립의용군(Burma Independence Army, BIA)을 탄생시켰다.

일본군이 랑군을 점령할 때 그들과 함께 버마로 진격한 것은 버마독립의용군의 기초가 된 버마 청년들이었다. 그런데 미나미기관의 조기 독립 약속과는 달리 버마 점령을 담당하는 남방군 및 제15군은 작전중에 독립정권을 세우는 데는 반대했다. 이 일을 계기로 아웅산 등 버마 독립지사들은 일본군을 불신하게 되었다.

제15군은 미나미기관이 지원하는 타킨당에 대항하기 위해 군정에 협력할 버마인 지도자로 바모를 낙점하고, 1943년 6월 4일에 그를 수반으로 하는 중앙행정기관설립준비위원회를 발족시켰다. 한편, 버마 북부를 평정한 일본군은 이미 2만 3,000명으로 늘어난 버마독립의용군을 해산시키고 그중에서 선발한 인원만으로 버마방위군(Burma Defence Army)을 새로 꾸렸으며, 버마방위군은 이후 1943년 이른바 '독립' 후 버마국군(Burma National Army)으로 편성되었다. 스즈키 대좌가 근위사단 사령부로 전속되고 남은 기관원들도 다른 곳으로 전속된 결과 미나미기관은 1942년 7월 말 해체되었다.

『사진주보』가 버마방위군을 소개하는 1943년 2월은 이미 아웅산과 버마독립의용군의 세력은 축소되고, 바모를 중심으로 하는 버마 지배 구상이 진행되었던 시기임에도 '버마독립의용군'의 공적에 대해서도 언급했다는 점이 주목된다.

265호(1943년 3월 31일)

3월 18일 오후 2시, 멀리 남쪽 하늘에서 날아온 특별기로 바모 버마 행정장관 일행은 미소를 지으며 동경하던 일본 땅 위에 사뿐히 내려섰다. 도쿄 공항이다. 마중 나간 사람들의 눈에는 낯선 바모 장관의 의상—흰 천에 공작 깃털 무늬의 두건, 진청색 상의, 흰 천에 무늬가 새겨진 론지(바지)가 봄바람에 살랑살랑 흔들리며 다가왔다.

『사진주보』 265호의 표지는 버마의 바모가 장식했다. 일본군의 버마 공작을 수행한 것은 미나미기관이며 일본군의 랑군 점령에 협력한 것은 아웅산을 비롯한 청년들이었으나, 일본은 반영운동으로 수감되었던 바모를 지도자로 선택했다. 버마를 군정에서 '독립'시키는 전환 과정에서 일본이 바모를 부각시키고 있음을 알 수 있다.

바모(1893-1977)

당시 영국령 인도제국의 일부였던 버마의 유복한 가정에서 태어나 인도, 영국, 프랑스에서 유학하며 1924년 박사 학위를 받았다. 대학 졸업 후 반영 활동가의 변호를 맡아 자치 정부운동을 펼치면서 영국령 인도제국에서 버마 분리를 주장했다. 빈민당을 이끌고 1934년 버마 주정부의 교육대신에 취임, 1937년 버마가 인도에서 분리되어 개별 식민지가 되자 초대 식민지 정부 수상에 취임하여 1939년까지 재직했다. 제2차 세계대전에 버마가 영국군의 일원으로 참전하는 데 반대하여 1940년 8월에 체포되었다.

1941년 12월 16일 아웅산 등은 일본군 미나미기관의 지원으로 버마독립의용군을 창설하여 일본군과 더불어 영국군과 싸우고, 1942년 3월에 랑군을 함락시키고 버마독립의용군을 버마방위군으로 개조했다. 바모가 1942년 5월에 석방되자 미나미기관은 그를 중앙 행정부장관에 임명했다. 일본은 그에게 전쟁이 끝나면 버마의 완전 독립을 승인할 것을 약속했다.

1943년 8월 1일 바모를 의장으로 하는 독립준비위원회는 일본의 지원을 받아 독립을 선언, 수상에 취임했다. 또한 일본과 동맹을 체결하고 연합국에 선전포고하였으며, 1943년 11월 대동아회의에 버마 대표로 참가했다. 일본의 패전 이후 일본으로 망명하였다가 1946년 일시 귀국하지만, 1947년 아웅산 암살에 관여했다는 혐의로 구속되었다. 1948년 1월에 버마가 영국에서 독립하자 정계에 복귀했지만 네윈(Ne Win) 정권하에서 구금되었다. 1968년 석방된 후 은거 생활을 보냈다.

266호(1943년 4월 7일)

바모 장관 감격의 도쿄 체류 12일간

버마 독립에 관해 도조 수상은 1월 28일의 재회 회의 서두에 "늦어도 올해 안에는 버마 건설을 인정하겠다"라는 뜻을 천명했는데, 이번 바모 장관 이하 버마 행정부의 수뇌들은 그 성명에 부응하여 독립 준비를 진행하기 위해 우리의 초대를 수락해 일본을 방문했다. 황송하옵게도 천황 폐하께서는 바모 장관 이하의 알현을 허락해 주셨으며, 22일에는 훈장 증여 지시의 말씀이 있으셨다.

바모 장관은 황실의 대우에 황송해하다 못해 더욱더 분골쇄신하여 신생 버마 건설에 매진하겠다는 강인한 결의를 천명했다. 도조 수상과 바모 장관 회담의 결과로 나온 새로운 버마국의 구성은 샨주(Shan)와 카렌니주(Karenni)를 제외한 버마 전체를 포함하며, 또한 그 국민은 지역 내의 여러 민족을 협화적으로 포용하였다. 정치기구는 원래 버마 자체에

가슴에 단 '훈1등 욱일대수장(勳一等旭日大綬章)'은 버마 정장에서 찬란하게 반짝이고, 바모 행정장관의 눈은 새로운 버마 건설의 희망으로 빛난다.

바모 행정장관, 테인 마웅(Thein Maung) 재무장관, 타킨 미야(Thakin Mya) 내무장관, 아웅산 방위군 사령관 일행은 3월 25일 귀족원을 방문하여 결산 본회의를 방청했다. 단상에 선 도조 수상이 "새 버마국이 창의와 책임으로 머지않아 완벽한 독립국의…"라고 하자 귀빈석(사진 오른쪽 위)의 바모 장관은 억누를 수 없는 감격과 결의로 얼굴을 빛냈다.

메이지 신궁을 참배하는 바모 장관 일행.

황실의 환대에 황송해하며 감격한 바모 장관 일행은 거리를 메운 깃발에 배웅받으며 궁중을 뒤로했다.

서 결정할 일이지만, 국정의 운용은 강력하되 간소해야 하며, 또한 버마의 경제도 대동아 경제 건설의 일환으로 보고 있다.

이리하여 대동아의 맹주인 일본과 의견을 모아 새로운 버마국의 기본 요강을 결정한 바모 장관은 청년과 같은 기쁨을 얼굴에 드러내며 다음과 같은 성명을 내놓았다.

"황송하옵게도 황실로부터 극진한 대우를 받은 황공함 이루 말할 수 없으며, 더욱 분골쇄신하여 신생 버마 건설에 매진하려는 결의를 다지는 바이다. 위로는 인자하심이 광대무변(廣大無變)한 황실을 높이 받들고 그 청정한 국토에서 자라나 유구한 2,600여 년에 걸쳐 세계의 우두머리 국가를 이뤄 온 일본의 진정한 위대함을 접하게 되니 평소의 일본에 대한 신뢰가 무한히 커져간다"고 말문을 열면서 다음 내용을 강조했다.

도조 수상으로부터 버마 독립의 영예를 확보한 것, 동아시아 각 민족 흥륭의 유일한 방법은 일본과 협력하여 도의에 기초한 대동아 신질서 건설에 있다는 것, 대동아공영권의 일환으로 새로운 역사 창조를 지닐 수 있는 절대적인 영광을 언급, 새 버마의 지도 방침은 어디까지나 대동아공영권의 일환인 것에 근거를 두고 있다는 것, 미국과 영국 격멸의 대전쟁에 일본과 협력 정신(挺身)하는 확고부동의 결의를 가지고 있다는 것 등 여러 내용을 천명함과 동시에 "우리 피의 마지막 한 방울까지도 대동아 신질서 건설에 바칠 것을 맹세한다"라고 하면서 다시 일어서는 버마의 불타는 열의를 유감없이 반영했다.

연 600만 톤의 쌀을 생산하는 버마

랑군 강(Rangoon River, 지금의 양곤 강)의 수운(水運)으로 벼는 정미소로 착착 운반된다.

벼는 정미소에서 도정되어 공영권의 소비지로 실려 간다.

버마의 중요 자원으로는 쌀을 첫째로 들 수 있다. 농업국으로서의 버마의 명성은 쌀 덕분에 더욱 세계적으로 이름이 높다. 연간 생산량 600만 톤에 달하던 쌀은 종래에 그중

350만 톤을 수출해, 우리에게도 '랑군미'라는 이름으로 친숙하다. 어디로 수출되는가 하면 전쟁 전에는 인도로 60%가 수출되어 버마가 인도의 병참부라는 느낌이 있었다.

그러나 현재 인도는 적의 땅인 이상, 버마에서는 단 한 톨의 쌀도 인도로 가지 않는다. 다행히 이번 해 버마의 쌀 생산량은 전쟁 중임에도 예상외의 좋은 성적을 내서 말레이, 수마트라의 쌀 부족을 보충하고도 남는다. 공영권의 식량 문제에 있어서 믿음직할 따름이다.

284호(1943년 8월 11일)

버마국의 탄생.

독립의 기쁨이 끓어오르는 버마 유학생들. 가운데(★ 표시)는 바모 수상의 아들 자리모 군.

공동 전쟁과 공동 건설로―다시 일어선 새로운 버마국

대동아전쟁하에서 불처럼 빛나는 버마국의 독립식이 8월 1일 랑군에서 거행됐다. 이 날 아침 버마 방면 육군 최고 지휘관 가와베 마사카즈(河邊正三) 중위가 바모 행정장관에게 "현행 정부의 시정(施政) 지역에서 군정을 철수할 것"이라는 포고를 전달함으로써 과거

1년 남짓에 걸친 행정부 시정 지역 군정의 막이 내렸다. 이리하여 독립 준비가 완전해졌고, 독립위원회 위원장 바모 행정장관 이하 25명이 참석한 건국의회가 오전 11시에 열렸다. 가와베 최고 지휘관도 참석하여 버마 1천 6백만 민중의 총의에 따라 '버마국 건설'을 결정, 즉시 독립선언이 발표되었다.

이어서 잠정 헌법이라고 할 만한 국가 구성의 기본법을 결정, 국가대표의 추대로 이어져 전 행정장관 바모 씨를 전원 일치로 추대하였고 국가대표의 힘찬 선언이 이루어졌다. 드디어 바모 국가대표 통솔 아래 샨, 카렌니 두 지역을 제외한 버마 영토 전체에 버마인을 비롯하여 약간의 토착 민족, 인도인 등을 협화적으로 포용하는 새로운 독립국 버마국이 탄생한 것이다.

이리하여 바모 국가대표는 즉시 내각 조직에 착수하여 각료 16명 및 추밀원 고문 19명을 임명하고 정부는 즉시 다른 여러 나라에 독립을 통고했다. 오후 4시 반 동아 건설, 세계 평화에 방해가 되는 일체 화근의 싹부터 자르고자 결연하게 미국과 영국에 선전포고를 하고 제국과 함께 대동아전쟁 완수에 매진하겠다는 확고한 입장을 밝혔다.

제국은 즉시 독립한 버마국을 승인하고 오후 4시 45분 특명전권대사 사와다 겐조(澤田廉三) 씨와 버마국 수상 바모 씨가 '일본국 버마국 간 동맹조약'에 서명, 조인했다.

버마국 독립에 관하여 제국 정부는 1일 오후 9시 제국 정부 성명을 발표하고 동시에 도조 수상의 담화를 발표, 그리고 같은 날 버마에 제국 대사관이 신설됐다.

(후략)

버마 일어나다

1885년 11월 29일, 영국의 장군 프렌더가스트(Harry N.D. Prendergast)가 이끄는 영국군이 힘없는 버마군을 핍박하여 상부 버마(Upper Burma)의 수도 만달레이를 점령, 버마제국 말기의 띠버(Thibaw Min) 왕을 포박했다. 이로써 띠버 왕조는 막을 내리고 버마 전 영토는 모두 영국의 마수에 맡겨지게 됐다.

돌이켜 보면 서력 1824년부터 1826년의 제1차 영국·버마 전쟁으로 영국은 먼저 인도와 가까운 아라칸 지방(Arakan, 지금의 라카인 주)과 동남부 태국 국경 부근을 탈취, 이어서 1852년 제2차 영국·버마 전쟁으로 중앙 남부 버마 일부를 빼앗았으며 나아가 제3차 영국·버마 전쟁으로 북버마를 마수에 걸리게 하여 버마 전 지역을 무릎 꿇렸다.

(중략)

1914년 유럽에서 일어난 풍운에 자극되어 결성됐고, 러일전쟁 후 일본에서 공부한 뛰어난 승려 우 오타마(U Ottama) 승정(僧正)을 지도자로 한 '버마 불교 청년회'는 버마인들의 정치적 자각을 처음으로 응집시켰다. 이래 버마의 민족해방운동은 영국의 탄압 아래 서서히 전개되어 1920년경 인도 정청(政廳)의 버마 통치법에 대한 투쟁, 1930년의 인도·버마 분리통치 문제를 둘러싼 분규 등을 거쳐 1937년 버마를 인도에서 분리시킨 버마 통치법에 따라서 버마 정부가 출현했다. 이 또한 극히 제한된 면에서만 버마인들의 참여가 허용되었고, 중요한 시설들은 여전히 영국인의 손에 쥐어졌다.

(중략)

버마인들에게 한 조각의 애정도 없는 자들이 버마를 지배하는 것은 말이 되지 않는다. 제2차 유럽 전쟁 후, 패전을 계속하는 영국이 고통과 불안을 감추지 못하고 버마 민중에게 강압적이고 무리하며 더욱 악착같이 굴수록 이와 반비례하여 버마인들의 반영 투쟁은 더욱 활발해졌고, 인도와 마찬가지로 그 지도자들은 다수 투옥되었다. 바모 수상은 모곡(Mogok)의 감옥에 던져졌고 타킨 미야 부수상 또한 옥에서 신음했다. 전 교통 개관부(漑灌部) 장관 타킨 바세인은 국외 탈출을 기도하다가 투옥됐다. 영국인들은 지도자들의 투옥을 대수롭지 않게 생각했지만, 어찌 알겠는가. 버마 민중의 활안(活眼)은 동방을 응시하며 반짝반짝 빛났다.

(중략)

버마 민중은 일본의 사정을 잘 알지는 못했지만, 동방에서 들려오는 황군 준마의 발굽 소리가 가슴을 세차게 울렸다. 특히 매일 밤 도쿄에서 버마로 내보내는 버마어 방송은 얼마나 그들의 마음을 뛰게 했는지. 영국의 감시의 눈을 피해 라디오가 있는 집에 모였다.

이런 염원에 답하여 작년 1월 황군은 버마에 진주했다. 신의 병사들이 버마에 들어선다는 소식에 버마 민중들은 하늘을 날듯이 기뻐했다. 이리하여 1월 31일에 모울메인 완전

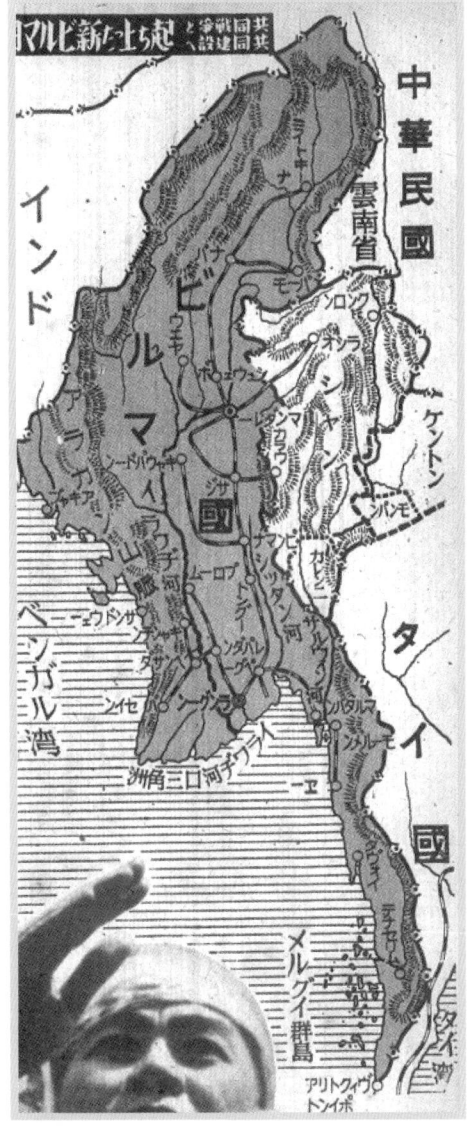

"독립의 환희로 일본과 함께 미영격멸전에서 싸우자." 약진하는 버마 국민에게 바모 수상은 부르짖는다.

전 국토에서 선발된 민방위 부인 간부 양성의 합숙훈련이 랑군에서 행해졌다. '독립의 노래'의 연주 속에 부인부장 바모 부인의 사열을 받는 낭자들의 얼굴은 버마 국민의 자각으로 밝고 듬직하다.

부수상 미야

외무장관 우누

국방장관 아웅산

농업장관 탄 툰(Than Tun)

제4장 '대동아공영권'의 이상과 동남아시아

점령, 3월 8일 랑군 함락, 5월 1일 만달레이를 공약하여 드디어 5월 하순에 전 버마를 평정했다.

그동안 버마 민중은 황군에게 진심으로 협력했다. 구 타킨당원을 중심으로 한 버마독립의용군의 용감한 투쟁상은 물론이고 황군이 진격하는 읍내와 읍내, 마을과 마을에서 보여 준 버마 민중들의 무한한 신뢰는 대동아전쟁사에 한 페이지를 장식할 아름다운 눈물의 시재(詩材)가 되지 않을 수 없었다.

이리하여 6월 3일, 버마의 군정 시행, 바모 박사를 위원장으로 하는 중앙 행정기관 설립 준비위원회가 결성되었고 8월 1일에는 행정부를 설치했다. 군정 요원과 행정 요원이 혼연일체가 되어 대동아공영권 건설에 자원이 되고자 눈부신 노력을 계속해 온 것이다. 올해 1월 28일 제국 의회에서 "늦어도 올해 안에는 버마국의 독립을 인정하고자 한다"라는 제국의 방침이 국내외로 천명되며 버마인들을 감사와 감격의 도가니에 빠뜨렸다. 또한 3월 25일 도조 수상은 제국 의회에서 다시 한번 버마 독립에 관해 버마국이 그 창의와 책임으로 신속히 완전한 독립 국가의 내실을 구현함과 함께 도의에 기초한 새로운 국가가 될 수 있도록 전념하라는 취지의 언급을 하여 마침 동경에 체재 중인 바모 장관은 물론, 버마 민중의 결의를 촉구하였다.

해를 넘겨 5월 8일, 바모 장관을 위원장으로 하는 버마 독립 준비위원회가 결성되었고, 정계의 장로 타킨 코도 흐마잉(Thakin Kodaw Hmaing), 카렌족 대표 산 C. 포(San C. Po) 박사 등 25명의 각계 대표위원이 정열을 토로하면서 독립의 각 요건을 결정하여 경사스럽게도 오늘날 '독립'의 영광된 날을 맞이하게 되었다.

(후략)

버마의 방공도 도나리구미로

영광의 건국에 고동치는 가슴의 의기를 그대로 불태워 조국애로 바꿔 들고 일어난 버마 사람들은 각 방면에서 새 국가 육성에 각자 진지한 자세를 보이고 있다. "버마의 방위는 우리 손으로"를 모토로, 민중이 직접 일어나도록 결성된 랑군 경방단(警防團)과 도나리구미(隣組)[17] 조직 또한 그중 하나다.

전부터 방공 사상의 보급과 그 지도를 맡아 온 현지 군 당국에서는 바한(Bahan), 카마유(Kamayut) 두 지구를 모범 지구로 선정하여 두 지구의 경방단, 도나리구미를 동원해 모범적 종합 훈련을 행하고 이를 사열했다.

이날 아침 경방단원과 도나리구미원들은 이른 아침부터 대기, 훈련 공습경보에 이어 소이탄 낙하의 비상경보가 울리자 방공대에서 대기하고 있던 도나리구미원은 벌떡 일어나 불 끄는 도구와 양동이, 모래를 짊어지고 현장으로 달려갔다. 평소 연습이 얼마나 훌륭했던지 불 끄는 도구와 양동이를 릴레이식으로 전달하여 신속하게 불을 껐다.

그 뚜렷한 훈련 결과에 당국도 감격해 "다음에는 더욱 훈련을 잘해서 다른 마을에도 모범이 되길 기대한다"라고 격려하자 그들은 도바마를 연호하며 국토방위에 매진할 것을 맹세했다.

불이 옆집으로 번진 상황을 가정하여 도나리구미원도 지원하러 달려가서 불끄기 작업.

우리의 지상 포화로 격추된 적 허리케인의 잔해를 구경하는 버마인들.

---

17 (편집자 주) 제2차 세계대전 당시 일본에서 관의 주도로 두었던 조직으로, 전선의 후방에 있는 국민들이 전쟁을 지지하고 필요한 물자, 인력 등을 지원할 수 있도록 한 총동원 체제 중 하나다. 전국의 모든 세대가 이웃한 열 가구씩 한 조(組)를 이루어 전시의 주민 동원과 물자 공출, 생필품 배급, (공습 시) 방공 활동, 정신 단결 등을 이루게 하는 것이 골자로, 주민 상호간의 감시와 사상 통제를 위해서도 활용되었다. 일본군이 점령한 아시아 각국에도 같은 제도를 두어, 조선에서는 총독부 산하의 애국반(愛國班) 제도가 운영되었다.

286호(1943년 8월 25일)

버마국의 방위를 두 어깨에 짊어진 국방장관 아웅산 소장이다. 나이는 겨우 30세, 세계 최연소 장관이다.
(중략)
버마방위군의 육성 강화에 전력을 기울이고 있는 소장은 일본의 자랑스런 군인 정신을 스스로 체득하고자 매일 이른 아침마다 도조 수상에게 받은 일본도를 휘두르며 무술 단련을 거르지 않는다고 한다.

아웅산(1915-1947)

버마 중부 마구웨이 낫마욱시(Natmauk, Magway)에서 태어났으며, 1932년 랑군대학(Rangoon University, 지금의 양곤대학)에 입학하여 1936년에 동맹 휴학을 지도했다. 같은 해 버마 전국학생연합의 초대 서기장이 되었고, 1938년에는 독립을 표방하는 우리버마인연맹에 들어가 1939년 8월까지 총서기로 활동하며 파업을 지도했다. 1940년 바모의 빈민당과 연합했으나 영국 관헌의 체포장이 발급되자 아모이로 망명했다. 그 후 급진정당 타킨당에 입당, 서기장이 되었다.

영국 당국의 체포령이 내려지자 1940년 8월 일본으로 탈출, 버마 공작기관을 맡은 스즈키 게이지 대좌의 원조를 약속받고 버마로 돌아가 청년들을 모집하여 훗날 '30인의 동지들'이라 불리는 동료들을 이끌고 하이난섬에서 버마 독립군을 양성했다. 1941년 12월 16일 아웅산과 동료들은 일본 특수기관의 지원을 받아 태국 수도 방콕에서 버마독립의용군을 창설했다. 일본군과 함께 싸우며 1942년 3월에 랑군을 함락시키고, 7월에 영국군을 버마에서 몰아내며 버마독립의용군을 버마방위군으로 개조했다. 1943년 8월 1일, 일본이 바모를 수반으로 버마를 독립시킨 후 첫 정부의 국방장관(1943~1945)이 되었다.

그러나 버마국군에 대한 일본의 대우나 독립국으로서의 버마의 지위에 회의를 느낀 아웅산은 임팔 작전 실패 등 일본의 패색이 짙어지자 영국편에 가담하기로 결의했다. 1944년 8월 반(反)파시스트 단체인 인민자유연맹(Anti-Fascist People's Freedom League, AFPFL)을 조직, 1945년 연합군의 반격에 호응하여 일본군과 싸웠다.

그러나 일본에 승리한 영국은 약속한 버마의 완전 독립을 허용하지 않았다. 1945년 9월 다시 영국 식민지가 된 버마에서 아웅산이 이끄는 애국버마군은 영국이 지휘하는 버마군에 합병되었다. 아웅산은 영국이 주는 지위를 거절하고 1946년 1월 군을 떠나 인민자유연맹 총재에 취임, 영국과의 교섭 등 독립 문제에 전념했다. 9월에 영국령 버마의 행정참사회 의장에 임명되어 국방과 외교를 담당하면서 버마의 완전 독립을 위해 활동했다. 1947년 1월 27일 런던에서 영국 총리 C. 애틀리와 아웅산 간에 '애틀리-아웅산 협정(Aung San-Atlee Treaty)'을 맺고 버마 독립을 위한 첫발을 내디뎠다. 그러나 같은 해 7월 19일 랑군의 회의실에서 행정참사회 회의 중 형을 포함한 6명의 행정참사회원과 함께 암살당했다. 마침내 1948년 1월 14일에 독립을 달성한 버마는 국가 최고 훈장과 명예 칭호에 '아웅산'의 이름을 붙여 그를 기렸다.

『사진주보』에서는 일본군과 정부의 방침에 따라 버마독립의용군과 아웅산에 관해서는 별로 언급하지 않았지만 버마의 공식 '독립' 뉴스를 전하는 286호에 아웅산의 사진을 실은 것이 주목된다. '나이 30세'의 청년이라는 점을 부각시키면서 일본과의 관계를 강조하는 표지 소개 글도 주의 깊게 읽을 필요가 있다.

버마국 적 앞에서 독립한 날

8월 1일 빛나는 독립선언과 동시에 미국과 영국에 대한 선전(宣戰)을 포고, 우리 나라와 동맹을 맺은 새로운 버마국은 눈앞에 적을 두고 있기에 독립의 기쁨 속에서도 긴장하는 분위기가 짙다. 바모 국가대표도 또한 일본 국민에 대한 감사 방송 중에 "우리에게 전쟁은 무엇보다 중요한 일이다. 적을 완전히 굴복시킬 때까지 우리의 독립을 연마하여 적 격멸의 무기로 삼을 것이다"라고 말했다. 적을 앞에 두고 탄생한 버마국은 그야말로 문자 그대로 싸우면서 건설에 매진하고 있다.

바모 국가대표를 지도자로 하여 '하나의 민족, 하나의 여론, 하나의 명령(One Blood, One Voice, One Order)'을 슬로건으로 공동의 적 격멸에 진격하는 신생 버마국에 마음으로부터 지원과 격려의 말을 보내야 하지 않을까.

꿈꾸던 독립이 이루어졌다. 반생을 독립에 헌신해온 바모 국가 대표는 나아가 미영을 끝까지 쳐부수겠노라고 맹세했다.—국가대표 추대 직후

전원 기립한 가운데 바모 국가대표는 국시에 따라 버마를 지도하겠다고 엄중하게 맹세했다—국가대표 선서식.

황송하게도 니주바시(二重橋)에서 참내했던 날을 떠올리면서 논의하는 국정 제1보—첫 각의.

건배하면서 주고받는 눈동자가 다만 감격에 빛난다—독립축하연. 오른쪽부터 찬드라 보스, 사와다 대사, 바모 국가대표. 한 사람 건너뛰고 가와베 최고지휘관.

800만 버마 여성들의 헌신이 있다면 남자는 뒤돌아볼 걱정 없이 국사에 분주할 수 있다고 사자후를 토하는 바모 국가대표—버마애국부인회 첫 총회.

필리핀 독립

필리핀은 16세기에 스페인의 식민지가 되었고, 1898년부터는 미국의 지배를 받았다. 미군정 초기에 미군은 독립운동을 진압하기 위해 함포사격으로 맞서 많은 사망자를 냈지만, 후에 자치권을 허용하고 민정으로 전환했다. 1934년 미국에서 자치법안이 통과되자 이듬해에 필리핀 자치령이 수립되어 마누엘 케손(Manuel Luis Quezon)이 압승을 거두고 대통령이 되었다. 미국은 필리핀을 1946년에 독립시킬 것을 결정하고 필리핀군 창설을 위해 더글라스 맥아더를 군사고문으로 파견했다.

일본은 1941년 12월 8일 진주만을 기습한 직후 아시아의 미국 거점인 필리핀을 공격했다. 타이완에서 날아오른 비행기들이 필리핀 클라크 기지와 이바 기지를 공격해서 미군기 대부분을 파괴한 것이다. 이어서 일본군은 12월 10일, 마닐라만의 카비테 군항을 공격하고 13일부터는 루손섬에 남아 있는 미군 항공 병력을 집중 공격했다. 22일 일본군은 링가엔 만(Lingayen Gulf)에 상륙하고 1942년 1월 2일에 수도 마닐라를 점령했다. 맥아더는 이미 마닐라를 12월 12일에 무방비도시로 선언하고 마닐라만에 면한 바탄반도로 후퇴했다.

4월 9일 바탄 점령, 5월 6일 코레히도르 승리로 일본은 필리핀 전역을 점령하고 군정을 실시했다. 국민적 신망이 있는 호르헤 바르가스, 베그니노 아키노(Benigno S.Aquino), 호세 라우렐(José P. Laurel y García) 등으로 필리핀 행정위원회를 설립하게 했고, 필리핀 전역에 도나리구미를 조직해서 인력 동원과 생필품 배급 등을 담당하게 했다. 또한 미국 문화를 청산하게 하고, 전쟁 전의 신문을 모두 폐간하고 대중매체와 출판물도 일본이 운영하는 마닐라신문사의 검열을 받게 했다. 영어 사용을 금지하고 일본어와 타갈로그어를 공용어로 채택하였으며 교과서를 새로 제작하여 대동아공영권을 강조하는 교육 지침을 내렸다.

필리핀인들의 적극적인 협력을 얻기 위해 일본은 미국이 약속한 것보다 더 일찍 독립을 약속했다. 마침내 1943년 10월 14일 일본의 후원을 받아 호세 라우렐을 수반으로 한 필리핀공화국이 공식 출범했다. 필리핀 역사상 제2공화국이라 불리는 이 정부는 일본과 정치, 경제, 군사적으로 긴밀히 협력할 것을 약속했다. 이 시기에 식량 부족은 심각한 상황에 이르렀고 쌀값은 폭등했다. 라우렐 정부는 사재기한 쌀을 압수했지만 그 대부분은 일본군에게 돌아갔고, 필리핀의 민심은 맥아더의 귀환을 고대하게 되었다. 필리핀의 항일운동은 루손 지방에 기반을 둔 항일연합군과 거국적인 연계망을 둔 게릴라부대로 나뉘었다. 1944년 10월 20일 맥아더가 필리핀으로 돌아오자 미군과 필리핀 항일 세력이 일본군을 궁지로 몰았고, 1945년 2월에 마닐라를 되찾아 2월 27일 독립 과도정부가 들어섰다. 필리핀은 일본이 패배한 후 다시 미국 지배 아래로 돌아갔으나 1946년 정식으로 독립했다.

여기서는 『사진주보』 기사 중 라우렐을 수반으로 하는 필리핀 제2공화국의 수립 과정, 즉 일본에 의한 '필리핀 독립'에 이르는 과정을 살펴보기로 한다.

278호(1943년 6월 30일)

제국 의회를 방청하는 대동아의 귀 —버마·필리핀·인도—

대동아 건설의 필승 태세를 안팎에 선언한 의회를 중의원에서 방청한다. 중앙에서 오른쪽이 필리핀 시찰단, 왼쪽이 버마 시찰단 일행.

야스쿠니신사를 참배하고 대동아 건설의 초석이 된 황군 용사의 영령에 깊이 고개 숙인 버마시찰단 일행.

○○자동차 공장을 시찰한 필리핀 방일 시찰단 일행은 대량생산 조직에 경이의 눈길을 보냈다.

6월 16일, 제82회 임시 의회에서 "본년도 중에 필리핀에 독립의 영예를 부여할 것이다"라는 제국의 태도가 중외에 선언되었는데, 미국이 이미 날려 버린 '독립'의 공수표를 일본이 필리핀 지도자와 2년도 안 되는 짧은 시일 안에 뚜렷한 사실로 약속한 것인 만큼 이 성명을 의회에서 직접 들은 필리핀 방일 시찰단 일행의 기쁨은 대단했다. 또한 이들 필리핀 일행보다 한 발 먼저 도쿄에 온 버마 방일 시찰단도 마침 필리핀 독립 및 공영권 지역에 대한 제국의 태도 성명과 함께 버마 독립을 재확인하는 성명을 듣고 공영권 일익으로서의 전폭적인 협력을 다시 한번 맹세했다.

이 남방의 손님들은 제국의 성명에 감격하면서 미국과 영국을 이기기 위해 전선의 후방에서 국민이 하나가 되어 필사의 투쟁을 계속하고 있는 각 지역들을 자세히 시찰하며, 그 존엄한 황국 일본 정신을 고국 갱생의 선물로 삼겠다며 들떴다.

더욱이 이 두 시찰원들과 더불어 제국의 필승 태세를 이야기하는 도조 수상의 연설에 귀를 기울인 사람들 중에는 인도의 독립운동 지사 찬드라 보스 씨도 있었다.

293호(1943년 10월 13일)

영광된 필리핀 독립을 목전에 둔 독립준비위원장 라우렐 씨 일행 내방하다.

제국 정부의 초청으로 내방한 필리핀 독립 준비위원장 호세 P. 라우렐 씨, 독립 준비위원 호르헤 B. 바르가스 씨, 베니그노 S. 아키노 씨 일행은 9월 30일, 항공로를 통해 무사히 도쿄 공항에 도착하여 입경했다.

올해 안에 독립의 영예를 공약한 제국 성명에 부응해 필리핀에서는 지난 6월 20일, 라우렐 씨를 주도로 하는 독립 준비위원회를 설치하고 열심히 준비를 진행하여 9월 7일 국가 창건의 기초를 만들 필리핀 헌법 초안을 결정하였다. 이어서 9월 25일 국민회의의 만장일치로 라우렐 씨가 초대 대통령 후보에 당선, 이리하여 필리핀 독립의 기본적 요건이 대략 완비되기에 이르렀다. 라우렐 씨 일행은 독립을 앞두고 내방, 독립 준비 이외의 사항을 도조 수상을 비롯한 요직 인사들과 협의한 후 귀국했다.

도쿄 공항에 도착한 라우렐 씨와 마중 나간 아모우 에이지(天羽英二) 정보국 총재.

영광된 필리핀 독립을 앞두고—필리핀 헌법 초안 결정의 날

민중 앞에서 헌법 초안에 서명하는 라우렐 씨.

9월 7일, 필리핀 헌법 초안을 승인하게 될 '특별 전(全) 필리핀 대표자 대회'에서 연설하는 라우렐 씨.

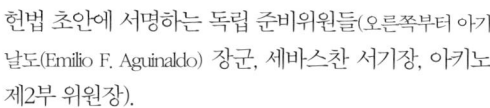

헌법 초안에 서명하는 독립 준비위원들(오른쪽부터 아기날도(Emilio F. Aguinaldo) 장군, 세바스찬 서기장, 아키노 제2부 위원장).

빛나는 독립을 목전에 두고 신생 필리핀의 의기를 보여 주는 민중의 대행진—앞쪽은 독립 준비위원들.

　라우렐 위원장 이하 20명의 필리핀 독립 준비위원회 위원들의 2개월여의 피나는 노력으로, 필리핀 헌법 초안은 지난 9월 6일, 7일 양일에 걸쳐 마닐라시 국회의사당에서 열린 필리핀 독립 준비위원회 위원, 행정부 요인, 칼리바피(Kapisanan ng Paglilingkod sa Bagong Pilipinas, KALIBAPI) 각 지역 대표 들로 이루어진 특별 전국 대표자 회의에서 만장일치로 승인되어 정식으로 결정됐다. 이리하여 지난 6월 도조 수상의 중대 성명 이래 3개월, 우리의 강력한 지원과 필리핀 민중의 독립에 대한 열의로 빨리도 필리핀 재건을 향한 빛나는 한 획을 그은 것이다.

　회의 둘째 날, 승인 결정을 앞에 두고 라우렐 위원장은 당당하게 1시간 이상에 걸친 연설을 하면서 필리핀 독립을 지원해 주는 제국의 후의에 깊이 감사함과 동시에 "독립 후에는 필리핀 섬 사람들이 외국 국기를 자신의 국기로 드는 일은 없을 것이다"라고 힘차게 마무리했다. 기쁨으로 가득찬 국회의사당을 중심으로 전 필리핀을 뒤덮은 '신 필리핀 건설의 노래'와 환희에서 내일의 독립과 함께 공영권의 일원으로서 반드시 대동아전쟁에서 함께 싸워 이기겠다는 결의를 충분히 엿볼 수 있었다.

295호(1943년 10월 27일)

필리핀 초대 대통령 호세 P. 라우렐 박사의 미소.
(중략)
철저한 동양주의자로서 일찍부터 미국의 위선적 정책을 공격해 왔다. 올해 53세로 한창 일할 나이다.
(후략)

빛나는 필리핀국 독립의 날

1943년 10월 14일, '필리핀국'은 독립을 선언하고 대동아공영권의 일원이자 완전한 독립국으로서 영광의 첫발을 내디뎠다.

즉, 이날 아침 우리의 필리핀 파견 육군 최고 지휘관 구로다 시게노리(黑田重德) 중장은 바르가스 행정부 장관 이하를 초치하여 이날을 기해 거의 2년에 걸친 군정을 철회하는 뜻을 전했다. 이로써 우리의 군정을 떠난 필리핀은 오전 9시 45분부터 마닐라시 국회의사당 광장에서 새로운 독립국을 건설하는 역사적인 독립식전을 거행하게 될 것이다.

생각해 보면 스페인 영유 이래 약 400년, 스페인에 이어 미국의 속박 아래 1천 8백만 민중이 '필리핀인의 필리핀 건설'을 향해 싸워 온 노력은 때마침 만방에 떨치던 우리의 '건국 대이상'의 현현(顯現)과 만나 결실을 본 것이다. 마침내 강력한 새 국가는 창성을 보게 되어

라우렐 대통령의 빛나는 취임 연설.

장엄한 독립식 식장.

독립 축하식에 참석한 주요 인사들. 오른쪽부터 라우렐 부인, 바르가스 부인, 아키노 부인.

구로다 최고 지휘관이 군정 철폐를 통달(通達). 사진은 구로다 최고 지휘관과 악수하는 라우렐 대통령.

용감하게 약진하는 제국과 함께 대동아 건설과 세계 신질서 확립에 발맞추어 매진하게 되었다. 이리하여 새 필리핀은 과거 민족적 영웅 호세 리살(José P. Rizal)이 염원했던 '남해의 진주'로서 그 광채를 전 세계에 뽐낼 날을 약속받게 된 것이다.

군정 2년 노력의 결실을 보다—벽촌의 아이들도 이렇게 듬직하게

활력 넘치는 라디오 체조, 그런데 너무 제각각이라 선생님도 고생.

남자아이들은 힘겨루기를 너무 좋아한다. 수업 쉬는 시간에 스모 대결. '넘겨, 넘겨! 버텨!'

거리에 나붙은 일본어 포스터에 열중하는 소녀들.

인사도 잘하게 되어 군인 아저씨에게 예의 바르게 "안녕히 가세요" 고개 숙여 인사.

군정 2년 노력의 결실을 보다―필리핀 섬 경제도 자주독립으로―

미국 지배하의 필리핀은 미국이 끊임없이 코앞에 들이대는 '독립'이라는 당근을 쫓았지만 결국은 못 받아먹는 말과 같았다. 1916년 존스 법(Jones Law, 필리핀 자치법)에 의거해 주어진 자치도 경제적으로는 점점 더 미국에 의존하게 만드는 증오스러운 책략에 불과했다.

미국이 필리핀에 학교를 세워 주었다고는 하지만, 학교는 필리핀 사람들에게 매우 고가의 소비생활을 가르쳐 미국의 소비재를 되도록 많이 사게 하는 외판원 역할을 한 것에 지나지 않았다. 또한 미국이 필리핀에 설치한 도로도 산간벽지 어디에나 많은 물자를 보내 판매하려는 수송로에 지나지 않았다. 이러한 교묘한 상업적 정책으로 알맹이를 빼앗긴 필리핀의 산업은 완전히 자주성을 잃고, 필리핀으로 들어오는 미국의 막대한 소비재의 대가로 하는 수 없이 미국이 필요로 하는 물자만을 생산해 왔다.

그러나 독립과 함께 이제 필리핀은 정신적으로 동양에 복귀함과 동시에 경제적으로도 대미 의존을 벗어나 대동아공영권의 강력한 일환으로 당당하게 자주·자활의 길로 나아가게 되었다.

미국은 필리핀 시장을 확보하기 위해 필리핀인이 공장을 세우는 것을 금지해 왔다. 그러나 지금은 필리핀의 자급자족을 지향하며 경공업도 활발한 조업을 시작했다. 일본에서 방적업이 옮아갔고, 제지 공장, 화학공업, 기계 공업 건설이 착착 완성되고 있다. 사진은 야자유를 이용한 비누 제조와 성냥 증산의 모습.

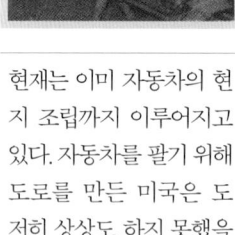

현재는 이미 자동차의 현지 조립까지 이루어지고 있다. 자동차를 팔기 위해 도로를 만든 미국은 도저히 상상도 하지 못했을 일이다.

미국은 필리핀에서 면화 재배를 금지했다. 현재는 남는 사탕수수밭에 면화 증산을 시도하여 루손섬에서 미국 면화에 뒤떨어지지 않는 품종의 면화가 생산되고 있다. 2년 차에 들어선 필리핀 면화 증산 계획은 예상 이상으로 순조롭다.

자유인도 임시정부 수립

프랑스와 영국의 식민지 각축전 속에서 인도는 1858년 영국 동인도회사의 식민지가 되었다. 영국에 대한 인도 독립운동은 마하트마 간디(Mahatma Gandhi), 자와할랄 네루(Javāharlāl Nehrū) 등이 각각 다른 노선으로 추진하고 있었다. 1938년 네루의 뒤를 이어 인도국민회의 대표로 선출된 수바스 찬드라 보스는 폭력투쟁을 주장하며 간디와 대립하여 임기가 오래가지 못했다. 찬드라 보스는 제2차 세계대전이 발발하자 소련을 통해 나치 독일로 탈출해 함께 인도를 공격하자고 제안했지만, 히틀러는 그를 영국에 대한 선전 방송을 하거나 북아프리카 전선에서 영국군으로 파견된 인도군의 전향을 유도하는 역할로만 활용했다.

일본군이 인도에 접근하자 보스는 일본으로 건너가 추축국의 도움으로 인도를 해방시키려 했다. 보스는 싱가포르에서 인도 출신 패잔병들을 모아 인도국민군(Indian National Army, INA)을 조직하고, 1943년 10월 21일 자유인도 임시정부(Azad Hind)를 수립했다. 일본 정부는 이틀 후 자유인도 임시정부를 승인했는데, 민족자결을 부르짖는 대서양헌장이 영국의 지배를 받는 인도의 현실을 외면하는 기만성을 폭로하려는 의도였다. 그런데 일본이 자유인도 임시정부 승인을 검토할 때 문제가 된 것은 인도 밖에서 이루어지는 독립운동이기 때문에 보스의 임시정부가 영토와 인민이라는 국가 구성 요소를 갖추지 했다는 점이었다. 국가의 근거를 갖지 못한 정부를 승인한다면 영국 등에 망명해 있는 정부나 당시 충칭에 있던 대한민국 임시정부 등에게도 이론적 근거를 부여하는 역효과를 내게 될 것을 우려했다. 결국 당시 일본 해군이 점령하고 있던 안다만제도(Andaman)와 니코바르제도(Nicobar)를 자유인도 임시정부에 귀속시키되, 일본과 인도의 공동방위를 이유로 일본군을 주둔시키는 방법을 택했다. 안다만과 니코바르에는 일본군이 계속 주둔했기 때문에 인도 영토로의 귀속은 상징적 의미에 그치게 되었다.

『사진주보』는 다른 동남아시아 국가들의 '독립'이 검토되는 시기부터 인도 관련 기사를 실으면서 인도국민군에 관한 기사를 여러 번 게재했다. 인도 관련 기사는 영국의 인도 지배의 문제점 지적, 인도인들의 독립을 향한 궐기, 인도 해방을 외한 군대 편성, 그리고 1943년 10월 21일의 자유인도 임시정부 수립등의 내용으로 구성되었다. 보스는 인도로의 진격을 꾸준히 주장했지만 1944년 3월에야 임팔 작전이 비로소 실현되었다.

223호(1942년 6월 3일)

조국 인도의 해방을 위해―독립군을 편성한 인도 병사들

명랑한 분위기로 되살아난 쇼난 시가를 행진하는 인도 독립군.

그 위력을 드디어 보여 줄 수 있게 되었다. 열병에 긴장하는 인도독립군 부대.

치열했던 싱가포르 공략전 당시, 조호르바루 쪽에서 터번을 두른 인도 병사들이 야포의 불빛 속에서 싱가포르페낭섬 영국군 진지를 향해 맹렬한 포화를 퍼붓는 희한한 광경을 볼 수 있었다.

이번 대동아전쟁, 특히 말레이 작전에서 영국군은 소위 총알받이를 시키려 인도 병사들을 항상 제일선에 세웠다. 인도 병사들도 대동아전쟁의 의의는 전혀 모른 채 그저 영국군의 명령대로 황군에게 저항했지만, 붙잡힌 후에 싸움의 진의를 듣고는 "적은 영국이다" 하며 일어서지 않을 수 없었다.

우리 말레이 현지군은 인도 병사들의 이러한 기개를 높이 사서, 재빨리 인도독립군 편성을 허락한 뒤 쿠알라룸푸르(Kuala Lumpur)의 병영에서 일본식 군사 교육을 실시해 싱가포르 공략전에도 참가시켰다.

인도 본토에 독립의 기운이 팽배해질 때, 말레이에서 일어선 이 인도독립군의 움직임이 반드시 인도 본토에 강한 자극을 줄 것으로 기대된다.

230호(1942년 7월 22일)

니코바르 무혈점령

지난 3월 인도양 가운데 안다만제도에 처음 군함기를 꽂은 우리 해군 부대는 나아가 인도양의 파도를 이기고 갑작스럽게 6월 13, 14일에 니코바르제도 가운데 리틀 니코바르(Little Nicobar), 난코우리(Nancowry), 카 니코바르(Car Nicobar)섬 등에 육전대를 상륙시켜 그곳을 무혈점령, 대일본군 해군 점령의 표식 기둥을 박았다.

니코바르제도는 해협을 경계로 안다만제도와 연결되어 있다. 영국은 1869년 해적 행위로 덴마크로부터 이 섬을 약탈하고 안다만 정청의 지배하에 두고 다스렸다. 이 군도는 크고 작은 20여 개 섬으로 이루어져 있으며, 그중에서도 전 섬 인구의 3분의 2인 1만 명의 인

인도양 위에 일본 제국의 발판이 생겼다. 나무 향도 새롭게 '대일본 제국 해군 점령'이라는 표식이 새겨졌다.

주민들에게서 정보를 듣는 육전대원들.

모함을 뒤로하고 육전대(陸戰隊)는 용감하게 니코바르 섬으로 향한다.

섬사람들이 주는 야자열매의 맛있는 즙을 마시고 피로를 달래며 용사들은 문득 고국의 맑고 맛있는 물을 떠올린다.

구와 정청 지부를 가진 카 니코바르섬이 비교적 발달한 편이지만 다른 곳은 여전히 원시적 생활을 하고 있다. 주민은 대체로 어업, 임업 등에 종사하며 생계를 꾸리고 있다.

280호 (1943년 7월 14일)

인도 독립을 향하여 감연한 무력투쟁을—쇼난의 인도국민군

형형하게 빛나는 눈동자! 그것은 영국의 쇠사슬을 끊어 버리고 감연히 독립에 매진하려는 쇼난 인도국민군의 서슬 퍼런 눈빛이다.

인도가 드디어 무기를 들고 일어날 때가 왔다.

일전에 유럽의 망명지인 독일에서 일본으로 건너온 인도의 독립지사, 전 국민회의파 의장 수바스 찬드라 보스 씨는 드디어 동아시아에서 인도 독립전쟁의 역사적 큰 발걸음을 내딛기 위해 쇼난섬을 찾았다. 그는 지난 7월 4일, 쇼난에서 개최된 인도독립연맹(Indian Independence League, IIL) 대회에 출석하여 전 인도독립연맹 회장이었던 라시 비하리 보스(Rash Behari Bose) 씨를 대신해 직접 연맹의 새 회장으로 취임했다. 동시에 즉시 자유인도 임시정부를 조직하겠다는 획기적 선언을 하면서 전 인도 민중의 총력을 전력화하고 단호히 영국 제국의 격멸에 매진하겠다는 뜻을 밝혔다.

거대한 코끼리가 스스로 쇠사슬을 끊는 날이 온 것이다. 작년 2월 싱가포르 함락 후, 영

국제국이 동아시아에서 패퇴의 첫발을 뗀 이래, 쇼난에서 이날을 기다리며 착실하게 훈련을 계속해 온 인도국민군은 이제 복면을 벗어던졌다. 독립투쟁의 무력적 근간의 사명을 짊어진 쇼난 주재 인도국민군의 의기왕성함은 하루라도 빨리 귀국길이 열려 영국 병력을 무찌를 전위(前衛)를 기약하고 있으며, 때마침 쇼난을 방문한 도조 수상의 격려를 받아 제국의 협력에 감사하고 기대하면서 한층 더 결의를 다지고 있다.

인도국민군은 단결, 신의, 희생을 신조로 하여 반드시 인도를 해방시키고 영국을 타도하여 독립에 몸을 바치고자 하는 인도인 청년들로 편성되었다. 오래도록 수많은 인도인들이 열망하였으나 얻어 내지 못했던 인도 독립을 위한 인도인 부대의 탄생은 실로 인도 독립운동사에 획기적인 의의를 갖는 일이며, 무력 항쟁의 구체적 실천이 나타난 사건으로서 적 영국을 공포의 도가니로 빠지게 할 것이다.

근대 병기 조종에 정신을 집중시키는 기갑부대.

독립 관철을 위해 무력 항쟁도 사양하지 않겠다는 인도국민군의 의기는 이미 하늘에 닿았다.

200년에 걸친 영국의 인도 약탈과 피의 항쟁

찬드라 보스 씨가 인도 국민회의파 의장이던 때의 국민회의파 영수들. 왼쪽은 간디 옹, 오른쪽 끝이 찬드라 보스 씨.

지금으로부터 4년 전 봄베이시에서 일어난 힌두교도 대 이슬람교도의 종교 폭동 때 영국의 노회한 국내 이간책에 휘둘려 인도인들은 동족간 분쟁의 비극을 다시 반복했다.

인도인 어린이가 악어 사냥의 미끼로 사용되고 있다! 영국의 인도 정책을 피난한 파리 수아르(Paris-soir)지의 풍자화.

인도 정청의 영국 경관은 인도인이 압제에 견디지 못하고 반항적 행동을 보이면 긴 곤봉으로 사정없이 때리고 총검을 겨누며 강압했다.

286호(1943년 8월 25일)

조국 독립을 위해 싸우리라—보르네오의 인도인도 일어나다.

"버마가 독립했다."

앞서 수바스 찬드라 보스 씨를 동아시아로 맞이하고, 지금 또다시 이웃 나라의 탄생을 눈앞에서 목격한 동아시아 각지에 거주하는 인도인들의 마음은 더욱더 인도 독립으로 불타오르고 있다. 실제 상하이, 광둥, 쇼난, 방콕, 마닐라, 랑군 등 각지의 인도독립연맹 지부에서 인도국민군에 속속 지원하고 있다.

이곳 보르네오에서도 이러한 기운은 날이 갈수록 높아지고 있다. 이들은 일본의 힘을 믿고, 일본에 협력하여 조국의 독립을 향해 영국, 미국과 싸우겠다고 맹세하고 있으며, 얼마 전 ○○명의 북보르네오와 쿠칭 주재 인도인들이 인도군에 참가해야 한다며 굳은 의지와 함께 용감하게 ○○을 향해 떠났다.

굳게 손을 잡고 마지막 인사를 나누며 살짝 웃는 얼굴은 깊은 자신감과 굳은 결의를 뜻한다.

고국으로 용사들을 보내며, 배가 해안을 떠나도록 환호성이 그치지 않는다.

"무사히 잘 싸우고 오겠소." 배웅하는 처자식과 다시 만날 날은 그리운 조국이 독립하는 날이다.

"조국을 돌려 달라." 이곳 보르네오에서도 통렬한 외침이 솟는다. 일장기와 더불어 인도 삼색기를 하루 빨리 동아시아에 내걸자.

이것도 동아시아의 맹주 일본의 지원이 있기 때문이라고 최고사령관에게 진심의 감사를 전한다.

출발이다. 안녕이란 말 대신에 '쟈 힌드(Jai Hind, 인도의 승리)'라는 구호가 반복된다.

297호(1943년 11월 10일)

인도인의 인도 획득에, 자유인도 임시정부 탄생하다―쇼난

인도 독립사, 아니 세계사에 획기적인 중대 의의를 갖는 자유인도 임시정부는 10월 21일, 쇼난시에서 열린 인도독립연맹 동아시아 대표자 회의석상에서 동아시아에 거주하는 200만 인도 민중의 총의에 따라 수립되었다.

지난 7월 인도의 지사 수바스 찬드라 보스 씨가 쇼난에 와 독립 연맹 대표에 취임, 인도 국민군을 편성해서 스스로 지휘관이 된 지 3개월 남짓한 기간 동안 태국, 버마 등으로 동분서주하여 준비를 해 왔는데, 이로써 그의 노력과 열심이 광영의 날을 맞이한 것이다. 새 정부는 보스를 주석으로 하여 즉시 반영 투쟁의 새로운 시작으로서 당당히 미국과 영국에게 선전포고를 하며 조국 진격의 결의를 전 세계에 표명하였다. 인도 독립운동은 바야흐로 명실공히 독립전쟁의 늠름한 전개를 보게 되었다.

역사를 돌아보자면 지금으로부터 약 100년 전 1858년 11월 1일 알라하바드(Allahabad)에서 빅토리아 여왕(Queen Alexandrina Victoria)이 인도 통합 선언을 발표하여 인도의 토지와 인민이 완전히 영국의 지배와 군정에 맡겨진 이래, 이번 인도 임시정부가 인도인 자체로 이루어진 유일한 독립 정부라는 영예를 안게 됐다. 이러한 정부의 탄생이 인도 3억 8천만 민중에게 안길 감동, 또한 영국에게 안길 공포가 눈에 그려진다.

현재 인도에서는 미국과 영국군의 폭정이 초래한 공전의 식량 부족 문제 때문에 캘커타(Calcutta, 지금의 콜카타)에서만 하루에 150명이 넘는 아사자가 나온다고 한다. 이렇게 두 눈을 가리고 싶은 참상이 세계에 방치되어도 되는 것일까. 단연코 그렇지 않다.

'잠자는 코끼리' 인도는 드디어 잠에서 깨 '화난 코끼리'가 되어 보스 씨가 말하는 '인도로 진격하는 국민군의 기지' 버마에서 '델리(Delhi)로, 델리로' 진군하려 하고 있다. 세계의 보고 인도의 상실은 대영 제국의 붕괴를 의미한다. 바야흐로 '대영제국의 운명이 인도에서 결정될 날이 닥쳐오고, 인도가 다시 인도인의 손으로', 그리고 나아가 대동아로 복귀할 때가 다가온 것이다.

자유인도 임시정부 수립을 선언하는 수바스 찬드라 보스 씨가 한마디 한마디에 열렬한 기백을 담아 전 인도인에게 호소했다. "영국인과 그 동맹에 대한 일대 투쟁을 시작하자. 인도 땅에서 적이 완전히 추방되어 인도인이 다시 한번 자유로운 인도 국민으로 일어날 때까지 용기와 인내와 필승의 신념으로 투쟁해 나가자."

자유인도 임시정부 수립이 제안되자, 200만 인도 민중의 총의를 대표하는 전체 대표는 즉시 열광적인 만세를 부르짖으며 찬성 의사를 표했다.

신임 관료 임명식.

새로 임명된 관료의 면면. 락슈미 스와미나탄(Lakshmi Swaminathan) 여군 대장의 얼굴도 보인다.

298호(1943년 11월 17일)

늠름하게 생환한 자유인도 임시정부 수반 수바스 찬드라 보스 씨.
오늘날까지 전 생애를 오로지 적 영국 타도, 인도 해방을 위해 바쳤으나 이루지 못했던 보스 씨 47세의 옆얼굴이다. 지금 100년의 영광과 제국의 절대적인 원조 아래 임시정부를 수립하여 국민군을 이끌고 영미 타도의 진군을 시작할 날이 다가왔다.
온몸에 넘치는 투지, 3억 8천만 동포를 구하고자 몸과 마음을 바치겠다는 눈빛이다.

『사진주보』 298호는 297호에서 소개한 자유인도 임시정부 수립 뉴스를 받아 찬드라 보스의 얼굴을 표지에 실었다. 298호는 '대동아회의' 특집호이지만 이를 통해 대동아회의에 옵서버로 참가한 인도에도 배려했으며 본문에 인도국민군 기사를 실었다.

동아시아의 200만 인도인 총원 무력 궐기—보스 최고 지휘관 인도국민군을 열병하다.

10월 21일, 자유인도 임시정부 수립에 이어 수바스 찬드라 보스 국민군 최고 지휘관은 인도국민군 및 여군 부대의 열병을 행하고 곧 있을 델리 진격에 대비하여 동아시아 200만 인도인의 총원 궐기를 대내외에 알렸다.

올해 봄 6월, 보스 최고 지휘관이 조국 탈환을 부르짖고 일어서자 영국은 인도군 총사령관 웨이벨(Archibald Wavell)을 인도 총독에 기용하고 최후의 수단으로 무력 탄압을 강행하고자 했다. 실제로 국민군 결성의 보도가 인도 국내에 알려지는 것을 두려워하여 인도 병사들의 라디오 청취를 금지시키고 또한 폭동을 경계하여 근무 중 외에는 무기 사용을 금지했다. 그러나 이러한 미친 탄압에도 불구하고 인도 병사들의 반란은 이어졌고, 그중에도 보스 최고 지휘관의 문하에 있는 벵갈인 국민회의 당은 '자유인도국민군 전위 기지'로 칭하며 전 인도인에게 호소하는 궐기를 촉진시켜 착착 그 효과를 얻고 있다. 적 측에서조차 인도인 중 반영 독립을 희망하는 자가 82%, 그리고 일본에 호의를 보이는 자가 50%일 정도로 인도병들이 동요하고 있음을 고백했을 정도다.

이미 훈련받은 인도국민군이 ○○만 개의 무기를 지니고 국경을 돌파해 조국으로 진입하는 순간, 기다렸던 동포들이 일어나고 영국군의 마수 아래 있던 인도인 부대도 또한 반기를 들고 합류할 것은 명백하다. "무기를 들어라, 그리고 적을 무찔러라"는 슬로건을 가진 국민군에게 동아시아의 동포로서 우리도 마음으로부터 지원을 보내자.

"가자, 델리로." 기다리던 보스 최고 지휘관에게 충성을 맹세하는 장병들은 영국에 대한 증오로 불탄다.

"한 사람 한 사람이 락슈미바이 여왕(Rani Lakshmibai, 반영 운동을 상징하는 인도의 잔다르크급 위인)을 본받자." 보스 최고 지휘관의 열병을 받고 여군 라니 오브 쟌시 부대(Rani of Jhansi Regiment)의 사기가 치솟았다.

우리 정부, 우리 군대를 되찾겠다는 감격으로 민중들은 열광하여 연단으로 뛰어들었다. 25, 26일의 민중 대회에 헌납된 현금, 물품이 2천만 엔에 이르렀을 정도다.

309호(1944년 2월 16일)

『사진주보』 309호의 표지는 안다만섬을 배경으로 조국 인도를 바라보고 있는 찬드라 보스의 사진이다. 대동아회의가 개최되기 직전에 자유인도 임시정부의 수립과 일본의 승인이 있었지만, 인도 밖에서 이루어지는 독립운동인 만큼 영토와 인민이라는 국가 구성 요소를 충족하지 못했다. 일본 정부는 자유인도 임시정부에게 일본 해군이 점령하고 있는 안다만제도와 니코바르제도를 귀속시키는 방안을 검토했다. 이 지역은 버마 및 인도 사이에 있어서 일본이 점

안다만섬 바닷가에 선 수바스 찬다르 보스 씨는 해안 너머 조국 인도를 바라보았다.
지금 조국 인도에서는 약 3억 8,000명의 동포가 굶주림과 폭압을 견디고 있다. 보스 씨의 그림자에는 이러한 괴로움이 그대로 드러나 있다. 그리고 '동포들이여, 기다려 주기를. 우리들이 돌아가는 날까지'라고 마음속으로 외쳤을 것이다.
피의 전쟁 수십 년에 이른 보스 씨의 진두 진격을 대동아 10억의 이목이 기대하고 있다.

령한 동남아시아의 일부지만 자유인도 임시정부의 영토를 부여하기에는 상징성이 있는 지역이다. 그러나 귀속 결정 후에도 일본과 인도의 공동방위를 이유로 일본군 주둔이 계속되어 인도 영토로의 귀속은 상징적 의미에 그치게 되었다.

『사진주보』 309호 표지 사진 설명은 영국의 폭압과 보스의 독립 의지만을 강조했다. 이어지는 '인도 진격의 의기가 드높다' 기사에서도 20세에서 40세까지의 인도국민군의 사진을 게재하여 그들의 인도 진격 의지를 강조하면서도 '보스 수반 안다만, 니코바르 양 제도를 방문'이라는 부제를 달고 '영토'에 대해서는 언급하지 않았다.

인도 진격의 의기가 드높다—보스 수반 안다만, 니코바르 양 제도를 방문.

안다만, 니코바르에 거주하는 20세에서 40세까지 장정으로 조직된 국민군은 '우리 지도자'를 맞아 기쁨으로 얼굴을 빛냈다.

이 감옥 창에서 수많은 인도 독립운동의 선구자들이 신음하고, 단식투쟁으로 탄압에 맞서 싸웠다.

안다만제도는 순국자의 섬, 니코바르제도는 자치의 섬으로 바뀌었다. 우리 수반을 맞아 마음에서 보스 만세를 외치는 민중.

우리 수반을 맞이한 원주민들은 인도 진격의 전주를 노래하며 춤을 추어 보였다.

　　드높은 투지를 억누르고 억눌러 온 ○○만 ○인도국민군에게 드디어 진격의 명령이 떨어졌다. 2월 4일, 인도국민군 최고사령관 수바스 찬드라 보스 씨는 버마 방면 제국 육군 부대와의 협력 아래, 부띠다웅(Buthidaung) 정면에 있는 원수 영국령 인도군에 대해 과감한 공격을 시작했다.

과거 '영토 없는 정부'는 자유인도 임시정부에 대한 적 미국과 영국의 욕이었다. 그러나 지금 이 정부에게 우리 손으로 인도 진격의 유력한 기지와 영토가 되도록 안다만제도 및 니코바르제도를 안겨 준 것이다. 수바스 찬드라 보스 수반은 올해 1월 버마 국경 지구로 진주하기에 앞서 12월 29일 안다만제도와 니코바르제도를 시찰하고 눈부신 인도 독립의 자유 삼색기를 걸어 적의 악독함에 당당하게 보복했다.

인도국민군 버마에 진주

적이 필사적으로 중상모략을 하는 것은 적이 얼마나 임시정부를 두려워하는지 보여 주는 증거이기도 하지만, 현재 인도국민군이 조직된 이래 인도 국내가 매우 어수선한 이유도 있다.

찬드라 보스 수반은 이미 인도 국내와 연락을 취했다고 하는데, 외신에 따르면 이 동요에 편승하여 보스 수반을 지도자로 하는 독립운동이 과감하게 확대되어 탄광 폭파, 교량 파괴부터 미국과 영국 함대 예선까지 격침한 상황이라고 한다. 더욱이 반영국 압전 기운이 군대 내에서도 팽창하여 최전선에서 인도병 부대와 영국인 장교가 충돌해 부대를 교체해야 하는 상황으로 전해졌으며, 또한 10만 인도병은 탈주했는데 그중 1만에 가까운 병사들은 독립운동에 가담하여 많은 병사가 한꺼번에 진격해 오는 국민군을 맞이했다고도 한다.

'뉴델리(New Delhi) 총독 관저에 국민군 국기를 내걸 날까지 승리가 아니면 죽음을!'을 표어로 삼은 보스 최고 지휘관의 결의야말로 싸우는 대동아의 투혼이 되어야 할 것이다.

조국 진주를 목표로 쇼난에서 랑군 시내로 진주하며 당당하게 행진하는 인도국민군.

무기를 손에 들고 훈련에 열중하는 여성들의 뜨거운 피가 투지에 불탄다. 기다리고 기다리던 진군에 보무 당당하게 국경으로, 전투로.

인도-버마 국경의 병영 앞에서 국기에 대해 조국 탈환을 선서하는 지도자.

조국 탈환에는 남녀가 따로 없다. 인도국민군 여군 부대가 노리는 표적은 증오하는 영국군이다.

281호(1943년 7월 21일)

싸우는 태국의 보무당당함—제11회 태국 입헌 혁명 기념일

기념식에 참가한 소년들은 형들의 단련된 모습에 감탄한다.

입헌기념일은 태국 국민들에게 즐거운 축제일이다. 노점에 늘어선 장난감도 싸우는 태국을 반영하여 비행기 모형이 압도적인 인기다.

왕궁 앞 거리 기념식장의 여자청년대 분열행진은 보조도 당당하게 피분 수상의 사열을 받았다.

청년의 나라 태국은 발랄한 젊은이들의 힘으로 키워진다. 단련된 젊은이의 힘을 은색 바퀴에 실어 기념일 행사는 다채롭고 힘차게 전개되었다.

대동아전쟁의 일익을 담당하며 의기도 더더욱 당당해진 '싸우는 태국'은 우리 대동아 경제의 대방침에 맞추어 발전을 추진하여 드디어 근대국가로서의 면목을 갖추어 가고 있는데, 지난 6월 24일 제11회 입헌 혁명 기념일을 맞이하여 열린 기념제의 성대한 행사는 태국 국민을 최고조로 흥분시켰다. 이 기념행사 중에는 방콕 시내 각처에서 건설 중인 관공서, 호텔 등의 대건축물과 교량·도로 등의 개관·개통식이 43건에 달했고, 농산·중공업 공진회 등이 개최되었으니 주목할 만한 일이다. 싸우는 한편 착실히 국가의 기초를 견고하게 다지며 면목을 일신하고 있으니, 동맹국을 위해 우리도 함께 태국 만세를 외칠 일이 아니겠는가.

태국의 새 영토가 되는 여섯 주

켄톤령 카렌 사람들

쌀 고지 크다의 수확

게라탄의 시장

알로르스타르(크다, 프를리스 주 소재지)의 일본어학교

대동아회의

대동아회의는 1943년 11월 5일에서 6일에 도쿄에서 개최된 아시아 지역 수뇌 회의를 말한다. 같은 해 5월 31일 어전회의에서 결정된 '대동아 정략 지도 대강(大東亞政略指導大綱)'은 중국 및 만주국에 대한 정책 및 동남아시아 각국에 대한 정책을 나라별로 제시하고, 필리핀을 독립시킨 후 대동아 각국의 지도자를 도쿄에 모아 강력한 전쟁 완수 결의와 대동아공영권의 확립을 내외에 널리 밝히고자 했다. 당시 수상 도조 히데키는 점령지의 민심 장악에 목적을 두었으나 외상 시게미쓰 마모루(重光葵)는 일본의 패전을 의식하면서 전쟁 목적을 명확히 하여 전후 경영원리를 세우기 위해 동남아시아 지배를 수단으로 삼아 대중국 정책에 전환을 꾀하려 했다. 시게미쓰 역시 식민지의 독립이나 약소민족의 민족자결 그 자체를 목적으로 하지는 않았지만, 이는 8월 14일에 행해진 미국, 영국의 대서양헌장에 대한 대응이었다.

대동아회의 개최에 앞서 버마 독립 승인(8월 1일), 필리핀 독립 승인(10월 14일), 자유인도 임시정부 수립(10월 21일) 등이 이루어졌고, 행정기관으로 대동아성을 설치(11월 1일)했다.

같은 점령지라 해도 말레이시아와 보르네오 등은 직할령으로 삼아 독립시키지 않았다.

대동아회의에는 일본의 동맹국 혹은 일본이 독립시킨 국가들이 참가했으며 인도가 옵서버로 참석했다. 당시 인도는 영국 식민지였고 망명정부인 자유인도의 찬드라 보스가 참석했지만 일본은 대동아공영권에 인도를 포함시킬 의사가 없었기 때문이다. 난징 정권의 왕징웨이(汪精衛), 만주국의 장징후이(張景惠) 총리, 필리핀의 호세 라우렐, 버마의 바모, 태국의 완 와이타야꼰이 참석했다. 식민지였던 조선, 타이완은 물론, 동남아시아 총인구의 60%를 차지하는 인도네시아, 말레이, 프랑스령 인도차이나를 제외한 것은 기본적 한계라고 할 수 있다.

그러나 이 참가국들마저도 일본의 의도대로 움직이지는 않았다. 먼저 일본의 패색이 짙은 상황 속에서 연합국과의 관계 회복을 고려한 태국의 피분송크람 수상이 참석하지 않고 대리를 파견한 점도 문제였지만 각국 대표들은 공식 일정과 전후 회담에서 예상보다 깊이 있는 발언을 하며 "공영권의 확립은 일본 제국의 이익만을 위한 것이 아니다"라고 강조했다.

대동아회의에 관한 기사는 『사진주보』 298호에 특집으로 실렸으며, 그 가운데 인도국민군을 열병하는 14-15면 기사에도 주목하기 바란다. 한편, 동남아시아 우방으로 사진주보의 지면을 여러 번 장식했던 태국 기사는 이후 등장하지 않게 되었다.

298호(1943년 11월 17일)

아시아 10억의 전력 결집, 대동아회의가 열리다―대동아 공동선언

대동아회의 참가국―왼쪽부터 바 모, 장징후이, 왕징웨이, 도조 히데키, 완 와이타야꼰, 호세 라우렐, 수바스 찬드라 보스

    대저 세계 각국이 각자의 자리를 가지며, 서로 의지하고 도와 만방 공영(萬邦共營)의 낙을 함께하는 것은 세계평화 확립의 근본 요지다. 그러나 미국과 영국은 자국의 번영을 위해서 타 국가, 타 민족을 억압하고, 특히 대동아에 대해서는 끊임없는 침략과 탈취를 행하며 대동아 예속화의 야망을 고착화시켜 결국 대동아의 안정을 근본적으로 뒤집어 놓았다. 대동아전쟁의 원인은 여기에 있다. 대동아 각국은 서로 연계하여 대동아전쟁을 완수하고 대동아를 미국과 영국의 속박에서 해방시켜 그의 자존 자위를 온전히 하며 다음과 같은 강령에 기초한 대동아를 건설하여 세계평화 확립에 기여하고자 한다.

    하나, 대동아 각국은 협동하고 대동아의 안정을 확보하여 도의를 기본으로 하는 공존공영의 질서를 건설한다.

    하나, 대동아 각국은 상호 각국의 독립을 존중하고, 서로 도우며 친목을 두텁게 하는[互助敦睦] 결실을 맺어 대동아의 친화를 확립한다.

하나, 대동아 각국은 상호 각국의 전통을 존중하고 각각 민족의 창조성을 신장시켜 대동아의 문화를 고양한다.

하나, 대동아 각국은 호혜 아래 긴밀하게 연계하고 그 경제발전을 꾀하여 대동아 번영을 증진한다.

하나, 대동아 각국은 만방과의 교의를 돈독하게 하고 인종적 차별을 적폐하며, 널리 문화를 교류하고 나아가 자원을 개방함으로써 세계 진보[進運]에 공헌한다.

동아시아, 아니 세계 역사 속 불멸의 한 페이지를 장식할 대동아회의의 찬란한 성과에 대해서는 이제 많은 말이 필요 없다. 동아 일체의 순수한 모습은 이제 곧 목전에 나타날 것이며, 또한 10억 민중의 공동 의지를 대동아전쟁 완수와 대동아 건설 필성(必成)의 한 점에 결집시켜 이로써 세계평화의 확립에 기여하고자 하는 대동아 총궐기의 당당한 준비는 이미 시작되었다.

11월 6일, 회의 이틀째에 발표된 대동아 공동선언은 동아시아의 전쟁 목적과 평화 건설의 이념을 빠짐없이 세계에 천명했다. 동아시아의 칼은 다만 대동아를 예속화하려는 미국과 영국의 비망(非望)을 깨부수는 것일 뿐, 대동아의 건설은 세계 진보에 공헌할 것을 염두에 두고 있다.

동아시아는 이 위대한 의지를 실천함으로써 미국과 영국이 뼈저리게 깨닫게 만들 것이다.

아시아 10억 전력의 결실

11월 5일 오전 9시 50분, 대동아회의의 막이 올랐다. 만장일치 추천으로 도조 수상이 의장석에 착석. 역사적인 개회를 선언한 후 의사를 시작했다. 참가국은 이로하(いろは, 영어의 ABC나 한글의 가나다순 같은 문자 순서) 순서로 발언하되, 시작은 도조 일본 대표의 연설.

도조 수상과 완 와이타야꼰 전하—숙소인 마에다(前田) 후작 저택에서.

도조 수상과 왕징웨이 원장—숙소인 이와사키(岩崎) 씨 별장에서.

도조 수상과 라우렐 대통령—숙소인 후지야마(藤山) 씨 별장에서.

도조 수상과 장징후이 국무총리—숙소인 핫토리(服部) 씨 저택에서.

도조 수상과 보스 수반—수상 관저에서.

도조 수상과 바모 총리—숙소인 사쿠라이(櫻井) 씨 저택에서.

아시아는 하나, 사이좋게 힘을 모아

오른쪽부터 장징후이 총리, 아오키(靑木) 대동아대신, 왕징웨이 행정원장.

오른쪽부터 완 와이타야꼰 전하, 구루스(來栖) 대사, 라우렐 대통령.

오른쪽부터 시게미쓰(重光) 외무대신, 바모 수상, 보스 수반.

뜨거운 열기를 내뿜는 대동아 결집 국민대회장

　대동아회의가 세기의 막을 열었던 지난 11월 7일, 1억 국민이 아시아를 일으키려는 대업 완성의 결의를 더욱 굳건히 하는 대동아 집결 국민대회가 국화향 가득한 도쿄 히비야공원(日比穀公園) 대광장에서 10만 민중이 참여한 가운데 성황리에 거행되었다. 황군에 대한 감사 결의, 이어서 도조 수상이 대동아의 총진군 태세를 안팎으로 선언하고, 대동아전쟁 완수 결의를 만장일치로 가결한 후 각국 대표들이 각각 열렬한 인사를 보냈다. 이리하여 1억, 아니 10억의 영미 격멸의 결의는 불처럼 타올라 대회의 외침은 곧장 미국과 영국의 심장을 저격했다.

眞週報

제5장

일본의 패전과
대동아공영권의 붕괴

동남아시아의 결전 태세

 아시아태평양전쟁 2주년을 맞이하는 1943년 12월 무렵에는 이른바 '대동아전쟁 2주년'에 관한 다양한 특집기사가 게재되었으며, 특히 동남아시아 지역 기사가 많이 등장했다. 『사진주보』 300호는 '대동아전쟁 2주년 특집호'로서 동남아시아를 중심으로 현지인들의 전쟁 협력을 전면에 내세우고, 동남아시아의 풍부한 자원을 통해 전쟁에서 미국과 영국에게 우위에 설 수 있다는 점을 강조했다. 이는 이미 전세가 역전되어 패색이 짙어지고 공습 등으로 국민 생활에도 전쟁 공포와 불안이 지속되는 가운데 독자들에게 열세를 만회할 수 있다는 강한 인상을 주고, 일본 밖에서도 대동아공영권이 하나가 되어 미국, 영국과 싸우고 있는 모습을 일본 국민들에게 보여 주려는 의도로 보인다.

300호(1943년 12월 8일)

대동아전쟁 2주년

아시아는 모두 무기를 들었다.

자바 의용군

버마방위군

보르네오 의용군

태국군

말레이 의용군

만주국군(뒤)과 인도국민군(앞)

중화민국 국군

우리에게는 무한한 보물고가 있다.

서남태평양의 우리 전략요지를 노리며 막대한 희생을 각오하고 돌격해 오는 적들의 고심 어린 반격은 착착 굳어져 가는 대동아의 눈부신 건설상과 이에 따라 전력 보급의 자원

전쟁에서도 우리 나라가 불패 태세를 확보할 것을 두려워하기 때문이라는 점은 말할 것도 없다. 물자의 양을 승리의 절대 조건으로 삼는 그들로서는 실로 당연한 작전일지도 모른다. 그러나 가소롭고 고심 어린 적의 반격에도 대동아의 총력은 전적으로 결집되고, 그 무진장의 자원은 개발 건설 사업과 더불어 적의 전율할 환영으로서가 아니라 확실한 현실로서 대동아전쟁 이전의 몇 배나 되는 전력을 보급하는 역할을 다하여 우리는 자원에서도 절대로 패배하지 않을 태세인 것이다.

시험 삼아 그 극히 주요한 것만 세어 보아도 필리핀의 면화, 저마(苧麻) 등 섬유 자원, 동, 망간, 철 등 광물자원, 버마의 쌀, 면화, 임산자원인 티크(Teak), 아연, 동, 주석 등의 광물자원, 말레이, 수마트라의 석유, 주석, 포크사이트, 석탄, 고무 등 중요한 직접 전쟁 수행 자원, 자바의 농산물, 보르네오의 석유, 목재, 셀레베스의 니켈, 주석, 뉴기니의 동, 목재 등 셀 수 없는 자원이 무진장 개발되고 있는 중으로, 적 미국의 우려를 사실로 입증하고 있다. 전쟁 3년째를 맞아 이들 자원은 이윽고 전력이 되어 적을 칠 것이다. 물적으로도 양적으로도 대동아의 자원은 실로 그들을 제압할 것이다.

목재—티크는 버마가 가진 풍부한 자원이다. 건설, 운반 재료로서 절대적으로 필요한 목재라는 것은 말할 것도 없다.

고무—말레이의 고무 공장에 산적한 고무호스 이것들이 광산과 공장의 증산 전쟁 무대에 오르는 것이다.

철—뭐니 뭐니 해도 철이다. 중국 대륙의 무진장의 철이 대동아를 무장시킨다.

쌀—전쟁 전 자바에서 쌀을 대량으로 사들였던 수마트라도 오늘날은 현지인들의 노력으로 훌륭하게 식량 자급을 확립했다.

소금—자바, 마즈라섬의 염전에는 연 생산량 ○○만 톤을 목표로 증산 일로의 분투가 이어지고 있다.

석유—가장 직접적인 전력 자원으로써 보르네오의 석유는 적을 친다.

주석—세계 최대 산출량을 보유한 말레이 주석은 자원전쟁에 참가했다.

섬유—풍부한 마, 면화 등과 더불어 셀레베스의 케이폭(Kapok) 섬유가 섬유 자원으로 하는 역할도 크다.

303호(1944년 1월 5일)

하늘을 나는 전투기의 패기―남방 제일선의 ○○기지

전투기를 날려 보내는 하늘의 용사들―그것은 남모를 고생과 밤낮으로 싸우는 기지의 지상부대. 적기 내습에 대비하느라 1초도 눈을 떼지 못하는 대공 감시대, 언제든 쏠 준비가 된 고사포대, 연락에 지령에 불꽃이 튀는 무전통신대, 출격 준비와 탄약 보급을 서두르는 수송대, 그리고 또한 벌집 같은 피탄의 흔적들로 빛나는 무훈을 이야기하고 고장에 격렬한 출동 횟수를 자랑하는, 기체 수리와 정비에 필사적인 작업대, 이 드러나지 않는 부대들의 피와 땀이 혼연일체가 되었을 때 비로소 혁혁한 대전과가 탄생한다.

남쪽 결전장에서 기지를 지키며 하늘을 나는 육군 전투기가 마음껏 싸울 수 있게 해 주는 '전투기를 날려 보내는 하늘의 용사들'의 마음을 올해 일억 국민의 마음가짐으로 삼자.

"여기만 고치면…" 수리대는 하루 빨리 육군 비행기를 날게 하려고 떨쳐 일어섰다.

엄체(掩體) 구축이다. 수리대는 개미들처럼 아끼는 비행기를 빠르게 나무 그늘로 숨기고 잠시 휴식.

"이걸 적기 한가운데 떨어뜨려 줘." 수송대의 바람은 이 것뿐이었다.

"1분이라도 빨리, 정확하게." 세밀하고 많은 부품의 정비도 나누어 작업에 바쁜 우리다.

남쪽의 청소년도 일어났다.

40km를 7시간 만에 달리며 행진하여 숨도 안 차는 듬직한 보르네오의 흥남보국단(興南報國團)의 단련은 우리 군대 훈련에도 지지 않을 정도이다.

"남방의 주민은 무지하고 게으르다."

대동아전쟁이 시작되기 전에 자주 이렇게 말을 들었다. 이것은 동아시아를 언제까지나 착취하려는 미국과 영국 등이 주민들을 무지한 채로 방치해 두는 편이 무한한 보물창고에서 자원을 뺏으려면 그 편이 낫기 때문이다. 그 증거로 전 보루네오 총독 하가(B.J. Haga)도

제5장 일본의 패전과 대동아공영권의 붕괴

"편안하게 자고 있는 주민을 일부러 흔들어 깨우는 것은 하지 않았다"고 고백할 정도였다.

일단 황군이 세계를 집으로 삼고자 하는(팔굉일우, 八紘一宇) 큰 이상을 갖고 현지 주민을 지도하게 되면서부터 주민의 성질은 완전히 변했다. 아니, 변한 것이 아니라 동아시아 백성이라는 점에 눈을 뜬 것이다. 교육에, 근로에 늠름하게 일어난 이 청소년과 손을 잡고 내일의 대동아를 모두 함께 만들지 않겠는가?

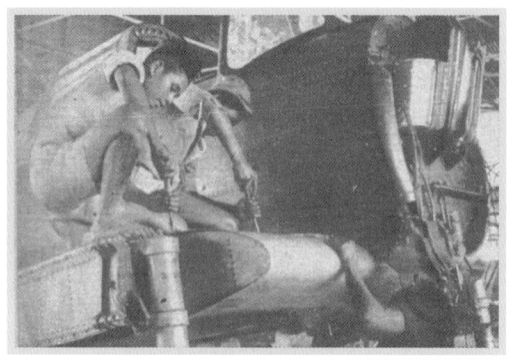

무지하다고 일컬어지던 인도네시아 소년도 어려운 육군비행대 장비를 훌륭하고 빠르게 마무리한다.

우리도 돕겠다고, 말레이의 아이들이 쇼난농장에서 근로봉사. 일하는 즐거움, 하얀 이를 슬며시 내보인다.

동아시아를 건설하기 위해서는 우선 맹주 일본을 배우자면서, 내일의 말레이 지도자들은 보호구를 단단히 챙겨 입고 검도 연습을.

미영귀축은 우리의 칼로—힘이 넘치는 티모르 별동대

황군의 일원이 된 기쁨에 빛나는 눈동자로 ○○부대장에게 받들어 총!

'만세' 결성을 마치고 목이 찢어져라 외치는 대원의 목소리가 온 섬으로 퍼져 나간다.

316호 (1944년 4월 12일)

여기서도 정진 1년—쇼난 통신

'여기에서 전쟁이 났었단 말인가?' 처음 상륙한 일본인은 폭격 흔적도 치워지고, 싱가포르라고 불리던 시절보다 훨씬 깨끗해진 쇼난에 놀랄 것이다. 더욱이 시내에 가 보면 일본 본토 이상으로 긴장된 쇼난의 결전 생활에 두 번 놀람과 동시에 역시 우리 남방권의 요충지라는 사실에 감명을 받을 것이다.

이기기 위해서다. 말레이인, 화교, 인도인이 따로 없이 모두 마음을 하나로 모아 싸우고 있다. 방공에 식량 자급에 저금까지 몸 바쳐 하는 늠름한 정진이야말로 '아시아는 하나'라는 말이 실감 나는 모습이 아닌가.

"'저금하는 가족' 시작합니다." 군정감부 우정국이 개국 2주년부터 시작한 저금 장려에 그림연극도 한몫을 했다.

"나도 저축할래." 이동 마차 창구로 달려온 현지인들의 뜻에 저금액은 늘고 늘어 200만 달러를 달성했다고 한다. 든든하다!

"구호(救護)는 우리가." 사무원, 타자수, 방송원, 교사 등 직업은 달라도 모두 남방의 처녀들. 여차할 때에 대비해서 우선 ○○중위의 구호법 강의부터—.

"더 단단히 감고…" 친절한 지도 덕분에 한몫을 해내는 간호사들이 자라난다.

"잘 어울리네요. 일본 아가씨." 말레이 처녀들이 모두 몸뻬를 입고 결전 아래 씩씩한 의지를 보이고 있다.

사롱 한 벌이면 몸뻬 두 벌을 만들 수 있다고 한다. 편하고 경제적인 몸뻬를 입고 오늘도 상쾌하게 밭일을…

346호(1944년 11월 8일)

말레이 의용군 기술병

작년 11월 5일, 6일 대동아회의에서 "아시아는 하나다"를 세계에 선언한 지 1년, 그 완전한 실현을 목표로 모든 동아시아인들은 굳게 단결하여 끝까지 싸워 왔다. 그중에서도 가장 마음 든든한 것은 현지 청소년들이 일본을 맹주로 우러러보고, 어디까지든 미국과 영국을 무찌르고자 결의에 불타고 있는 점이다. 예컨대 여기 소개하는 말레이 의용군 기술병인 인도네시아 청소년들도 현지의 기술자 양성소와 쇼난공업학교를 나온 전도유망한 이들인데, 이 결전에 한시라도 빨리 도움이 되지 않으면 면목이 없다면서 빠짐없이 지원하여 우리 항공대에 배속되었다. 동아시아의 숙적들은 우리가 격멸하겠노라 분기충천하는 믿음직스러움, 이것이 그 무엇보다도 동아시아가 한마음임을 보여 주는 모습이 아니겠는가.

땀투성이가 되어도 정비를 완료한 비행기를 비행장에 끌고 갈 때는 피곤함도 날아가 버린다.

일본의 병사들과 사이좋게 정비할 때는 동아시아에 태어나길 잘했다고 뼛속까지 생각한다.

본토의 여러분, 힘냅시다. 증오스러운 미국을 쳐부술 때까지 함께 싸웁시다.

358호(1945년 2월 7일)

결전을 위해 떨쳐 일어선 대동아

"옛날 러시아 병사 때문에 짐승같이 혹사당했던 만주의 중국인은 왜소한 일본 병사의 감시를 받으며 무개차(無蓋車)에 실려가는 무수한 러시아 병사를 목격하고, 여태까지 받아 온 인종적 차별 대우에 이유가 없음을 알았다"고 러일전쟁의 종군기 속에 한 외국인은 적었다.

이 실물 교훈은 구미 열강에게 학대당해 온 동아의 여러 민족을 각성시켰다. 인도에서는 메이지 천황의 어진영(御眞影)이 집집마다 가미다나(神棚: 집안에 신을 모셔 놓은 선반)에 모셔지고, 일본을 동아의 맹주로 받드는 기운은 독립 운동이 되어 불타오르고, 멀리 이집트, 페르시아, 튀르키예에까지 이르렀다.

대동아전쟁이야말로 우리 나라에 주어진 동아 여러 민족의 신뢰에 대해서, 우리 나라가 웅혼(雄渾)한 사실을 바탕으로 대답한 것이다. 그러므로 동아의 각 국가, 여러 민족도 또한 일본을 우두머리로 받들고, 동아의 숙적 격퇴에 혼신을 다하고 있는 것이며, 적 미국조차도 동아를 지금까지처럼 자기 것처럼 다룰 수는 없게 되었다는 점을 한탄하고 있다.

전쟁 3개년의 수확은 무한의 보고가 개발되어 전력화되고 있는 것만이 아니다. 동아 10억의 민심이 우리에게 귀순하고 있다는 사실, 이것이야말로 무엇보다도 승리의 초석인 것이다.

'이것이 우리들이 소중히 간직해 온 기쁜 표정입니다. 우리들이 얼마나 기뻐하고 있는지, 살펴봐 주십시오'

독립의 공약과 함께, 자바 방위 의용군의 열기는 더욱 높아졌다. 향토 방위는 반드시 자신들의 손으로, 미간에 넘쳐 흐르는 결의도 늠름하다.

그리고 오늘 금의환향해서 고향을 방문. 마중 나온 사람들 사이를 향토병은 선착장에서부터 당당히 행진했다.

인정(人情)은 대동아 모두가 똑같습니다. 오랜만에 사랑하는 아이를 안아보는 기쁨. 우리 가족의 단란함에 젖어보는 것도 몇 달 만인가. 다시 돌아오는 날에는 반드시 공을 세우리라 하고 이야기를 주고받는 것도 믿음직스럽다.

남방 각지에서는 많은 인도네시아 젊은이들이 해원 양성소나 공원 양성소 등에서 기술을 배우고 나서 해상요원이나 산업전사가 되어 눈부신 일본에 협력하고 있는데, 이런 믿음직한 젊은이들의 선두에 서 있는 것이 해군병보학교(海軍兵補學校)의 생도들이다. 우리 무적 해군의 전통을 이어받아 훌륭한 바다의 병사가 되고자 넘치는 기운으로 주말도 잊은 채 맹훈련에 부지런히 힘쓰고 있다.

빛나는 군함기를 선두로 한 늠름한 행진.

끝까지 싸워 내고, 동아시아에서 영미를 일소하는 것이야말로 동지들과 함께 광둥의 백운산록에 잠든 왕(汪) 주석에 대한 무엇보다도 좋은 작별 선물이라면서, 지금 중국의 국군은 슬픔 속에서도 활기 넘치게 단련에 단련을 거듭하고 있다. 미화되어 완전히 영미의 앞잡이가 된 충칭군과 비교하면, 우리 황군 가미카제 부대에게 동아의 전통인 살신성인의 정신을 배우고 젊은 천궁보(陳公博) 군사위원장 아래에 모인 이들 정예군의 믿음직한 모습이, 동생공사(同生共死)하는 동아시아의 모습을 생생하게 보여주고 있는 것이 아니겠는가.

땅끝까지도 적을 쫓아내 버릴 기백을 담아, 광야에서 맹훈련을 계속하고 있는 중국군 보병대.

358호(1945년 2월 7일)

공영권 소식—버마의 식량 자급

바모 부인 킨마마 여사는 관저 공터를 이용해서 논을 만들어 스스로 식량 증산의 모범을 보였다. 사진은 벼 베기를 돕는 버마부인연맹 사람들, 중앙이 킨마마 여사.

어딘가 일본 배를 닮은 버마 배들. 어업 중심지 메르기 항구의 북적거리는 아침 시장.

1944년 7월, 패배를 거듭하던 임팔 작전에 작전 중지 명령이 내려졌다. 그 한 달 후인 8월에 아웅산은 항일 투쟁 준비 촉진을 위한 지하조직을 만들기로 결심했는데, 이 조직이 반파시스트 인민 자유연맹(AFPFL)이었다. 이 조직은 버마공산당, 인민혁명당, 그리고 버마 국군이 핵심이 되었다. 외부에서 무기를 지원받지 못하게 되자 아웅산은 자력 무장 항일을 결심했다. 1945년 3월 27일부터 버마 국군을 중심으로 일본군에 대한 게릴라 전법으로 일제 봉기를 시작했다.

버마군의 항일 봉기는 전후 버마 역사의 화려한 서술과는 달리 그 효과가 대단하지는 않지만, 영국에 대한 정치적 효과는 매우 컸다. 아웅산이 이끄는 타킨당계 국수주의자들이 주도한 자력 봉기는 영국과의 협의 없이 시작되어 봉기 후 약 3개월이 되어서야 영국군 제14군 지휘하의 애국 버마군으로 편성되어 부분적으로 무기와 탄약을 제공받았다. 하지만 '파시스트 일본과 협력한 경위는 있지만 자력으로 일본에 저항했다'는 점은 영국과의 독립 교섭에서 매우 유리하게 작용했다.

　1945년 4월 23일에 일본군은 랑군을 포기했고, 5월 3일 영국령 인도군이 랑군을 점령했다. 제14군에 의한 군정에 이어 10월에 버마 정청이 회복되면서 민정으로 전환되었다. 버마는 1947년 7월 19일 아웅산 암살 후 비로소 이듬해에 독립했다.

　『사진주보』358호 기사는 버마가 일본을 등지기 시작한 시점에 게재된 것으로서 이 기사를 마지막으로 『사진주보』지면에서 버마 관련 기사는 사라지게 되었다.

인도네시아 독립 구상

　1943년 5월 31일 일본의 어전회의에서는 대동아전쟁 완수를 위해 여러 국가와 민족의 전쟁 협력 강화를 위한 여러 가지 방책을 제시함과 동시에 10월 하순에 대동아 각국의 지도자를 모아 전쟁 완수와 대동아공영권 확립이라는 확고한 결의를 천명하고 전쟁 완수에 매진할 것을 제시했다. 그런데 이날 어전회의에서 결정된 각국에 대한 방책에는 식민지가 포함되지 않았고, 기타 점령 지역(말레이, 수마트라, 자바, 보르네오, 셀레베스)에 대해서는 '민도가 낮아 독립 능력이 결핍'되었다고 평가했다. 따라서 일본이 생각하는 대동아공영권의 범위는 식민지를 제외한 만주국과 난징정부, 그리고 태국, 프랑스령 인도차이나, 버마, 필리핀 등 동남아시아 일부 국가라는 것을 알 수 있다.

　아시아태평양전쟁의 패색이 짙어진 1944년 9월 7일, 제85회 의회 시정 연설에서 고이소 구니아키(小磯國昭) 수상은 인도네시아 독립에 대해 언급했다.

　그런데 인도네시아 독립이 일본 정부에 의해 공식적으로 언급되기 전부터 『사진주보』 지면에서 인도네시아 관련 기사가 증가하는 것을 볼 수 있다. 307호(1944년 2월 2일)부터 수마트라, 자바 등 각지의 소식을 자세히 다루고 있다.『사진주보』가 일본 정부의 기관지라는 것을 염두에 두면, 이 시기부터 인도네시아 독립이 본격적으로 검토된 것으로 보인다. 340호(1944년 9월 27일)에서는 인도네시아 독립에 대한 고이소 수상의 공약을 게재했지만 전황의 악화와 해군의 반대로 인도네시아 독립은 결국 실현되지 못했다.

361·362호(1945년 3월 7일) 기사를 마지막으로『사진주보』지면에서는 인도네시아는 물론 동남아시아 관련 기사가 사라졌으며, 필리핀 전선의 상황과 특공대 관련 기사만 남게 되었다.

307호(1944년 2월 2일)

공영권 소식 — 정치 참여로 신나는 수마트라

동아시아를 동아시아인들의 손에 돌려주는 눈부신 대동아선언에 따라 수마트라에서도 작년 12월 8일 원주민의 정치 참여가 실시되었다. 환희에 불타는 각 주에서는 주 참의원 210명을 선출하여 벌써 제1회 참의회를 개최한 주도 있다. 원주민들의 감격은 이루 말할 수 없다.

작년 11월 10일 부치킨시에서 열린 축하 시민대회에서 초등학교 아동들의 행진.

원주민 대표의 축하 연설.

311호(1944년 3월 1일)

자바의 여성도 열심히 일하고 있습니다.

전황이 점점 어려워지고 있는 오늘날에는 우리 주변 여성들의 진출이 실로 눈에 띄는데, 남쪽 나라 자바에서도 국토방위를 남성들에게 맡기고 있던 여성들의 전쟁터 진출 기세는 전쟁 목적이 알려짐에 따라 점점 높아져, 남성들에게 뒤지지 않은 훌륭한 성과를 내고 있다. 네덜란드 치하 시절의 자바 여성들은 악정 아래 희망 없는 삶을 노래와 춤으로 헛되이 보냈지만, 황군 치하로 들어간 후부터 그들의 사고방식과 생활 방식은 완전히 바뀌었다. 갑자기 삶이 활력과 밝음, 희망 등으로 가득해졌다. 전쟁에 이바지하는 것만이 그들에게 영원한 행복을 약속한다는 사실을 분명히 알게 되었기 때문이다. 그들은 지금 밝은 남쪽의 태양 아래에서 열심히 일한다. 일본 본토의 여성들에게 지지 않고자 의욕을 불태우며 일하고 있다.

사이잘 끈 제조소에서는 군수용, 어업용으로 마 끈 수요가 늘고 있는데, 정교한 손끝이 막대한 주문에 부응하고 있다.

향기로운 남쪽 과일도 근대적 공장으로 보내져 곧장 통조림이 되어 공영권 각지로 보내진다. 제품 검사에 바쁜 그녀들.

공영권 소식―고향을 방문한 보르네오 향토방위부대

'향토방위'를 위해 떨쳐 일어선 보르네오의 젊은이들은 최근 며칠간 행군을 겸하여 각자의 출신지를 방문하여 산뜻한 흥아의 전사다운 모습을 부모형제들에게 보여 주었다.

일본 병사로 착각할 만큼 훌륭한 집총훈련

휴식의 한때를 부모형제, 지인들과 군대 자랑하며 지내는 방위부대

수마트라 의용대

우리 수마트라를 지키는 현지인들은 황군의 따뜻한 지도와 공영권의 큰 이상에 깨달음을 얻고 바로 내가 수마트라를 지키는 사람이라는 자부심을 품게 되었고, 이에 의용군 지원이 쇄도했다.

매일 완벽에 가까워지는 거수경례

면회 온 한 지원병의 형제들

315호(1944년 4월 5일)

자바 여성들도 의사 선생님으로―자카르타 의과대학

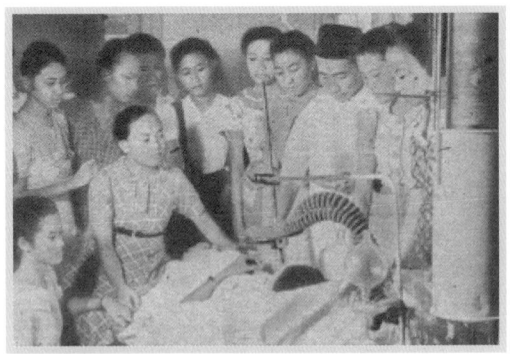

심장의 비밀 창고는 과학에 눈뜬 그녀들의 눈앞에 지금 바로 펼쳐졌다―심장 진단기를 활용한 임상강의.

여학생들의 눈동자가 집도하는 교수의 빛나는 메스에 집중된다―수술실.

남쪽 나라 특유의 각종 열대 약물은 그녀들의 연구를 기다리고 있다―약학 교실.

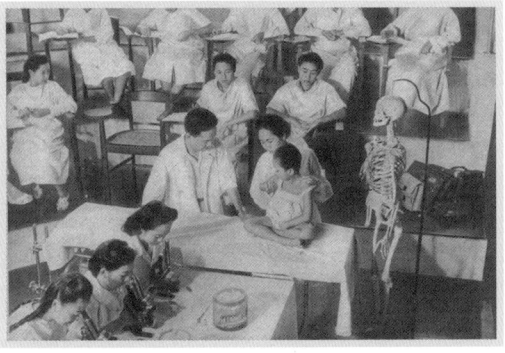

현지인 아이들이 같은 갈색 피부의 여선생님에게 안심해 실험실로 모여든다―외과 교실.

323호(1944년 5월 31일)

나날이 늠름해지는 자바도 총궐기─자바 방위의용군

대동아 지역에서 전면적으로 패퇴했던 적 미국과 영국은 물력(物力)에 의존하여 다시 동아시아 천지로 침략의 마수를 뻗치려 하고 있다. 전쟁은 격해지고만 있다. 그런데 일본을 맹주로 한 대동아선언 실현을 목표로 새로운 건설에 몸 바치고 있는 대동아 10억 민족은 바로 지금 자신들의 총력을 걸고 미국과 영국의 재침략에 반격을 가하려 하고 있다.

자바를 보라!

섬 전체의 정수이자 핵심을 뽑아서 편성한 방위의용군이 밤낮으로 피의 훈련을 거듭하며 적 격멸의 기회를 엿보고 있다.

또한 건설의 늠름한 의욕을 은빛 바퀴에 싣고 달리는 선전전의 첨병 그림연극 부대가 마을에서 마을로 오가고, 민중은 이들을 환호하며 맞이한다. 아시아인의 아시아를 만들자. 결단코 미국과 영국을 쳐부수자는 국혼(國魂)이 자바섬 전체를 뒤덮고 있다.

대동아 방위를 위해 자바, 아니, 대동아의 전 민족이 바로 지금 총궐기하고 있다.

일본어도 급속히 늘어서 진지한 학과 시간.

몸을 던지는 스모로 강건한 신체와 용감한 투쟁 정신이 배양된다.

대오 당당, 실로 황군과 더불어 줄을 지어 방위 전열을 담당한다.

와 하는 늠름한 함성. 힘들어도 쉬지 않는 맹렬한 돌격 훈련.

안녕히, 그리고 또 올게요. 작별을 아쉬워하며 다음 마을로(캄퐁에서).

자, 힘내서 가 보자. 다음은 저 마을이다. 모두가 기다리고 있단다.

325호(1944년 6월 14일)

수마트라에도 결실의 개선가

산이며, 밭이며, 농민이며 너무나도 일본 본토와 비슷해 친근감이 느껴진다. 다만 조금 다른 것은 소 대신에 물소를 이용하는 요란스러운 풍경.

남방의 색채가 가득한 야자 이파리 그늘에서 벼 훑기.

자, 벼 베기다. 노래를 부르며 시끌벅적하게 아침부터 밤까지 베어라. 자, 벼 베기다. 기쁘다. 모두 도움을 부탁드려요(현지 벼 베기 노래).

'수마트라 원호 미곡 집적소'의 작업.

340호(1944년 9월 27일)

동인도도 독립, 의욕이 넘치는 자바 민중

1944년 9월 7일, 공영의 기쁨으로 빛나는 대동아에서, 또다시 새로운 국가의 탄생이 약속되었다. 동인도 민족 오천만에게 이날은 영원히 잊을 수 없는 영광의 날이 되었다. 제85회 의회의 시정연설에서 고이소 수상이 대동아 민족 공영의 대이상 아래 세 번째 새로운 국가의 독립을 공약한 것이다.

동인도 여러 민족은 네덜란드의 학정(虐政) 아래에서 신음해 온 지 340년에 이르렀는

여성의 교육에서도 전래된 풍습을 존중하면서, 전반에 걸쳐 세계에 비할 바 없는 일본 정신을 이식할 수 있도록 세심한 노력을 기울이고 있다. 나기나타(薙刀, 긴 봉에 칼날을 단 일본식 언월도) 창술로 일본 정신을 배우고 있는 자바의 여학생들.

월례 걷기 대회에 참가하는 자바 청소년들. 강한 국가는 강한 국민으로 조직된다. 젊은 자바는 늠름한 그들의 어깨 위에서 쑥쑥 자란다. 시합도 흥미 본위를 버리고 체력 단련을 목적으로 하며, 일본 무도도 더해서 심신 양면의 단련에 부지런히 힘쓰고 있다.

 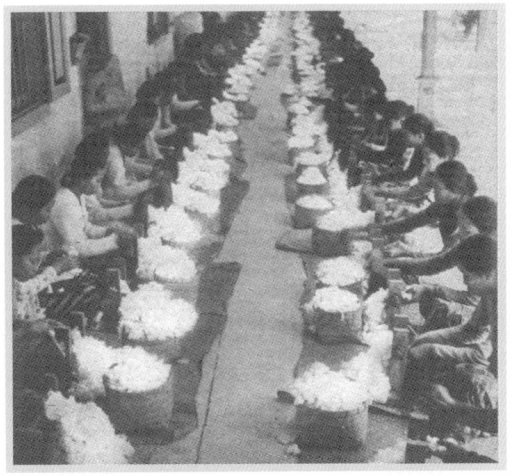

여기에도 함께 싸우는 자바 민중의 믿음직한 모습이 있다. 한시의 유예도 허락되지 않는 보급전의 일익을 담당하느라 자바에서도 목조함을 건조하는 망치 소리가 울려 퍼진다. 이렇게 승리의 배는 대동아를 건설하는 다양한 민족의 손으로 날마다 만들어진다.

자바 면화 솜 따기 작업이다. 전쟁 전에는 네덜란드의 식민정책 때문에 의류를 해외에서 구했지만, 군정하에서는 자급을 목표로 면화 시험 재배와 공장 시설 확충을 한다. 주민들도 솔선하여 우리에게 협력해서 지금은 성공리에 그 준비기를 마쳤다. 남쪽의 옥토에서 끝없는 목화밭을 일굴 날도 머지않았다.

데, 황군은 한번 진주하자마자 인도네시아인들의 인도네시아를 건설할 것을 언명하고 빠르게 원주민들의 정치 참여를 인정했다. 중앙 참의원 및 각 주 특별시 참의회를 설치해서 독립의 첫걸음을 마련했으며, 민중들도 역시 우리에게 잘 협력해서 대동아전쟁의 완수, 새로운 자바 건설에 흐트러짐 없는 노력을 이어 왔다.

지금 일본이 가져다준 독립의 공약은 그들의 노력에 대한 하사품이며 또한 대동아선언 실현을 기하기 위한 일본의 성의 있는 대답이다.

자바섬 전체는 환희와 감격으로 들끓고 있다. 민중들은 독립할 날을 기다리면서 점점 더 맹주 일본과의 공생동사(共生同死) 결의를 굳히고, 영미 격멸에 매진할 것을 맹세하고 있다.

361·362호(1945년 3월 7일)

자바의 목축

자바 말은 일본 작은 말 정도 크기인데 종래는 군에서 운반용으로 사용하는 데 지나지 않았으나, 최근 군관의 노력으로 그 질도 점차 개량되어 우수한 군마로 도움이 되는 때가 왔다.

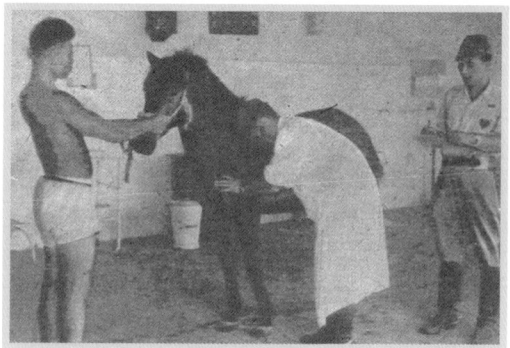

군마의 검진. 이렇게 날로 날로 강한 준마의 숫자가 늘어간다.

낙원 자바는 무장을 했다. 일찍이 환락과 소비의 도시였던 바타비아도 근로와 생산의 수도 자카르타로 갱생했다. 군정 3년의 치적이 성과를 거두어 모든 것을 전력 증강에 바쳐 온 군관민의 노력은 실로 결실을 거두려 하고 있다.

작년 9월 7일, 제85 임시의회에서 고이소 수상의 동인도 독립 공약은 현지 주민의 대일 협력에 박차를 가하게 되어 숨막히는 일본과 미국의 결전 아래 자바섬 전체는 지금 남방의 대요새로 굳건한 수호의 역할을 하고 있다.

이를 더욱 강화하는 것은 산업의 약진이다. 자급을 지향하는 공정한 시책에 따라 모든 산업시설은 급속히 정비되었고 주민의 노력이 더해져 자급체제를 확립했다.

노동력과 식료 자급에 중요한 역할을 다하는 가축 증산은 전시에 가장 중요한 과제 중 하나다. 전쟁 전 네덜란드 정부의 착취 정책과 주민의 무관심으로 잘 이뤄지지 않았던 목축업은 그 후 눈부시게 조직화되고 대규모가 되었다. 하늘이 내려 준 풍토는 풍족한 사료를 주었고 가축의 발육을 빠르게 해 주었다. 조만간 여름날 광야를 뒤덮을 가축 무리가 눈에 선하다.

대동아선언 1주년 기념식과 대동아 대사회의

1943년 11월 5일 도쿄에서 개최된 대동아회의는 연합국의 대서양 회의에 대한 반격이었고, 그 때문에 '대동아공영권'의 결집을 과시하기 위해 공영권의 지도자들을 불러서 개최했다. 이 회의는 만주국과 난징정부 등 괴뢰정권을 제외하면 동남아시아 국가들이 주축이 되었다.

그런데 그 1주년을 맞는 1944년 11월의 전황은 매우 긴박하여 대동아선언 1주년 기념 국민대회 도중에도 경보가 발령될 정도였다. 또한 대동아공영권의 대표들을 초청해 두고 내용은 공영권 내부의 결속을 다지기보다는 미국, 영국과 맞서 싸우는 결의와 적에 대한 격멸 의지를 표명하는 내용으로 채워졌다.

대동아선언 당시와 그 1주년 후의 상황은 이 1주년 기념 국민대회의 성격으로도 분명히 드러났다고 할 수 있다. 그리고 1945년 4월에 개최된 대동아 대사회의는 전쟁의 긴박함과 대동아공영권의 축소를 현저하게 드러냈다.

347호(1944년 11월 15일)

대동아선언 1주년―도쿄 히비야 공회당 11월 6일

작년 11월 6일, 도쿄에서 열린 대동아회의석상, 대동아 각국의 대표가 대동아의 역사에서 획기적인 대동아선언을 채택한 지도 1년여. 그 사이에 제국을 비롯한 대동아 각 민족은 대동아선언의 구현을 목표로 착실한 건설을 진행해 왔다. 올해 9월 7일 제85회 제국 의회에서는 새로이 동인도 민족의 독립이 약속되었다. 이어서 같은 달 23일 필리핀이 미·영 격멸의 전열에 참가했다.

게다가 필리핀의 참전을 통해서도 알 수 있듯이 성전의 보무(步武), 대동아 건설의 진척에 초조함을 느낀 적이 이제 총력을 다해 반격함과 동시에 대동아 재침략 야망을 내세우면서 싸움은 글자 그대로 결전이 되었다. 대동아 각 민족의 전력을 결집하여 적의 분에 넘치는 희망을 무찌를, 또한 무찌르지 않으면 안 될 때가 왔다.

제국 정부는 11월 6일 대동아선언 1주년 날에 정부 성명을 내외로 거듭 발표하여 대동아선언의 취지와 정신을 분명히 하는 동시에, 최근의 전과를 갈수록 확대하여 최후의 승리를 획득하겠다는 강고한 결의를 피력했다. 각국 수석도 또한 각자의 기관을 통해 끝까지 제국에 협력하여 적인 미·영을 격멸하고 대동아선언의 대이상 실현에 매진할 것임을 밝혔다.

아울러 이날 제국의 수도의 히비야 공회당에서는 방일 중이던 보스 자유인도 임시정부 수반 및 동맹 각국의 대사·공사를 맞이하여 오후 1시부터 흥아 총본부 주최의 '대동아 공동 선언 1주년 기념 국민대회'가 열렸다. 1년 전, 새로운 대동아 역사의 기초가 다져진 성스러운 날을 기념하는 국민대회는 때마침 발령되었던 경보가 해제된 직후임에도 불구하고 당당하게 개막하여 적을 격멸하겠다는 분노를 새로이 하며 대동아 민족의 선두에 서서 단호하게 대동아선언의 실현을 맹세하는 국민의 결의를 고스란히 드러냈다.

임석한 고이소 수상, 흥아 총본부 총리 마쓰이(松井) 대장, 시게미쓰 대동아 대신, 스기야마(杉山) 육군 대신, 시마다(島田) 농상 대신, 고바야시(小林) 익정회 총재(오른쪽부터).

임석한 보스 자유인도 임시정부 수반(왼쪽 끝)과 동맹 각국 대사들―왕 만주국 대사, 슈타머(Heinrich G. Stahmer) 독일 대사, 테 몬 버마 대사, 위―와타깐(Luang Wichitwathakan) 태국 대사, 바르가스 필리핀 대사, 프린치피니 이탈리아 대리 대사(왼쪽부터).

흥아 총본부 곤도(近藤) 남방국장의 대동아공동선언문 낭독―오른쪽은 좌장 스에쓰구(末次) 대장.

바르가스 필리핀 대사의 인사.

367호(1945년 4월 18일)

혈맹으로 단연코 승리로—대동아대사회의

　전쟁의 양상이 매우 심각하여 미국과 영국이 제국주의적 마수를 갈고 닦을 때 대동아대사회의는 4월 23일 제국 의사당에서 개최되었다. 도고(東鄕) 외무대신 겸 대동아대신을 비롯하여 대동아공영권 안의 도쿄 주재 대사들인 왕윈샹(王允鄕) 만주국, 차이페이(蔡培) 중화민국, 바르가스 필리핀, 비치트 태국, 테몬 버마 및 배석자로 자유인도 임시정부 대표 우마 무르티 씨 등이 모였다.

　회의는 엄숙하고 열성적인 공기 속에서 진행되어 재작년 11월의 대동아회의 공동선언을 재확인하고 그 근본적 방책에 따라 정치, 군사, 경제, 문화 등에 이르는 7원칙을 만장일치로 채택하고 이러한 대이상 앞에 매진할 것을 맹세했다. 한편 도고 외무대신 겸 대동아

대신은 이번 전쟁은 '제국의 흥폐(興廢)'를 거는 자존자위를 위한 전쟁이지만 동시에 이 싸움이 '동아시아 10억 여러 국민, 여러 민족의 해방, 부흥의 성패를 거는 분기점인 전쟁'이라는 점을 강조하며, 본토 가까이 침공하는 적을 일거에 물리치려는 일억 국민의 확고한 필승정신을 밝혔다. 각 대표들도 일어나 이 대이상의 추진력이 될 것은 철저항전뿐이라고 확고한 결의를 표명, 서로 연대하며 승리를 위해 매진할 것을 약속했다.

임팔 작전

1944년 이후 전황은 남태평양을 중심으로 이동하여, 동남아시아에서 가장 격전지는 인도의 임팔(Imphal)과 필리핀이 되었다. 한편 일본 국내의 상황은 1942년 4월부터 미군의 공습이 시작된 이래 아동 소개(疏開), 관청 소개 등이 실시되고, 극심한 식량난에 시달렸다. 『사진주보』는 일본 국민 생활에 좀 더 많은 지면을 할애하게 되었고, 동남아시아 기사는 현격히 줄어들었다. 그런 와중에도 동남아시아 각지의 어린이들이 밝게 웃는 사진을 게재하여 일본의 지배 아래 평온한 상황을 강조하고 있는 점이 이 시기 기사의 특징이다.

육로를 차단당한 연합군은 공수(空輸)를 통해 중국에 물자를 보급했지만 수송량에 한계가 있었기 때문에 버마를 탈환하여 장제스 원조 루트를 회복하려 하였다. 윈게이트(Orde C. Wingate) 소장이 이끄는 영국령 인도군 약 3,000명은 항공기의 공중투하로 보급을 받으며 아라칸산맥을 넘었다. 일본군은 이들을 격퇴했고, 또한 영국군의 거점인 인도의 임팔을 공략하려고 한 것이 바로 '임팔 작전' 또는 '임팔-코히마 전투(Battles of Imphal and Kohima)'다. 도조 수상은 1944년 1월 7일 버마 방면 군사령관 가와베 마사카즈(河邊正三) 중장과 그 산하의 제15군 사령관 무타구치 렌야(牟田口廉也)가 주장하는 임팔 작전을 인가했다. 찬드라 보스의 자유인도 임시정부는 전부터 조국 인도로의 진격을 주장하고 있었기 때문에 '인도 독립운동 지원'이라는 대의명분 아래 인도국민군 6,000명을 투입했다.

연합군 쪽에서는 조셉 스틸웰(Joseph W. Stilwell) 장군이 이끄는 미중 연합군은 버마 북부에, 영국령 인도군은 남부 아키야에 병력을 집중시켰고, 중국군인 윈난 원정군도 버마 북동부 국경에 진격해 있었다.

임팔로 진격하기 위해서는 건기에도 폭이 300m 이상인 친드윈강을 건너고 길이 950km의 아라칸산맥을 돌파해야 했는데 일본군은 제공권을 빼앗겨 공중보급을 기대할 수 없는 상황이었다. 그런데 일본군은 무모하게도 쌀이나 탄약을 실은 1만 마리가 넘는 소의 행렬을 1944년 3월 8일부터 7월 3일까지 진행된 버마와 인도 국경지대 작전에 투입했다. 물자를 운반하게 한 후에 식량으로 이용할 수 있다는 논리였지만, 소의 대부분은 친드윈강에서 익사했고 남은 소들도 아라칸산맥을 넘지 못했다. 일본군은 4월 6일 코히마를 점령하였지만 보급로를 차단당하여, 탄환과 식량도 떨어지고 임팔에도 돌입하지 못한 채로 5월 중순에 우기를 맞이하였다. 제공권을 장악하여 공중보급으로 전력을 증강한 인도군의 반격으로 일본군의 보급은 완전히 끊어졌지만, 무타구치는 여전히 진격을 명했다. 7월 10일 퇴각이 시작되었으나 심각한 기아와 전염병으로 이 작전에서 전 참가자의 80%에 달하는 추산 약 5만~6만 명의 사망자가 발생했다.

『사진주보』에서는 임팔 작전의 승리를 크게 다루었지만 임팔 작전이 교착상태에 빠지면서부터 분량이 적어지다가 작전이 취소되자 323호 이후로는 전혀 다루지 않게 되었다.

315호(1944년 4월 5일)

인도국민군과 더불어 황군, 인도 영내에 돌입하다.

버마와 인도 국경에 포진하여 반격을 부르짖는 영국령 인도군, 미군, 충칭군에 대해 지난 2월 4일, 적의 기선을 제압하여 남부 버마와 인도 국경 부근에서 단연코 응징의 공격을 시작한 황군 정예는 현재, 국경 전면에서 급속히 전과를 확대해 가는 중이다. 우선 부띠다웅, 아키야브 방면의 영국령 인도군에 대해서는 2월 중순 신즈웨야(Sinzweya) 분지 부근의 영국령 인도군 제7사단을 섬멸하고, 이어서 중부 국경 친 구릉지대(Chin Hills)로 진출해 온 영국령 인도군 제17사단에 대해서는 3월 8일부터 공세를 개시했다. 3월 하순에는 톤장(Ton Zang), 티딤(Tedim) 주력을 맹공, 국경 부근에서 섬멸전을 전개했지만 강력 부대는 3월

적의 항공 전진기지 임팔.

적 기지를 발견하여 중기 맹사격.

고국은 눈앞에 있다. 의기충천한 인도국민군.

국민군에 투항하는 인도 병사.

15일 인도국민군과 더불어 친드윈강을 건넜고, 나아가 인도국민군을 지원하여 3월 19일에는 국경을 돌파하여 동부 인도 방면에서 적 반격의 책원지를 복멸하는 중이다.

우리 군은 적 영국령 인도군 제14사단의 필사적인 저항에 꿈쩍도 않았다. 또한 임팔 평지에서 산사태를 일으키고 활주하는 패배한 적 제20, 제23사단을 맹추격하여 임팔을 노리고 버마 북부 국경에서 준동하는 미군과의 연락선을 끊는 동시에 보물고인 인도를 사수하려는 영국의 간절한 바람을 근본부터 흔들어 놓았다. 한편, 조국 독립에 몸 바쳐 싸우는 인도국민군은 우리 도조 수상의 "국민군이 진격하는 조국 인도의 땅은 즉시 모두 자유인도 임시정부의 행정 아래 둔다"라는 성명에 독립을 반드시 이루겠다며 황군의 강력한 지원 아래 승리의 저 언덕으로 진격을 계속하고 있다.

317호(1944년 4월 19일)

임팔 인도 진격 쾌조

사진은 트럭을 분해, 반송하여 험준한 국경을 넘으며 노도의 진군을 계속하는 황군 장병들.

3월 중순 인도국민군과 함께 당당하게 인도령에 진격한 황군 정예 각 부대는 가는 곳마다 패적을 격파하면서 적이 국경 방위의 아성을 기대한 임팔 포위망을 위축시켰다. 이제 그 함락도 목전으로 다가와 바야흐로 일본·인도 동맹군의 쾌속한 작전을 진척시켜 인도 국내에 소요를 일게 하여 인도 4천 년 역사에 한 획을 그을 시기가 도래하려는 참이다.

먼저 중부에서는 3월 하순 미션 및 그 외 지점에서 임팔·코히마 가도를 차단함으로써 적 제4군 중 제17사단, 제20사단, 제23사단 등이 임팔 평지 이남에서 우리 군에 포위되어 현재 전면적으로 붕괴하려는 참이다. 특히 복면을 쓴 채로 진격을 계속한 우리의 신예 부대는 4월 6일 갑자기 임팔, 디마푸르(Dimapur) 도로의 요충지인 코히마를 공략, 아쌈(Assam), 벵갈 철도에 중대한 위협을 끼치게 되었다.

다음으로 남부에서는 칼라단(Kaladan), 삐(Pyay) 강 사이 삐 산 중턱에 서하 제81사단 주력부대가 거점을 차지하려고 하는데 우리 군은 현재 이를 포위하여 공격 중이고, 마유(Mayu) 강 좌측 해안 지구의 부띠다웅 동북 방면과 부띠다웅 서남 방면 부근에서는 우리 부대가 당면한 적에게 공격을 준비 중이며, 또한 우리의 유력 부대는 3월 하순 나케독에 돌진, 적에게 다대한 손해를 끼쳤다.

북부에서는 후쾅(Hukawng) 지구에서 재인도 충칭군 신편 제23사단, 제38사단 두 사단과 미국 영국 혼성 2개 여단이 레도(Ledo) 공도의 파괴를 위해 필사적으로 진격하려고 했는데, 우리 부대가 이를 미치나 서북방 지구에서 격하게 공격하여 대출혈을 안겼다. 또한 적이 기를 쓰고 성공을 선전하고 있는 공수부대도 총지휘관 윈게이트가 전사하는 등 심히 꼴이 볼썽사나운데, 이들에 대한 우리 공격 부대 포위진은 이미 잘 갖추어져 있어서 공수부대 일부에게 일찍이 섬멸의 쓰라림을 맛보여 주었다.

319호(1944년 5월 3일)

인도작전의 전모

1. 인도-버마 국경 교통의 개요

인도-버마 국경에는 파트카이(Patkai) 산맥, 친 구릉, 아라칸산맥 등 험준한 산들이 중첩되어 있어서 그 육상 교통은 지세상 레도에서 후쾅 지역을 거쳐 미치나로 나오는 북방의 이른바 레도 공로, 임팔 평지에서 칼레와(Kalewa) 부근으로 나가는 중부 교통로 및 해안을 따라 아키야브로 나가는 국부(局部) 교통로 세 가지로 한정되어 있다. 따라서 국경 부근의 공방전은 당연히 이상의 세 방면에서 일어날 것이라 말할 수 있다. 재작년 황군에게 내쫓긴 적이 숨어든 곳도 역시 이 세 방면으로, 이후 적과 우리가 상대하여 점차 전운이 감돌았다.

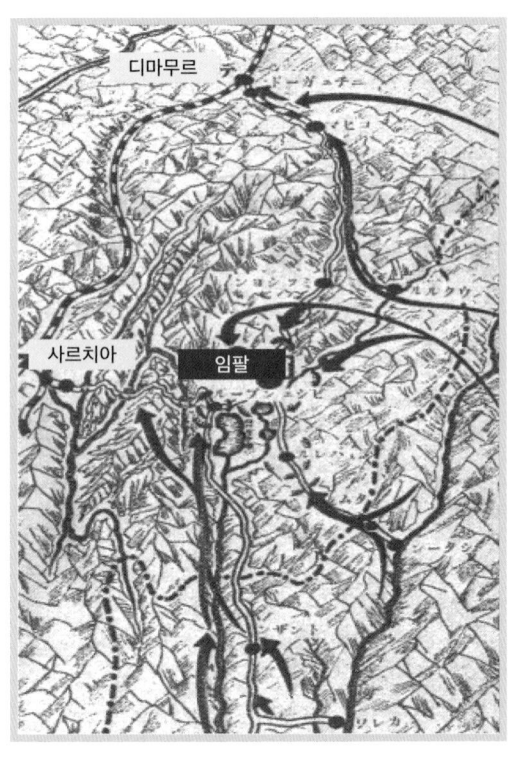

2. 임팔 작전이 일어날 때까지

이상과 같은 정세 아래 교통이 가장 편리한 남방 해안 도로 방면에서 먼저 전쟁의 움직임이 일었던 것은 당연했다. 적은 오래전부터 버마 탈환을 부르짖었다. 마운트배튼(Louis Mountbatten)의 동서아시아군 사령관 취임 직후 일어난 아키야브 탈환 작전은 작년 봄, 이른바 아라칸의 비극으로 종지부가 찍혔다.

그리고 준동을 개시한 누장 정면 충칭군에 대해 기회를 엿보던 민첩한 황군은 작년 10월 상순부터 선제공격을 결행하여 이에 철퇴를 가했다. 이리하여 이쪽 방면의 총사령 진성(陳誠)은 훈련을 어쩔 수 없이 그만두게 되어 그 책동은 완전히 봉인되었다.

나아가 10월 하순 이래 후쾅 지구에 진출해 와서 레도 공로 타개에 기를 쓰고 있던 재인도 충칭군 및 미영 혼성부대에 대해 계속해서 교묘한 출혈 작전을 실시하고 있다.

올해 들어서는 다시 기세를 회복해서 되돌려 온 해안 도로 방면 부띠다웅 몬도 정면의 적에 대해서 2월 상순 공세를 펼친 황군은 영국인도군 제7사단 주력을 신즈웨야와 분지에서 격멸하여, 아라칸의 비극을 재연했고, 이 방면에 적 15군단의 전력을 끌어들였으며, 다음으로 일어난 임팔 작전의 순조로운 진전 덕분에 계속해서 전황은 유리하게 전개되고 있다.

이에 호응해서 칼라단 하천 계곡을 남하해 온 서아프리카 제81사단에 대한 공격도 이미 결말에 가까워졌고, 현재(4월 중순) 그 패배한 적을 쫓아 팔렛와(Paletwa)를 향해 추격 중으로, 특히 이 방면에서의 인도국민군의 용맹은 칭찬할 만한 가치가 있다.

3. 임팔 작전

재작년 버마 평정작전에서 중부 인도-버마 국경 방면으로 도망쳐 온 적은 그 이후 면밀하게 진지를 구축함과 동시에 병력을 증강하고, 임팔, 팔렐(Pallel) 등에는 항공기지를 건설하며 점차 행동이 활발해졌다. 이에 대해 해당 방면의 황군은 3월 상순에 공세를 시작, 인도국민군과 함께 당당히 인도 진격 행동을 개시했다. 작전이 일어난 과정은 두 단계로 나뉜다. 먼저 3월 8일 톤장 탐 정면에서 행동을 일으켰고, 해당 방면에서 임팔 방면의 영국인도군 제4군단을 견제해서 끌어들인 뒤, 이어서 3월 15일 또다시 강력한 부대로 그 북방 호마린 남북의 선에서 갑자기 친드윈강을 기습 도하하여 적의 의표를 찌르고 소무라 고원 지대의 험준한 곳을 답파했으며, 4월 6일에는 빠르게도 임팔 평지 주요 보급로인 디마푸르, 임팔 도상(道上)의 요충지 코히마를 공략해서 영국인도군 제4군단을 고립시켰다.

현재(4월 중순) 임팔 평지에는 영국인도군 제4군단의 제17, 제20, 제23사단 및 그 위급함을 구하려 달려온 제42사단 등 4개 사단이 완전히 퇴로를 차단당해 우리 포위권 안에 있으며, 코히마를 점령한 우리 군은 이미 브라마브트라 평원의 좁고 험한 길 입구까지 진출해서, 아쌈, 벵갈 철도를 지호지간(指呼之間)에서 바라보고 있다. 대세는 이미 결정된 것이지만, 임팔 평지의 방위진지는 적이 험준한 요새에 일년 반 가량의 시일을 소비하고 노력해서 구축한 것이며, 우리 군 또한 이 평지로 진출하기까지 같은 고생을 했으므로, 진출 후에도 격렬한 투쟁이 계속될 것이라고 보아야만 한다.

삼색기를 휘날리며 보스 수반의 사진을 들고 인도국민군이 정복하는 것은 조국의 하늘, 그리운 산하, 자, 델리로.

적은 진지를 구축할 틈도 없이 모조리 무너졌다. 패주한 적을 쫓아 적 진지를 압박하는 우리 용사.

4. 북버마 적 공수부대에 대한 작전

적은 레도 항공로의 조속한 개통과 우리의 후방 교란을 노리며 3월 상순 이래 카사 주변지역에 글라이더로 공수부대를 강하시켰다. 이후 인도차이나 공수기까지 동원한 이 증강에 광분하여, 4월 중순에는 그 병력이 만 명에 이르렀다. 후방 수비에 임하고 있던 우리 부대는 버마 국군 및 민중의 협력하에 즉시 이에 대한 공격을 개시했다.

총지휘관 윈게이트 소장은 이미 전사했고, 임팔 작전의 진전과 함께 공수부대의 보급 증강을 맡고 있던 적 항공부대도 임팔 방면에 나누어 투입하지 않을 수 없게 되면서 우리의 공격에 적들은 점차 곤경에 빠지고 있다.

5. 인도-버마 국경 방면의 우기와 작전과의 관계

인도-버마 국경 방면은 머지않아 우기에 들어간다. 우기에는 여러 방면에서 작전 행동이 크게 저해된다. 본격적 우기는 평년을 기준으로 후콩 지구는 5월 말, 임팔 부근은 4월 말, 해안 방면은 5월 하순부터 시작된다.

하지만 다행히도 임팔 평지의 우리 편을 위해서는 친드윈강의 선운이 있고, 칼레와 부근부터는 적이 만들어 준 도로 덕에 보급에는 큰 지장이 없다.

이에 반해 후쾅 지구의 적 입장에서 이 지역은 진창이 되어 작전 행동이 불가능해질 뿐만 아니라 육상에서 받는 보급로 역시 단절될 것이다. 또한 우기까지는 다소의 군수품을 모아 둘 수 있겠지만 결과적으로 그들은 진출하면 할수록 괴로워질 것이다.

6. 마운트배튼에게 남은 길

이렇게 본다면 마운트배튼에게 남은 길은 오직 해양 작전뿐이라고 할 수 있다. 말할 것도 없이 그들은 특공대 출신이며, 최근 그 사령부를 델리에서 실론섬(Ceylon, 지금의 스리랑카)으로 옮겼다고 한다. 아키야브 부근 해안, 니코바르제도, 안다만제도에 대한 적의 정찰 행동이 최근 점차 활발해지고 있는 것도 사실이다.

하지만 인도양은 남태평양과 달리 섬들이 적다. 달리 말하면 적에게는 해양 작전을 위해 이용할 수 있는 육상 기지가 적다. 저들이 먼저 아키야브 탈환을 시도했던 것도 해양 작전을 실시하고자 하는 전제에서 비롯된 행동이었다고 볼 수 있다. 각 육지에 강력한 비행기지를 전개하고 있는 우리 군에 대하여 적이 해상 기동부대만으로 상륙을 시도하는 것 또한 쉬운 일은 아닐 것이다.

하지만 현지의 우리 부대가 모든 사태에 대비해서, 적이 언제 들이닥치든 미리 대비 태세를 갖추고 있음은 물론이다.

7. 임팔 작전의 의의

버마 탈환 작전의 실패, 특히 임팔 작전에 대한 반추축국 진영의 논조는 최근 갑자기 표면화되었고, 미국, 영국, 장제스 상호간의 논란도 노골화되고 있다.

지금 임팔의 생사는 제압되고 있다. 아쌈과 벵갈 철도는 우리 군의 위협에 노출되었고, 스틸웰 휘하 후쾅 지구의 적 부대인 중국 주재 미 14항공군의 보급도 차단당할 판이니, 적은 초조한 마음을 감출 길이 없을 것이다.

조국을 향한 인도국민군의 당당한 진격, 보스 수반의 두 차례에 걸친 성명 등으로 인해 인도 국내 정세는 소란스러운 부분이 있다. 의회에서는 증세안이 그 뜻을 잃고 묻혀 사라졌고, 지난 14일에는 봄베이(Bombay, 지금의 뭄바이)에 정박 중이던 선박에서 대폭발 사건이 있었으며, 각지에서 태업이 일어나려는 조짐이 있고, 아쌈, 벵갈 철도의 수비는 마침내 영국 병사들로 대체되었다. 심지어 제국의 인도 해방에 대한 공정한 태도는 대동아선언의 실천 그 자체여서 큰 반향을 불러일으키고 있다. 적국 또한 이 사실 앞에서는 눈을 감고 외면할 수 없을 것이다.

323호(1944년 5월 31일)

황군 용전—임팔 포위 압박

패주한 적을 쫓아 급히 진격을 이어 가는 황군 장병들.

도로 위에 적이 묻어 놓은 지뢰를 요령 있게 제거하며….

다가오는 우기(雨期)를 앞두고 인도 작전은 가열 일로로 치닫고 있으나, 황군 장병들이 뛰어난 지략과 용맹으로 싸우며 적의 기도를 봉쇄하여 이제 임팔 포위 섬멸전은 적의 피투성이 광분에도 불구하고 그야말로 대단원의 처참한 양상을 보이고 있다.

우선 코히마 방면은 디마푸르 방면에서 코히마-디마푸르 간 길을 뚫고자 증강된 화포와 전차 등을 갖춘 적이 반격해 와 코히마 주변 지구의 우리 부대가 이에 대타격을 가하여 격퇴하고 코히마 부근을 확보했다.

팔렐 방면에서도 새로이 증원을 얻은 적은 필사의 저항을 벌이고 있으나, 우리 군은 인도국민군과 함께 용맹한 전투기의 협력 아래 전과를 확대 중이다.

다음으로 비셴푸르(Bishenpur) 방면에서는 적이 같은 방면에 반영구 진지를 구축해 전차, 장갑차, 중포 등을 내놓고 필사의 방위를 펼치고 있다. 우리 군은 연일 맹공을 계속하여 차근차근 비셴푸르로 밀고 들어가는 중이다.

또한 4월 하순, 일부의 적이 누장을 도하해 후쾅 지구에서 남하한 적들과 호응하며 행동을 개시했는데 우리 군은 이에 반격, 곳곳에서 격멸 중이다.

최근 우리 육군 항공 부대는 지상부대의 전투에 협력하는 한편, 적 기지에서 침공 혹은 내습하는 적기를 요격하며 연일 혁혁한 전과를 거두고 있다.

필리핀 참전

1944년 7월 사이판이 연합군에 함락되면서 미군은 필리핀을 탈환하기 위한 공세를 강화해 갔다. 미군의 필리핀 상륙이 가까워 오는 가운데 필리핀은 1944년 9월 23일 미국과 영국에 선전을 포고하고 참전하게 되었다. 이후 미군의 레이테섬 상륙, 루손섬 진격, 마닐라 점령에 이르는 공세가 이어지면서 필리핀은 동남아시아 최후의 전장이 되었다.

미 해군은 10월 10일 오키나와를 공습하고 12일부터 16일까지 연달아 타이완에 있던 일본군 항공기지를 공격했다. 이어서 10월 20일 필리핀 레이테에 10만 명의 정규군을 상륙시켰다. 그리고 12월 15일 미군은 루손섬 근처 민도로 섬(Mindoro)에 상륙했으며, 1945년 1월 9일 루손섬에 상륙하고 2월 4일에는 마닐라로 진격했다.

필리핀은 일본 본토로 진격하는 연합군을 막는 주요 기지이자 남방의 군수자원을 일본으로 수송하는 해상루트로서 매우 중요했다. 야마시타 대장은 4월 16일 라우렐 대통령을 타이완으로 탈출시키고, 8월 15일까지 최후의 저항을 계속했다. 라우렐은 6월에 타이완에서 일본으로 옮겨 가서 망명 생활을 하다 일본의 항복과 함께 전범으로 지명되어 요코하마와 스가모에서 수감 생활을 했다.『사진주보』에서 라우렐의 일본 망명을 '내방'이라고 소개한 점에도 주의하자.

『사진주보』에서는 필리핀의 참전과 전쟁 상황을 집중적으로 다루었으나, 361·362호의 미군에 의한 마닐라 폭격 사진을 마지막으로 필리핀 소식은 지면에서 사라졌다.

341호(1944년 10월 4일)

필리핀 참전, 영미 격멸의 제일선에 서다.

나라를 지킬 책임은 우리의 두 어깨에 있다. 그동안의 원한을 갚겠노라 맹세하며 '올 테면 와 보라'며 밤낮으로 열심히 훈련 중인 필리핀 청년들.

조직 방어에 필리핀 민중들이 일어서자 우리 필리핀 파견군의 정예군 또한 철저한 철통같은 진을 펴고 일본·필리핀 일체의 완전 방어를 했다.

    9월 23일 오전 10시, 필리핀 대통령 라우렐 씨는 필리핀이 미국 및 영국과 전투 상태로 들어간다는 뜻을 선언했고, 필리핀은 마침내 참전했다. 대동아전쟁 발발 이래 2년 9개월, 대동아의 전략적 국면이 나날이 가열찬 정도를 더해 가며 그야말로 격전의 시기를 맞이하고 있는 때에, 1,800만 필리핀 국민들이 그 빛나는 독립을 옹호하고 조국의 본토를 방위하기 위해 결연히 검을 쥐고 일어선 것이다.

    작년 가을 영광스런 독립을 구현한 이래 필리핀은 라우렐 대통령이 진두에 서서 안으로는 착착 내정을 정리하고, 밖으로는 우리 나라를 비롯한 대동아 여러 나라와 긴밀히 협력하며 위대한 건설의 발걸음을 계속해 왔는데, 이제는 감연하게 적 영미 격멸의 제일선에 섰다. 라우렐 대통령은 그 선전포고에서

    "…공화국 대통령은 전 세계 여러 민족에게 친목과 융화를 호소하며, 특히 미국에게는 우리 국토에서 군 작전을 되풀이하여 필리핀에 재해와 파괴를 일으키지 말라고 청원했다. 이러한 청원에도 불구하고 미국과 영국은 필리핀 일부 지역을 하늘에서 침공하여 공화국

의 영토 보전을 침해하였고, 나아가 필리핀 시민을 살상하고 필리핀인들의 재산을 파괴했다. 지금 필리핀은 독립과 영토 보전을 위해 나설 수밖에 없다."

라고 참전의 이유를 밝혔고, 또한

"…현재 우리가 경험하는, 또한 가까운 장래에 겪을 수 있는 어려움에도 불구하고 우리는 굳게 단결하여 필리핀의 자유와 독립을 지키려고 하는 것이다."

라고 끝까지 영미 격멸의 결의를 이야기했다.

이렇듯 대동아의 여러 나라, 여러 민족은 모두 일본을 중심으로 단결하여 함께 가면서 동아시아 해방의 성전에 종사하게 되었다. 3년 전, 누가 이러한 성사(盛事)를 예지할 수 있었겠는가. 눈을 부릅뜨고 일어선 동아시아 10억 민족이 적들이 다시 동아시아를 침략하는 것을 용서하지 않고 반드시 이를 격멸하리라는 점은 불을 보듯 뻔한 일이니 동아시아의 부흥을 기대하며 기다릴 가치가 있다.

필리핀은 자신들의 전력을 기울여 적 영미를 치고, 명예로운 독립을 유지하며 그 국토를 지켜 낼 것이다. 우리들도 모든 협력과 원조를 다하여 함께 성전(聖戰)을 완수하고, 대동아의 건설에 매진할 것을 굳게 다짐하는 바이다.

345호(1944년 11월 1일)

교만한 적을 칠 때는 지금이다

(전략)

타이완해협 항공전(Formosa Air Battle)의 종합 전과가 발표되던 때, 구리하라(慄原) 해군 보도부장도 담화에서

"…한편 현대전의 성격이 어떠한 것인지에 대해 생각해 볼 때, 이 전과는 전쟁의 후방에서 수행된 생산전의 전과이자 수송전의 전과이기도 하다. 아니, 전 국민의 근로전의 전과이며 생활전의 전과다."

라고 말해 이 명백한 사실을 확실히 뒷받침했다. 우리도 찬란한 이 전과에 성스러운 한 축을 담당해 냈던 것이다. 얼마나 자랑스러운 자각인가. 또 이 대전과로 인해서 "만들어서 보내기만 하면 반드시 성공해 줄 것"이라는 우리가 가진 필승의 신념은 한층 강화되었다. "하면 된다"는 신념.

하지만 결전은 아직 시작에 불과하다. 전세는 크게 전환되었지만, 그 대타격에도 불구하고 적은 그 교만한 예봉(銳鋒)을 결코 꺾지 않았다. 적은 타이완해협 항공전 직후인 10월 17일에 태평양의 주력부대로 간주되는 매우 우세한 기동부대와 수송부대를 함께 끌고 필리핀 중부 레이테 만에 침입해 왔고, 20일에는 같은 섬의 타클로반(Tacloban) 부근까지 상륙을 개시했다. 태평양 결전의 전운은 지금 필리핀을 둘러싸고 다시 다급함을 알리기에 이르렀다.

필리핀 탈환 작전은 예전에 적 수뇌부가 여러 번 공언한 것이며, 루스벨트(Franklin D. Roosevelt)도, 니미츠(Chester W. Nimitz)도, 맥아더도, 처칠(Winston L.S. Churchill)까지도 강조

반복하고 있다. 루스벨트는 하와이 작전회의가 종료되자 "미국이 당면한 전쟁 목적은 필리핀을 탈환하고 일본을 무조건 항복시키는 것이다"라고 기자단에게 말했다. 또 니미츠도 "태평양에서 승리를 거두기 위해 무엇보다 중요한 선결 조건은 일본의 해상보급로를 지배하는 것이다. 이 해상 지배가 확립된다면 반추축군은 일본에 대한 원료 유입을 저지하고, 다른 한편으로는 남방 점령 지구에 대한 일본 본토의 병력 및 군수품의 공급을 차단할 수 있다"고 말해, 일본과 남방 점령 지대와의 보급로를 차단하고자 하는 필리핀 작전의 목적을 명료히 했다.

새로이 전쟁이 시작되던 무렵에 적은 대참패를 맛보았다. 하지만 이제까지 적에게 유리하게 전개된 전세를 과신하여 조금도 전의가 쇠하는 기색을 보이지 않고 예정대로 필리핀 작전의 막을 열어젖힌 것이다. 그야말로 결전은 이제부터다. 그것도 적은 대일 포위 총공세를 펼치고자 해서, 북동 방면에서는 적 북서 태평양 함대 사령관 플레처(Frank J. Fletcher)가 우리 지시마(千島, 쿠릴열도), 홋카이도(北海道) 방면을 향해 진공 작전을 기획하고 있으며, 또 인도양 방면에서는 새롭게 동양 함대 사령장관에 임명된 작전의 명장 프레이저가 영국 함정의 주력을 이끌고 이미 준동하기 시작했다.

게다가 중국 대륙에는 스틸웰 재중국 지상 기계화부대가 있고, 유럽 역전의 청년 장군 라메이가 이끄는 장거리 전문 재중국 제20 항공 부대, 셰인노트 휘하의 재중국 제14 항공 부대 역시 있으니, 대륙의 미군 세력도 또한 얕볼 수 없다.

(중략)

구리하라 보도부장은

"적국은 대동아의 제방 가운데 한 축인 필리핀에 대해 니미츠 함대를 오른팔로 삼고 맥아더의 군대를 왼팔로 삼아서 덮쳐 오고 있다. 지금은 오른팔인 적 기동부대에게는 일대 타격을 가했다. 이번에는 왼팔이 필리핀을 덮쳐 오려 하고 있다. 이때 우리는 그 왼팔을 뿌리부터 눌러 꺾지 않으면 안된다"라고 말했다.

이미 생사를 초월해서 오직 호국멸적(護國滅敵)의 대의에 살고자 하는 전선의 육해군 장병들에게 그 목표를 충분히 달성할 수 있게 만드는 것은 무엇인가, 누구인가.

특히 그 대전과의 그늘에는 다시 돌아올 수 없는 312기의 숭고한 희생이 있었다. 우리 나라가 일찍이 보지 못한 큰 희생이다. 이제 우리는 잃어버린 기체 수를 곧바로 보내 보충해 주겠다는 정신만으로는 부족하다.

남쪽 하늘에는 결전의 열풍이 피와 화염을 품으며 그야말로 세기의 파란을 일으키려 하고 있다. 비행기를 보내길. "만들면 이긴다"라는 철저한 필승 생산혼(魂)으로 일억 국민이 오로지 불덩어리가 되어 추격 증산하는 일만이 전세를 전환시키는 신의 기회를 더욱 확고히 만들고 빛나는 승리의 큰 길을 닦을 유일한 열쇠다.

346호(1944년 11월 8일)

승기 확보의 추격전

육군 비행대를 격려하는 도요타(豊田) 연합 함대 사령장관.

10월 24일부터 26일에 걸쳐 필리핀 동방 해면에서 행해진 '필리핀해 해전(Battle of the Philippine Sea)'은 항공병력-기지 항공 부대, 기동부대를 주병력으로 삼고, 해상 부대가 여기에 호응해서 출격한 함대 세력의 격투였다. 즉, 전장의 하늘에는 적과 아군의 비행기가 난무하고 해상에서는 적과 아군의 수많은 함정(艦艇)이 종횡으로 흰 파도를 일으키고, 화약 연기와 굉음 소리는 하늘에서 바다로, 그리고 또 바다에서 하늘로, 전장 일대를 덮고 사라졌다가 다시 울려 퍼졌다. 그리고 우리 잠수함도 수중에서 적 함선을 뇌격하였으니 이 해전은 문자 그대로 '입체전'이었다.

'필리핀해 해전'에서 우리 편의 눈부신 전과는 10월 27일의 대본영 발표에 잘 드러나 있으나, 정예롭고 강한 우리 항공 부대, 해상부대, 잠수함 부대가 일체가 되어 맹공격함에 따라 적은 격침되었고 격파당한 항공모함 15척을 비롯해서, 격침당한 함선 27척 이상, 격추 비행기 약 500기를 잃는 대손해를 입었다.

이 해전은 24일 우리 항공 부대의 공격으로 시작되어 25일 우리 해상 부대의 육박(肉薄) 공격이 해전의 중핵이 되었으며, 26일에는 항공 부대의 급추격전이 이루어졌다. 이 사이 우리 잠수함 부대의 활약도 눈부셨다. 이처럼 이 해전을 시간적으로, 날짜별로만 보면 그저 24, 25, 26일의 3일간에 걸친 해전일 뿐이다. 그러나 이 '필리핀해 해전'은 결코 '3일간의 해전'이 아니다. 이것은 적 미국의 필리핀 상륙작전을 중심으로 하는 대회전(大會戰)의 한 장면, 아니, 대동아전쟁의 한 페이지인 것이다.

즉, 이 해전은 10월 10일 적 기동부대가 우리 남서 열도를 공습하고, 연이어 같은 달 12일부터 16일에 걸쳐 이루어진 타이완해협 항공전, 또 같은 달 15일에 있었던 마닐라 동방 해면에서의 적 기동부대 격파, 그리고 같은 달 17일 적 함대의 레이테 만 침입 등, 끊으려야 끊을 수 없는 피로 이어진 싸움인 것이다. 따라서 이 해전에서 적에게 이처럼 대손해를 입히고 타격을 가한 것은 적의 필리핀 방면 작전에 큰 차질을 가져다주었을 것에 틀림없고, 또한 적이 미래에 펼칠 작전에도 큰 차질을 안겼으리라 생각해 볼 수 있다. 그러나 절대 안심해서는 안 되며, 안심할 수도 없다.

왜냐하면 '필리핀해 해전'이 진정한 의미에서 '현대적 함대' 세력의 결전적 전투였다는 사실은 방심도 빈틈도 허락지 않는 전쟁의 기운을 양성하고 있기 때문이다. 마침내 태평양 전선이 매우 중요한 장면에 들어섰으니 바로 이제부터 천하가 결정되는 갈림길에 들어섰다는 말이다. 적은 현재 레이테 만 방면에 맥아더의 군대를 침투시키고 타클로반, 둘락

(Dulag)을 중심으로 필사의 상륙전을 강행하고 있다. 그 필리핀 상륙작전, 탈환 작전의 목적은 잠시 제쳐 두고, 적 함대가 상륙군을 엄호하고, 보급하고, 증강하기 위해서 두 번, 세 번 비상한 결심으로 출동해 올 것은 명백하며, 또 그렇게 할 수 있는 힘을 가지고 있는 것도 틀림없다. 이 이후에도 제2, 제3의 '필리핀해 해전'이 일어날 것이라는 점은 충분히 각오해 두어야만 하고, 적 함대가 몇 번을 출동해 오더라도 반드시 격멸하겠노라는 결심을 굳혀 두어야만 한다. (후략)

374·375호(1945년 7월 11일)

라우렐 대통령 내방

스즈키 수상과 회견하는 라우렐 대통령(수상 관저).

1945년 6월 27일, 필리핀 독립의 아버지 호세 라우렐 대통령 일행은 적 미영 반격을 부르짖는 잊을 수 없는 성전(聖戰)의 나라 일본에 내방했다.

　생각해 보면, 1943년 10월 '필리핀국'이 독립을 선언한 지 이제 1년 9개월, 그동안 이들은 시종 우리 대동아의 일원으로 공동 선언의 취지에 따라 대동아 건설을 위해 당당히 매진하며 적국 미영에 전력을 쏟아 왔다. 지금 적 미국은 신성한 동아시아를 유린하려고 그 폭위를 휘두르고 있지만 라우렐 대통령은 시국의 현 단계를 생각하여 여러 시책에 관해 제국정부와 논의하며, 독립 당시의 신념을 새롭게 되새기면서 내일을 향한 필승을 굳게 맹세하며, "…대동아공동선언에서 밝힌 여러 원칙은 정의에 맞는 정도를 따르는 것으로, 국가 및 국제사회를 지배할 여러 원칙을 옹호하기 위해 어떠한 희생을 치러도 마땅하다"고 강력하게 성명했다.

특별공격대

 흔히 '가미카제[神風] 특공대'라는 이미지로 더 알려진 특별공격대는 항공기에 폭탄을 싣고 적기에 동체를 부딪쳐 폭파시키는 항공특공대를 의미한다. 그런데 당시 발음으로는 '신푸[神風]'라고 불렀던 특공대는 해군 항공특공대의 명칭으로, 육군은 '신푸'라는 명칭을 사용하지 않았다. 그 밖에 모터보트를 타고 가서 부딪치는 신요(震洋), 어뢰를 개조한 1인 승 인간어뢰 가이텐(回天) 등 수상 특공도 있었다.

 특공='가미카제 특공대'라는 이미지로 굳어진 항공 특공은 '다이 아타리(体当たり)'라는 표현 그대로 자신의 몸을 내던져 상대를 파괴하는 육탄공격이기 때문에 병사를 죽음으로 내몰아 살아 돌아올 길을 봉쇄하는 전법이다. 미군이 붙인 '자살 공격(Suicide attack)'이라는 표현이 이 작전의 본질을 가장 정확히 설명하고 있다. 1943년 6월 말 시종무관 조 에이치로(城英一郞)가 입안했으며, 1944년 10월 필리핀 레이테해전에서 당시 제1항공함대 사령관으로 부임한 오니시 다키지로(大西瀧治郞)가 비행기를 적 함정에 부딪치는 작전을 구사하며 신푸특공대를 편성했고, 11월에는 육군도 본격적으로 도입했다.

필리핀전에서 1944년 10월 20일 제1차로 편성된 특공대는 시키시마타이(敷島隊) 4명, 야마토타이(大和隊) 3명, 아사히타이(朝日隊) 3명, 야마자쿠라타이(山櫻隊) 4명이었다. 10월 25일 세키 유키오(関行男, 1921~1944) 대위가 이끄는 시키시마타이 5기가 출격하여 미 호위항공모함 세인트로호(USS St.Lo)를 격침시켰다.

『사진주보』에서 특공 기사가 자주 등장한 것은 일본이 전쟁에서 연일 패배하던 급박한 시기부터였다. 표지에 특공대원이나 비행기 사진을 싣고 가미카제, 특별공격대, 육탄공격 등 자극적인 단어를 표지에 노출했다. 특공을 표지로 실은 권호의 본문 내용에는 특공대의 활약을 자세히 게재했지만 사실상 처절한 패배의 기록이었다.

347호(1944년 11월 15일)

단연코 유열을 따르다―가미카제 특별공격기대

시키시마(敷島)의 야마토(大和) 정신도 가미카제 특별공격기 대원 세키 유키오 대위 이하 만세에 빛나는 충렬, 그 충렬에 우리 일억 국민은 일제히 마음을 울렸고 그저 숨을 죽이고 머리를 조아린 것은 지난 10월 28일 15시 대본영에서 구로다 연합함대 사령관장의 전군에 대한 포고를 발표한 찰나였다.

31일 16시 30분, 대본영은 25일의 시키시마대원의 전과를 비롯하여 30일에 이르기까지의 가미카제 특별공격대원의 엄숙한 전과를 발표했다.

(중략)

생각해 보라, 발진 명령은 '죽음'을 선언하는 것이다. 발진하는 것이 이미 '죽음'이다. 심중 무언의 명령 또한 때와 장소는 달라도 더불어 죽을 것을 맹세하고 명령을 받는 자의 귀에까지 들리니 그 혼의 맹세를 모르면 도저히 냉정을 유지할 수 없다.

왼쪽부터 오구로(大黑) 해군 상등비행병, 나가미네(永峰) 해군 상등비행병, 다니우미(谷海) 해군 상등비행병, 나카노(中野) 해군 상등비행병.

시키시마타이[敷島隊] 출격! 출격 직전에 목발을 짚고 대원의 손을 한 사람 한 사람 잡아주는 사령(司令), 어깨를 감싸고 있는 사람은 부장(副長).

더욱이 가미카제 특별공격대원 젊은 무사들의 발진을 배웅하는 지상 근무원은 용감하게 사라지는 뒷모습에 땅에 엎드려 절하며, 사령은 지팡이에 몸을 맡기고 배웅하고 부장은 넘어지고 자빠지며 멀어지는 구름 사이로 사라져가는 영웅의 모습을 한없이 쫓았다.

그 심사, 마음속은 무언의 맹세가 아니고 무엇이었겠는가. 젊은 무사들을 살아 있는 신들로 숭배하는 마음도 그러할지니….

이러한 가미카제공격대원의 젊은 무사들을 중심으로 하는 다수는 다만 하나의 '대어군인(大御軍人)' 정신 위에 세워졌다. 그것은 죽어서도 황국을 지켜 나가겠다는 국체호지(國體護持)를 위해 유구의 대의로 살아가는 일본인의 진심에 뿌리내린 정신이다.

달리 말하면 가미카제 특별공격대는 '일본인의 진심'에 핀 굳건한 꽃이다. 이 유례없는 꽃을 아름답게 피워 헛되이 지지 않도록 하는 배려가 가미카제 특별공격기대를 둘러싼 여러 상황이다.(후략)

세키 유키오(1921-1944)

해군병학교 70기 출신이며, 대위로 사망하였으나, 사후 해군 중좌로 2계급 진급했다. 1941년 해군병학교 졸업 후 해군 소위로 임관하여 1942년 6월 미드웨이 해전(Battle of Midway)에도 종군했다. 1944년 5월에 결혼했으나 9월에 타이완 해군항공대로 배정되어 아내와는 짧은 신혼생활을 보냈다.

필리핀 레이테 만 해전에서 최초의 가미카제 특공대 중 하나인 '시키시마타이' 5기를 지휘하여 미 해군의 호위 항공모함 세인트로호를 격침시켰으며, 이어서 호위 항공모함 3척을 격파하였다. 1944년 10월 25일 출격으로 사망하여 군신으로 불리게 되었다. 원래는 가미카제 특공대의 제로센(零戰) 탑승원이 아니었다. 그러나 계급이 낮은 병사만을 작전에 투입하면 사기가 낮아진다는 점, 어차피 죽을 것이 정해져 있는 작전에 더 능력 있는 제로센 탑승원을 투입할 필요는 없다는 이유에서 해군병학교 출신 엘리트인 세키가 선택되었다. 일찍이 아버지를 여의고 홀어머니 밑에서 성장하였으며, 당시 신혼이었던 23세 청년의 개인 사정은 전쟁 앞에서 전혀 고려되지 않았다.

348호(1944년 11월 22일)

직시하라! 레이테 공방

전력을 다해 싸워 연료를 다 쓴 함재기(艦載機)는 동료 선박의 눈앞에서 가라앉는다. 탑승원 구조에 나서는 카터

레이테섬에서 양륙 작전 중인 황군 용사들.

출발에 임하여 소속장관은 세키(關) 대위 이하 대원과 이별의 술잔을 나누었다. 진군하겠다는 자, 진군하라는 자, 하나가 되어 오로지 유구한 대의에 살고자 하는 장병을 따르라.

전우여, 안녕이라는 말은 없더라도 전우와 헤어지는 5용사의 가슴속에서 뜨겁게 타오르는 순난(殉難)의 의지가 배웅하는 장병들에게 옮아가 불탄다.

　적은 타이완 항공전, 필리핀 해전과 잇따른 대손해에도 불구하고 그 후로도 레이테 만 안팎과 필리핀 앞바다 동방 해면에 유력한 기동부대를 출동시키고, 레이테, 사마르(Samar) 두섬에 상륙한 5개 사단에 이르는 맥아더 상륙군과 함께 레이테섬 전역의 제압을 기도하며 필리핀 탈환 작전을 철저히 수행하려고 하고 있다. 그 왕성하고 완강한 전의를 결코 가벼이 볼 수 없다.

필리핀 방면에서 작전을 수행 중인 황군은, 육군은 야마시타 도모유키 대장을 최고 지휘관으로, 도미나가 교지 중장을 항공부대 지휘관으로, 해군은 오코우치 덴시치(大川內傳七) 중장을 최고 지휘관으로, 후쿠토미 시게루(福富繁), 오니시 다키지로 양 중장을 각각 기지 항공부대 지휘관으로 하여 육해의 정예를 뽑아 순조롭게 전과를 확대하며, 교만한 적을 격멸하는 신묘한 기회를 막 붙잡으려는 참이다.

이렇듯 이 방면의 전황은 분초를 쪼갤 때마다 가열찬 정도를 더해 가는 문자 그대로 혈전 사투의 연속이다.

레이테섬을 둘러싼 전투의 귀추가 필리핀 결전을 좌우하고, 나아가서는 태평양 전선 전반에 결정적인 영향을 가져올 것이라는 점은 현재 누구도 의심하지 않는다. 고이소 수상도 지난 8일 대조봉대일[18] 방송에서

"필리핀 주변에서 벌어지는 전투의 승패는 덴노잔(天王山, 승패를 판가름할 기회를 비유하는 말)이라고 봐야 할 정도로, 적과 아군에 관한 전략적 국면의 장래를 좌우할 중대한 작전이라 할 수밖에 없다"고 그 중요성을 1억 국민에게 밝혔다.

대동아전쟁에서 필리핀 작전이 차지하는 중요성은 지금 새삼스레 말할 필요도 없으며, 우리 본토부터 남서 제도를 이어서 필리핀까지 연결하는 선이야말로 일본 본토 방위를 위해 중요한 최후의 선이므로 이 방어선의 운명은 단적으로 말해서 일본 제국 흥망의 운명과 연결되어 있다. 이러한 이유 때문에 적은 방대한 물량의 손실과 인적자원의 출혈에도 개의치 않고 앞뒤 가리지 않고 필리핀 탈환을 감행하려고 하는 것이다.

레이테 방면의 공방전은 천년의 일전이니 결단코 이겨야만 한다. 게다가 사태의 긴박함은 조금도 낙관을 허락하지 않고 있기에 또한 고이소 수상은

---

18 (편집자 주) 大詔奉戴日. 일본에서 1942년부터 종전 때까지 실시한 태평양전쟁 완수를 위한 국민운동. 1939년부터 매월 1일 전장에 나간 병사들의 노고를 기념하여 국기 게양, 신사 참배, 근로 봉사 등 국민의 결의를 다지는 날로 정했던 흥아봉공일(興亞奉公日)의 뒤를 이어 매월 8일에 실시되었다.

"지금 적과 아군의 세력은 백중지세다. 이 세력균형을 깨뜨리는 방법은 한 사람이라도 더 많은 병력과 한 대라도 더 많은 비행기를 보내는 것이다"라고 단적으로 호소했고 그에 더해 "제공권만 우리 손에 있으면 적의 섬멸을 기대할 수 있다"고 절규했다.

서로 격전을 벌이고 있는 전선의 혈투는 계속되는 우리 가미카제 특별공격대의 장거(壯擧)로도 엿볼 수 있다. 전선에서는 건국 이래 황토(皇土)에서 삶을 향유해 온 모든 야마토 민족의 분노로 끓어오른 피로 "제길, 제길" 하며 적에게 덤벼들고 있다.

뒤따라야 한다. 모든 것을 내던지고 가미카제 특별공격대의 뒤를, 그리고 전선의 장병들을 뒤따라야 한다.

지금, 결전이다.

349호(1944년 11월 29일)

만이필살(萬夷必殺)을 기하는 육군특별공격대

장도를 앞두고 아쉽게 공중전에서 스러져 간 이와모토(岩本) 대장 등의 유골을 목에 걸고 출전하는 반다 비행대[오른쪽부터 구보(久保) 군조, 다나카(田中) 조장, 이쿠타(生田) 조장, 사사키(佐々木) 오장]

11월 13일의 대본영 발표는 우리 특별공격대 반다(萬朶) 비행대 제1진이 12일 아침 필리핀 레이테만 안의 적 선박을 공격하여 필생필사의 육탄공격으로 전함 1척, 수송선 1척을 격침한 장렬한 전과를 안팎에 밝혔으며, 이어서 이튿날인 14일 대본영 발표는 후가쿠(富嶽) 비행대의 제1진이 13일 밤 루손섬 동쪽 바다에서 육탄공격으로 적 기동부대를 포획하고 전함 1척을 순식간에 격침하는 위훈을 세운 것을 보도했다.

앞서 해군 가미카제 공격대의 출격이 있었고, 또한 숲처럼 고요하게 대기하고 있었던 육군 특별공격대, 반다, 후가쿠 양 비행대의 출진 보도를 접한 후방 일억의 감동, 감격은 말로 다할 수가 없다. 그 감격, 이 감동이야말로 어떠한 문학자도 필설로는 표현할 수 없을 만큼 크고 깊은 것이리라(중략).

생각건대 반다 비행대와 후가쿠 비행대가 갖춘 특별공격대 전원이 관철한 육탄공격 정신은 곧 전 육군 장병을 관통하는 정신이다.

350호(1944년 12월 6일)

레이테섬의 사투를 뒤따르라.

레이테는 넘겨줄 수 없다! 황국의 흥폐(興廢)가 달렸기 때문이다. 결코 레이테는…. 특별공격대 용사들도, 육상에서 적을 요격하는 용사들도 오직 이를 위해서 생사를 초월한 투혼을 불태우고 있다. 우리들도 이 투혼을 이어 가야 할 것이다. 비행기를, 병기를, 배를, 레이테에 보내야 한다. 모든 결전마다 레이테에 힘을 쏟아야 한다. 그렇다. 레이테는 결코 넘겨주어서는 안 된다.

출격을 앞두고 가미카제 특공대 용사들에게 열렬한 훈시를 하고 있는 후쿠도메(福留) 지휘관.

자신의 아들처럼 육군 특별공격대의 용사들을 격려하는 도미나가 지휘관.

레이테로, 레이테로. 우리 신설 부대 속속 상륙.

레이테섬의 정글로 돌진하는 우리 용사들.

351호(1944년 12월 13일)

레이테 결전 치열―특별공격대 잇따른 장거(壯擧)

레이테섬을 둘러싼 미일의 결전은 적 상륙 이래 50일에 이르면서 대소모전, 보급전의 양상을 띠고 더욱더 격화되는 길로 나아가고 있다. 우리 군은 첫 전투(緖戰)의 호쾌한 함대 결전에 이어 밤낮 반복된 항공 결전, 또 지상부대의 연속 자진 돌격(挺身斬込) 등 연달아 맹공을 퍼부어 마침내 장렬함이 전쟁사에서 비교할 바 없는, 일기일함(一機一艦) 필살의 신취(神鷲, 사나운 매라는 뜻으로 항공 병력을 가리킴)와 적지 한가운데 착륙하는 공수부대 등 육해군 특별공격대의 출격을 통해 적에게 대대적으로 뜨거운 맛을 보여 주고 있다.

적이 계속되는 대소모에도 불구하고 방대한 물량과 병력을 투입하여 필사적인 공격을 가해 오는 것도, 실로 이 일전을 미일 결전의 주안점으로 삼고 있기 때문이다.

지금 전략적 국면은 점차 우리에게 유리하게 전환되어, 당초 우세했던 적을 상대로 잘 버텨 낸 중요 진지를 사수했던 우리 수비부대는 속속 도착하는 신예 병사단을 맞이하여 진용을 강화하고, 곧 일대 공세를 개시해 철저히 적을 분쇄하려 하고 있다. 국민들 또한 이에 응답하여 각자의 본분을 다하고, 생산에, 방공(防空)에, 생활에 전력을 다해 끝까지 싸우자.

이 의용도(義勇刀)로 미군의 목을 치겠다며 자신만만한 가오루 부대 타이완 출신병들.

침착하게 수송기에 올라타는 가오루 부대의 용사들[오른쪽은 가키(加來) 소위].

적을 섬멸하는 투혼을 끓어올리며 천황의 수명이 만세에 이르기를 제창(齊唱)하고, 결사적으로 적 비행장을 급습하고자 하는 육군 항공 '가오루' 공정대의 출격 직전 모습 (가슴에 달고 있는 주머니에는 폭약이 들어 있다).

감격에 벅차 가오루 공정대장 나카(中) 중위(사진 오른쪽)의 손을 잡는 도미나가 지휘관(사진 왼쪽).

출격전 나카 대장의 훈시를 듣는 '가오루' 대원들.

『사진주보』로 보는 일본의 동남아시아 침략
대동아공영권의 허상과 모순

초판 1쇄 인쇄 2022년 12월 10일
초판 1쇄 발행 2022년 12월 20일

엮음·해설 김영숙
발행처 동북아역사재단
발행인 이영호

등록 제312-2004-050호(2004년 10월 18일)
주소 서울시 서대문구 통일로 81 NH농협생명빌딩
전화 02-2012-6065
팩스 02-2012-6186
홈페이지 www.nahf.or.kr
표지디자인 청아출판사
제작·인쇄 청아출판사

ISBN   978-89-6187-776-3 93910

- 이 책은 저작권법에 의해 보호를 받는 저작물이므로 어떤 형태나 어떤 방법으로도 무단전재와 무단복제를 금합니다.
- 책값은 뒤표지에 있습니다. 잘못된 책은 바꾸어 드립니다.